SEGURANÇA E ADVERTÊNCIAS DO EVANGELHO

FIEL Editora

RECUPERANDO O
EVANGELHO

SEGURANÇA E ADVERTÊNCIAS DO EVANGELHO

PAUL WASHER

W315s Washer, Paul, 1961-
Segurança e advertências do evangelho / Paul Washer ; [traduzido por Elizabeth Gomes] – São José dos Campos, SP : Fiel, 2015.

288 p. ; 16x23cm. – (Recuperando o Evangelho ; v.3)
Título original: Gospel assurance and warnings.
Inclui bibliografia, referências bibliográficas e índice.
ISBN 978-85-8132-217-9

1. Salvação (Teologia). 2. Vida cristã. I. Título. II. Série.

CDD: 234

Catalogação na publicação: Mariana Conceição de Melo – CRB07/6477

Segurança e Advertências do Evangelho
Traduzido do original em inglês
Gospel Assurance and Warnings
Copyright 2013© by Paul Washer

•

Publicado por Reformation Heritage Books,
2965 Leonard St., NE
Grand Rapids, MI, 49525

•

Copyright©2014 Editora FIEL.
1ª Edição em Português: 2015
1ª Reimpressão: 2017

Todos os direitos em língua portuguesa reservados por Editora Fiel da Missão Evangélica Literária

PROIBIDA A REPRODUÇÃO DESTE LIVRO POR QUAISQUER MEIOS, SEM A PERMISSÃO ESCRITA DOS EDITORES, SALVO EM BREVES CITAÇÕES, COM INDICAÇÃO DA FONTE.

•

Diretor: James Richard Denham III
Editor: Tiago J. Santos Filho
Tradução: Elizabeth Gomes
Revisão: Márcia Gomes
Diagramação: Rubner Durais
Capa: Rubner Durais

ISBN: 978-85-8132-217-9

FIEL Editora
Caixa Postal, 1601
CEP 12230-971
São José dos Campos-SP
PABX.: (12) 3919-9999
www.editorafiel.com.br

Sumário

Prefácio da série: Recuperando o Evangelho 9

PARTE 1: SEGURANÇA BÍBLICA

1. Falsa segurança 17

2. Examinar a si mesmo 27

3. Andar na revelação de Deus.. 37

4. Confessar o pecado 45

5. Guardar os mandamentos de Deus 57

6. Imitar Cristo 69

7. Amar os cristãos 77

8. Rejeitar o mundo 91

9. Permanecer na igreja 107

10. Confessar Cristo 117

11. Purificar a si mesmo 125

12. Praticar a justiça 137

13. Vencer o mundo 149

14. Crer em Jesus 161

PARTE 2: ADVERTÊNCIAS DO EVANGELHO OU ADVERTÊNCIAS A CONFISSÕES VAZIAS

15. Reducionismo evangélico 181

16. A porta estreita 193

17. O caminho estreito 217

18. Evidência externa de uma realidade interna 243

19. Os perigos de uma confissão vazia 257

PREFÁCIO DA SÉRIE

Recuperando o Evangelho

O evangelho de Jesus Cristo é o maior dentre os tesouros dados à igreja e ao cristão como indivíduo. Não é *uma* mensagem entre muitas, mas *a* mensagem acima de todas as outras. É o poder de Deus para a salvação e a maior revelação da multiforme sabedoria de Deus a homens e anjos.[1] É essa a razão pela qual o apóstolo Paulo deu ao evangelho o primeiro lugar em sua pregação, esforçando-se com tudo que tinha para proclamá-lo claramente, até mesmo pronunciando uma maldição sobre todos aqueles que pervertem sua verdade.[2]

Cada geração de cristãos é mordomo da mensagem do evangelho, e mediante o poder do Espírito Santo, Deus nos conclama a guardar este tesouro que nos foi confiado.[3] Se quisermos ser fiéis como mordomos, teremos de estar absortos no estudo do evangelho, fazendo grande esforço para compreender suas verdades, dedicando-nos a guardar seu conteúdo.[4] Ao fazê-lo, asseguramos tanto a nossa salvação quanto a de nossos ouvintes.[5]

---

1 Romanos 1.16; Efésios 3.10.
2 1Coríntios 15.3; Colossenses 4.4; Gálatas 1.8–9.
3 2Timóteo 1.14.
4 1Timóteo 4.15.
5 1Timóteo 4.16.

A responsabilidade de ser um despenseiro me impele a escrever estes livros. Tenho pouco desejo de enfrentar a dura tarefa de escrever, e com certeza não há falta de livros cristãos, mas tenho apresentado essa coleção de sermões em forma escrita pela mesma razão que os preguei: livrar-me de seu peso. Como Jeremias, se eu não entregar esta mensagem, "então, isso me foi no coração como fogo ardente, encerrado nos meus ossos; já desfaleço de sofrer e não posso mais".[6] Como exclamou o apóstolo Paulo: "Ai de mim se não pregar o evangelho!"[7]

Como é de conhecimento comum, a palavra *evangelho* vem do vocábulo grego *euangélion*, corretamente traduzido como "boas novas". Em certo sentido, toda página da Escritura contém o evangelho, mas em outro sentido, evangelho se refere a uma mensagem muito específica — a salvação realizada para um povo caído mediante a vida, morte, ressurreição e ascensão de Jesus Cristo, Filho de Deus.

Conforme o bom prazer do Pai, o Filho eterno, igual ao Pai, e representação exata da natureza divina, voluntariamente deixou a glória do céu, foi concebido pelo Espírito Santo no ventre de uma virgem, e nasceu Deus-homem: Jesus de Nazaré.[8] Como homem, ele andou sobre a terra em perfeita obediência à lei de Deus.[9] Na plenitude dos tempos, os homens o rejeitaram e crucificaram. Sobre a cruz, Jesus carregou o pecado do homem, sofreu a ira de Deus e morreu no lugar do homem.[10] No terceiro dia, Deus o ressuscitou da morte. A ressurreição é a declaração divina de que o Pai aceitou a morte de seu Filho como sacrifício pelo pecado. Jesus pagou a penalidade pela desobediência do homem, satisfez as exigências da justiça e aplacou a ira de Deus.[11] Quarenta dias após a ressurreição, o Filho de Deus ascendeu aos céus, assentou-se à mão direita do Pai, e foi dada a ele glória, honra e domínio sobre tudo.[12] Ali, na presença de Deus, Jesus representa o seu povo e intercede a Deus em seu favor.[13] Todos aqueles que reconhecem seu estado pessoal de incapacidade e pecado, e se lançam sobre Cristo, são perdoados completamente, declarados justos, e

---

6 Jeremias 20.9.
7 1Coríntios 9.16.
8 Atos 2.23; Hebreus 1.3; Filipenses 2.6-7; Lucas 1.35.
9 Hebreus 4.15.
10 1Pedro 2.24; 3.18; Isaías 53.10.
11 Lucas 24.6; Romanos 1.4; Romanos 4.25.
12 Hebreus 1.3; Mateus 28.8; Daniel 7.13-14.
13 Lucas 24.51; Filipenses 2.9-11; Hebreus 1.3; Hebreus 7.25.

reconciliados com Deus.[14] Este é o evangelho de Deus e de Jesus Cristo, seu Filho.

Um dos maiores crimes cometidos pela presente geração cristã é a negligência do evangelho, e é desta negligência que surgem todos os outros males. O mundo perdido não é tão endurecido com respeito ao evangelho quanto é ignorante do evangelho, porque muitos dos que o proclamam também são ignorantes das suas verdades mais básicas. Os temas essenciais que e são o cerne do evangelho — a justiça de Deus, a total depravação do homem, a expiação pelo sangue, a natureza da verdadeira conversão, e a base bíblica para a segurança da salvação — estão demasiadamente ausentes dos púlpitos. As igrejas reduzem a mensagem do evangelho a algumas afirmativas de credos, ensinando que a conversão é mera decisão humana, e pronunciando a segurança da salvação sobre qualquer pessoa que faça a oração do pecador.

O resultado desse reducionismo evangélico é de longo alcance. Primeiro, endurece ainda mais o coração dos não convertidos. Poucos "convertidos" dos dias modernos chegam a entrar na comunhão da igreja, e aqueles que o fazem, frequentemente caem ou têm a vida marcada por carnalidade habitual. Incontáveis milhões de pessoas não transformadas pelo verdadeiro evangelho de Jesus Cristo andam por nossas ruas e se assentam nos bancos da igreja, embora estejam convencidos de sua salvação porque uma vez na vida levantaram a mão numa campanha evangelística ou repetiram uma oração. Esse falso sentido de segurança cria uma grande barreira, a qual frequentemente isola tais indivíduos, impedindo-os de sequer ouvir o verdadeiro evangelho.

Segundo, tal evangelho deforma a igreja, transformando-a de um corpo espiritual de crentes regenerados para um ajuntamento de homens carnais que professam conhecer a Deus, mas o negam por suas obras.[15] Com a pregação do verdadeiro evangelho, os homens vêm para a igreja sem necessidade de diversão evangélica, atividades especiais ou promessa de benefícios além daqueles que são oferecidos pelo evangelho. Os que vêm a Cristo fazem isso porque desejam conhecer o Senhor e estão famintos pela verdade bíblica, por um culto de todo coração e por oportunidades de servir. Quando a igreja proclama um evangelho menor,

---

14 Marcos 1.15; Romanos 10.9; Filipenses 3.3.
15 Tito 1.16.

ela se enche de homens carnais, os quais têm pouco interesse nas coisas de Deus. A manutenção de tais pessoas é um fardo muito pesado sobre a igreja.[16] A igreja, então, ameniza o tom quanto às demandas radicais do evangelho, reduzindo-o a simples moralidade de conveniência. A verdadeira dedicação a Cristo cede a atividades projetadas para vir de encontro às necessidades sentidas por seus membros. A igreja torna-se mais impulsionada por atividades, em vez de ser centrada em Cristo, e ela cuidadosamente filtra ou faz novo embrulho para a verdade, a fim de não ofender a maioria carnal. A igreja põe de lado as grandes verdades da Escritura e do cristianismo ortodoxo, e o pragmatismo (ou seja, qualquer coisa que mantenha a igreja andando e crescendo) torna-se a regra do dia.

Terceiro, um evangelho desse tipo reduz o evangelismo e missões a pouco mais que um esforço humanista, impulsionado por hábeis estratégias de mercado, baseadas em estudo cuidadoso das últimas tendências da cultura. Após anos testemunhando a impotência de um evangelho não bíblico, muitos evangélicos parecem convencidos de que o evangelho não vai dar certo e que o homem, de alguma forma, tem se tornado um ser complexo demais para ser salvo e transformado por uma mensagem tão simples e escandalosa. Existe hoje maior ênfase em compreender nossa cultura caída, bem como seus modismos, do que em compreender e proclamar a única mensagem que tem o poder de salvá-la. O resultado é que o evangelho é constantemente substituído e reapresentado, a fim de que caiba naquilo que a cultura contemporânea considera mais relevante. Esquecemo-nos de que o verdadeiro evangelho é sempre relevante a cada cultura, porque é a palavra eterna de Deus a todo homem.

Quarto, tal evangelho traz vergonha ao nome de Deus. Por uma proclamação de um evangelho menor, os carnais e não convertidos entram na comunhão da igreja, e pela quase total negligência de disciplina bíblica é-lhes permitido permanecer sem que sejam corrigidos ou repreendidos. Isso macula a pureza e reputação da igreja, blasfemando o nome de Deus entre os incrédulos.[17] No final, Deus não é glorificado, a igreja não é edificada, o membro não convertido da igreja não é salvo, e a igreja tem pouco ou nenhum testemunho ao mundo descrente.

---

16 1Coríntios 2.14
17 Romanos 2.24.

Não nos cabe, como ministros ou leigos, ficarmos tão perto e nada fazermos enquanto vemos "o glorioso evangelho de nosso bendito Deus" substituído por um evangelho de menor glória.[18] Como mordomos a quem essa verdade foi confiada, temos o dever de recuperar o único evangelho verdadeiro, e proclamá-lo com ousadia e clareza a todos. Faremos bem em atender às palavras de Charles Haddon Spurgeon:

> Nestes dias, sinto-me obrigado a passar repetidamente pelas verdades elementares do evangelho. Em tempos de paz, podemos sentir liberdade para fazer excursões aos distritos interessantes da verdade que estão nos campos mais longes; mas agora é necessário que fiquemos em casa, guardando os corações e lares da igreja ao defender os primeiros princípios da fé. Nesta era, homens que dizem coisas pervertidas têm surgido na própria igreja. Pode ser que haja muitos que nos perturbem com suas filosofias e interpretações novas, pelas quais negam as doutrinas que professam ensinar, e minam a fé que prometeram guardar. Faz bem que alguns de nós, que conhecemos aquilo que cremos, e não temos significados secretos para nossas palavras, firmemos o pé e mantenhamos nossa posição, proclamando a palavra da vida, e declarando com simplicidade as verdades fundamentais do evangelho de Jesus Cristo.[19]

Embora a série *Recuperando o Evangelho* não represente uma apresentação totalmente sistemática do evangelho, ela trata da maioria de seus elementos essenciais, especialmente aqueles que são mais negligenciados no cristianismo contemporâneo. É minha esperança que estas palavras sejam guia para ajudá-lo na redescoberta do evangelho em toda sua beleza, escândalo e poder salvador. É minha oração que essa redescoberta possa transformar a sua vida, fortalecer a sua proclamação e trazer maior glória a Deus.

Seu irmão,
Paul David Washer

---

18 1Timóteo 1.11
19 Charles H. Spurgeon, *The Metropolitan Tabernacle Pulpit* (repr., Pasadena, Tex.:Pilgrim Publications), 32:385.

PARTE 1

SEGURANÇA BÍBLICA

Examinai-vos a vós mesmos se realmente estais na fé; provai-vos a vós mesmos.
Ou não reconheceis que Jesus Cristo está em vós? Se não é que já estais reprovados.
— 2Coríntios 13.5

Estas coisas vos escrevi, a fim de saberdes que tendes a vida eterna,
a vós outros que credes em o nome do Filho de Deus.
— 1João 5.13

CAPÍTULO 1

FALSA SEGURANÇA

No tocante a Deus, professam conhecê-lo; entretanto, o negam por suas obras; é por isso que são abomináveis, desobedientes e reprovados para toda boa obra. — Tito 1.16

Muitos, naquele dia, hão de dizer-me: Senhor, Senhor! Porventura, não temos nós profetizado em teu nome, e em teu nome não expelimos demônios, e em teu nome não fizemos muitos milagres? Então, lhes direi explicitamente: nunca vos conheci. Apartai-vos de mim, os que praticais a iniquidade. — Mateus 7.22–23

Com o terceiro livro da série *Recuperando o Evangelho*, chegamos a um lugar crucial no estudo do evangelho e da salvação. Temos de nos fazer esta pergunta: Como posso saber que nasci de novo, que sou verdadeiramente filho de Deus? Como saber que tenho realmente crido para a vida eterna? A relevância dessas perguntas torna-se aparente quando consideramos o fato de vivermos em uma sociedade onde muitos dizem ter alguma espécie de esperança eterna em Cristo, mas refletem tão pouco dos ensinamentos cristãos.

A seriedade da questão se torna mais aguda, porque a pregação e o evangelismo no século XXI alteraram de maneira radical o conteúdo do evangelho, a sua chamada, e o meio pelo qual as pessoas obtêm a segurança da salvação. Muitos pregadores de nossos dias apresentam o evangelho como uma série de declarações convenientes e concisas, que, embora inerentemente verdadeiras, são lançadas sem explicação e vazias de seu verdadeiro significado e poder. O chamado ao evangelho de arrependimento e fé foi substituído por um chamado para aceitar a Cristo e repetir a oração do pecador, que frequentemente se encontra no final dos folhetos e na conclusão de convites públicos cheios de emoção e muitas vezes manipuladores. Muitos não obtêm sua segurança da salvação por uma cuidadosa consideração de sua conversão e estilo de vida à luz das Escrituras. Em vez disso, essa segurança é garantida por um pastor bem-intencionado, que rapidamente pronuncia os plenos benefícios da salvação sobre qualquer pessoa que tenha orado pedindo para receber a Cristo, mesmo que seja sem qualquer grau aparente de sinceridade.

O resultado dessas drásticas alterações no evangelho é que multidões de pessoas demonstram pouca evidência da graça salvadora, contudo andam na maior segurança da salvação e respondem com maior ofensa a qualquer um que questione a sua confissão. Eles acreditam que foram salvos, carregam no coração essa segurança, e têm a afirmação de uma autoridade religiosa. Raras vezes ouviram uma advertência evangélica para esvaziar confessores de fé, nem foram admoestados a fazer um autoexame à luz das Escrituras, ou testados à procura de evidências objetivas de conversão.[1] Não sentem a urgência nem encontram necessidade de tornar verdadeiros seu chamado e eleição.[2]

UMA ADVERTÊNCIA A PASTORES

Muitos ministros do evangelho precisam assumir a culpa por essa atitude indiferente para com a salvação e por essa visão superficial de segurança. Tais opiniões errôneas e displicentes para com o evangelho e a conversão não surgiram de uma cuidadosa leitura das Escrituras ou de um estudo sério das grandes confissões e pregações de séculos passados. Pelo contrário, essas opiniões faltosas e perigosas são resultado de ministros que pregam negligentemente, manuseando o evangelho sem nenhuma cautela, tratando da alma das pessoas de maneira superficial.

Tal desprezo e mau manuseio do evangelho resulta no afastamento gradativo, mas decisivo, do século XX, do estudo sério e dedicado da verdade bíblica, a única coisa que possui o poder de dar aos homens uma alta visão de Deus, uma estima certa pelo evangelho, e um saudável temor de descartar a solene responsabilidade imposta sobre os pastores. Sendo assim, os homens trocaram seus

---
1 Mateus 7.13-27; 2Coríntios 13.5; Tito 1.16.
2 2Pedro 1.10.

mantos por metodologias, profecia por pragmatismo, e o poder do Espírito Santo por estratégias de mercado habilmente maquinadas. A escola dos profetas hoje parece mais um seminário de treinamento de liderança para futuros executivos e seus subalternos. A apresentação dos princípios da vida feita pelo pastor é prioridade acima da pregação do evangelho, o rápido crescimento e mobilização da congregação se tornou mais importante do que a pureza da igreja, e a conversão do congregante é presumida caso ele tenha feito a oração do pecador e participe das atividades da igreja.

Como pastores a quem muito foi dado e de quem muito será requerido, precisamos guardar, por intermédio do Espírito Santo, o tesouro que nos foi confiado.[3] Temos de voltar aos antigos caminhos marcados pela Palavra de Deus.[4] Precisamos estar absorvidos pelas Escrituras, para que nosso progresso na piedade e nossa utilidade para o ministério do evangelho sejam evidentes a todos.[5] Temos de ser diligentes em apresentar-nos aprovados a Deus, como obreiros que não têm causa para se envergonhar, manejando bem a palavra da verdade.[6] Temos de cuidar de nós mesmos e de nosso ensinamento — especialmente ao ensinarmos o evangelho — pois quando o fazemos, asseguramos tanto nossa própria salvação quanto a de nossos ouvintes.[7] Como ministros do evangelho, não podemos ser desinformados ou displicentes quanto à pregação do evangelho, quanto ao chamado ao arrependimento e fé, bem como quanto ao aconselhamento daqueles que estão interessados. O destino eterno das pessoas e a reputação da igreja dependem de nossa diligência e fidelidade nessas altas questões.

Temos de nos lembrar de que Jesus Cristo tem uma igreja composta por aqueles que foram regenerados pelo Espírito Santo, que se arrependeram e creram para a salvação, e continuam andando e crescendo na graça. Esta igreja é criação de Deus e uma de suas obras mais espetaculares.[8] É o instrumento ordenado por Deus, mediante o qual ele demonstra sua glória e torna conhecida sua

---
3 Lucas 12.47–48; 2Timóteo 1.14.
4 Jeremias 6.16.
5 1Timóteo 4.15.
6 2Timóteo 2.15.
7 1Timóteo 4.16.
8 Efésios 2.10.

multiforme sabedoria aos principados e potestades nos lugares celestiais.[9] A igreja é um empreendimento importante, e todos nós, ministros e leigos igualmente, fomos chamados a contribuir para a sua edificação. Daí o precisarmos de extremo cuidado. Temos de fazer tudo possível para que nosso serviço acrescente à sua edificação e beleza, em vez de enfraquecê-la ou causar danos insuportáveis a seu testemunho. Essa ameaça presente foi o que motivou a admoestação do apóstolo Paulo à igreja de Corinto:

> Porque ninguém pode lançar outro fundamento, além do que foi posto, o qual é Jesus Cristo. Contudo, se o que alguém edifica sobre o fundamento é ouro, prata, pedras preciosas, madeira, feno, palha, manifesta se tornará a obra de cada um; pois o Dia a demonstrará, porque está sendo revelada pelo fogo; e qual seja a obra de cada um o próprio fogo o provará. Se permanecer a obra de alguém que sobre o fundamento edificou, esse receberá galardão; se a obra de alguém se queimar, sofrerá ele dano; mas esse mesmo será salvo, todavia, como que através do fogo (1Coríntios 3.11–15).

Jesus Cristo é a grande Pedra Fundamental[10] da igreja; portanto, o seu fundamento é inabalável. Como Paulo escreveu ao jovem Timóteo: "O firme fundamento de Deus permanece, tendo este selo: O Senhor conhece os que lhe pertencem. E mais: Aparte-se da injustiça todo aquele que professa o nome do Senhor" (2Timóteo 2.19). Por outro lado, fomos chamados a construir sobre esse fundamento com temor e tremor que flui de duas fontes. Primeiro, sabemos que nossas contribuições podem fortalecer ou enfraquecer e embelezar ou estragar a beleza da igreja. Segundo, sabemos que seremos julgados pela qualidade do nosso ministério para com a igreja. Naquele grande dia, o valor de nosso labor será revelado pelo fogo. Mesmo que sejamos salvos pela graça de Deus e pelo sangue do cordeiro, é possível que testemunhemos a queima de todos os nossos esforços. Tais pensamentos deveriam mover o ministro do evangelho a ser cuidadoso em cada aspecto de seu ministério, mas especialmente na pregação do evangelho e no cuidado das almas.

---
9 Efésios 3.10.
10 Salmo 118.22; Isaías 28.16; Mateus 21.42; Marcos 12.10; Lucas 20.17; Atos 4.11; Efésios 2.20; 1Pedro 2.6–7.

Se esta primeira pedra estiver fora de lugar, toda construção ficará enfraquecida, e a reputação da igreja, mais preciosa do que ouro, estará maculada.

OS PERIGOS DA FALSA SEGURANÇA

Embora o que tenho discutido até aqui seja duro discurso e difícil de entender,[11] há boas evidências de que seja uma descrição acurada de grande parte do evangelicalismo moderno. Muitos têm tratado o evangelho relaxadamente, generalizando suas verdades essenciais e reduzindo seu conteúdo ao mais baixo denominador comum, a fim de incluir maior número de pessoas que professam, para que façam parte da comunhão. O glorioso evangelho de nosso bendito Deus[12] se tornou um credo raso, composto de algumas leis ou princípios espirituais.

Se uma pessoa se dispõe a dar mesmo a mais superficial aquiescência a esse credo, com autoridade, declaramos que ela nasceu de novo, damos as boas-vindas à família de Deus, e colocamos seu nome na lista de membros da igreja. Embora alguns convertidos sejam convertidos de verdade, são muitos os que nunca voltam à comunhão ou desaparecem da congregação após poucos meses. Outros que mantém sua associação com a igreja, frequentemente demonstram grande embotamento para com Cristo, assustadora apatia para com a santidade, e um desprezo pelo ministério. Não são ligados à igreja pela união vital com Cristo, mas por tudo que a congregação, com sua vibrante liderança e programas, pode lhes oferecer: uma comunidade saudável, relacionamentos empolgantes, um lugar para os filhos crescerem e constante atendimento às suas necessidades sentidas.

Devido a um púlpito enfraquecido por ignorância, pragmatismo e temor, a igreja professante está cheia de pessoas que nunca foram, de verdade, confrontadas com o evangelho de Jesus Cristo. Nunca ouviram nenhuma advertência do evangelho e possuem pouco entendimento da segurança bíblica autêntica. Além disso, muitos evangélicos explicam a falta de santificação dessas pessoas e seu mundanismo por um dos mais perigosos termos que já apareceu: o cristão carnal. É a doutrina de que um crente autêntico em Jesus Cristo, uma pessoa regenerada e habitada pelo Espírito Santo, possa viver a vida toda de maneira mundana, acatando os desejos

---
11 João 6.60.
12 1Timóteo 1.11.

carnais e evidenciando pouca preocupação com as coisas de Deus. Essa doutrina é uma contradição direta dos ensinamentos de Cristo e dos apóstolos. Além do mais, isso abre a porta para pessoas carnais e não regeneradas encontrarem segurança da salvação ao olhar a aparente sinceridade de sua decisão passada de comunhão, mesmo que seu modo de vida contradiga tal profissão.[13]

Contrastando essa doutrina, as Escrituras admoestam aqueles que professam fé em Cristo a encontrar segurança de sua salvação não somente por exame de perto da sua experiência de conversão, como também por fazer um exame detalhado de seu modo de vida após esta experiência. Eles demonstram evidências contínuas da obra santificadora de Deus, sem a qual ninguém verá o Senhor?[14] O Deus que começou boa obra neles está aperfeiçoando essa obra?[15] Essas pessoas têm frutos conforme o arrependimento e fé autênticos?[16] A sua profissão é provada ou evidenciada por genuínas obras de piedade?[17]

SALVAÇÃO DE SENHORIO

Entre os evangélicos há muito debate sobre o que foi chamado de "salvação de senhorio". Os proponentes deste ensino creem que a salvação requer que a pessoa não somente receba a Jesus Cristo como Salvador, mas também como Senhor. Os que estão do outro lado do debate ensinam que, para que a pessoa seja salva, ela precisa apenas receber a Cristo como Salvador; a questão do senhorio é totalmente independente. Consequentemente, argumentam que exigir a submissão ao senhorio de Cristo seria contradizer a doutrina da salvação somente pela graça e somente mediante a fé.[18] Se uma pessoa tem de se submeter ao senhorio de Cristo para obter a salvação, então ela não é mais baseada na graça, e sim nas obras.[19]

Conquanto e aprecie todo esforço sincero de proteger a doutrina essencial da salvação pela graça somente, mediante a fé somente, tenho de discordar dessa opinião. Defendo que o chamado à submissão ao senhorio de Jesus seja aspecto

---
13 Tito 1.16.
14 Hebreus 12.14.
15 Filipenses 1.6.
16 Mateus 3.8.
17 Tiago 2.18.
18 Efésios 2.8.
19 Romanos 11.6.

inerente e essencial do chamado do evangelho aos pecadores. Além do mais, defendo que o crescimento daquele que professa ser cristão é um progresso gradativo na submissão ao Senhor Jesus Cristo, e é evidência da conversão autêntica. Minhas convicções são fundamentadas sobre as seguintes verdades.

Primeiro, Cristo ensinou a absoluta necessidade de submissão sincera e prática ao seu senhorio como aspecto essencial da salvação. A salvação não requer somente uma confissão de que Jesus é senhor. Ela também requer uma prova dessa confissão. Na conclusão do Sermão do Monte, Cristo severamente advertiu seus ouvintes que a submissão ao seu senhorio era a grande prova da verdadeira confissão. Em suas próprias palavras, pequena é a porta e estreito o caminho que conduz à vida, e poucos a encontram, mesmo entre aqueles que declaram enfaticamente que Jesus é o Senhor:

> Entrai pela porta estreita (larga é a porta, e espaçoso, o caminho que conduz para a perdição, e são muitos os que entram por ela), porque estreita é a porta, e apertado, o caminho que conduz para a vida, e são poucos os que acertam com ela... Nem todo o que me diz: Senhor, Senhor! entrará no reino dos céus, mas aquele que faz a vontade de meu Pai, que está nos céus. (Mateus 7.13–14, 21)

Cristo não está ensinando uma salvação baseada em obras, mas uma verdade que percorre toda a Escritura. A submissão ao senhorio de Deus e de Cristo (ou seja, obediência à vontade de Deus) é evidência da fé salvadora. Embora seja heresia acatar a ideia de que a salvação seja fé mais obras, é bíblico, ortodoxo, e historicamente cristão, crer e proclamar que as obras são o resultado da salvação e atestam sua autenticidade.

Segundo, a submissão ao senhorio de Jesus Cristo era um aspecto essencial da proclamação apostólica do evangelho. Ninguém pode negar que os apóstolos solenemente testificaram a judeus e gregos que Deus fez deste Jesus, a quem o mundo crucificou, Senhor e Cristo.[20] Além do mais, de acordo com a proclamação apostólica do evangelho, a confissão do senhorio universal de Cristo pela pessoa

---
20 Atos 2.36; 20;21; 1Coríntios 2.8.

é essencial para a salvação. Aqui o apóstolo Paulo é enfático: "Se, com a tua boca, confessares Jesus como Senhor e, em teu coração, creres que Deus o ressuscitou dentre os mortos, serás salvo" (Romanos 10.9).

Esta é uma das mais importantes declarações confessionais das Escrituras. E mais, é uma das mais amplamente empregadas entre os crentes evangélicos para o propósito de evangelização. Estaremos nós, ou mesmo o apóstolo, apenas chamando os pecadores a uma confissão vazia do senhorio de Cristo? Eles deverão apenas confessar a Jesus como Senhor sem nenhuma intenção de submeter-se à sua vontade? Será que uma pessoa pode verdadeiramente crer numa verdade tão grande no coração, e confessá-la com a boca, sem experimentar qualquer influência prática sobre o propósito, direção e maneira de viver sua vida? É errado sugerir essa possibilidade. Além do mais, acabamos de considerar que qualquer confissão do senhorio de Cristo que não se manifeste em cumprir a vontade de Deus é vazia, e resulta em ruína eterna.[21]

Terceiro, as objeções muitas vezes levantadas contra o senhorio na salvação parecem resultar de um mau entendimento da natureza da salvação, especialmente das doutrinas de regeneração e perseverança. Quando as Escrituras ensinam que uma submissão prática e discernível ao senhorio de Jesus[22] é evidência essencial de salvação e meio de segurança, elas jamais inferem que a salvação ou a perseverança do crente seja resultado de obras. A submissão do crente ao senhorio de Cristo não causa nem preserva a salvação, mas é o resultado da grande obra de Deus da salvação do crente. Isto tem dois aspectos. Primeiro, a pessoa que se arrepende e crê para a salvação foi regenerada pelo Espírito Santo, obra sobrenatural de Deus de recriação, que resulta em verdadeira transformação (em oposição a uma mudança apenas poética ou metafórica) na natureza do crente. O cristão tornou-se nova criatura[23] com novos afetos por justiça e uma nova inclinação para a piedade e verdadeira expressão de fé. Segundo, a pessoa que se arrepende e crê para a salvação se tornou feitura de Deus.[24] A

---

21 Mateus 7.23.
22 Submissão ao senhorio de Jesus é sinônimo de produzir fruto (Mateus 7.6, 20), obediência à vontade de Jesus (Mateus 7.21), e obras (Tiago 2.14–26).
23 2Coríntios 5.17.
24 Efésios 2.10.

obra contínua da graça de Deus após a salvação nos assegura que todos os crentes autênticos terão graus de progresso em sua santificação. Isso não é resultado de vontade própria ou obras procedentes da própria determinação do crente, mas é resultado da obra de Deus naquele que crê. Aquele que começou boa obra na conversão continua a operar até o dia final. O progresso na santificação em toda a vida do crente será evidente, porque é Deus que opera "o querer como também o realizar", por sua boa vontade (Filipenses 2.13).

Devido à obra regeneradora e santificadora do Espírito, todo crente autêntico crescerá em submissão ao senhorio de Jesus Cristo e em conformidade com ele. Isso não quer dizer que todo crente cresce no mesmo grau ou compasso, nem requer que um crente mostre evidência de progresso em qualquer dado momento. Até mesmo o crente mais sincero cai em períodos de carnalidade de pensamento, palavra e atos. O que quer dizer é que no decurso de toda a vida desse crente, haverá um discernível crescimento na submissão ao senhorio de Cristo, obras de justiça e produção de frutos. A Confissão de Fé de Londres de 1689 e a Confissão de Fé de Westminster concordam no capítulo 13, artigos 1–3:

> Os que são eficazmente chamados e regenerados, havendo sido criado neles um novo coração e um novo espírito, são além disso, santificados genuína e pessoalmente, pela virtude da morte e ressurreição de Cristo, por sua Palavra e seu Espírito neles habitando; o domínio de todo o corpo do pecado é destruído, e suas diversas concupiscências mais e mais enfraquecidas e mortificadas, e eles mais e mais vivificados e fortalecidos em todas as graças salvíficas para a prática da genuína santidade, sem a qual ninguém verá o Senhor. Esta santificação permeia o homem todo, ainda que seja imperfeita nesta vida; aí permanece ainda alguns resíduos de corrupção em cada parte; e daí suscita-se uma guerra contínua e irreconciliável: a carne digladiando contra o Espírito, e o Espírito, contra a carne. Nesta guerra, ainda que a restante corrupção prevaleça por algum tempo, contudo, através de um contínuo suprimento de força por parte do Espírito santificante de Cristo, a parte regenerada vence; e assim os santos crescem na graça, aperfeiçoando sua santidade no temor de Deus.

Como se não bastassem as Confissões de Westminster e de Londres para demonstrar que a fé autêntica e salvadora é evidenciada pela santificação e produção de fruto, podemos voltar à estimada Confissão de Fé Belga (1561) e seus notáveis comentários nos artigos 22 e 24. Aqui, novamente, vemos a concordância entre a doutrina da salvação somente pela fé, e o claro ensinamento da Escritura de que tal fé salvadora é evidenciada pelas obras:

> Portanto, dizer que Cristo não é suficiente, mas que também é necessário algo mais é enorme blasfêmia contra Deus — pois segue que Jesus Cristo seria apenas meio salvador.... E poderíamos dizer justamente com Paulo que fomos justificados "somente pela fé" e "à parte das obras da lei" (Romanos 3.28).
>
> Cremos que esta verdadeira fé, produzida no homem por ouvir a Palavra de Deus e pela obra do Espírito Santo, o regenera e torna em "nova criação" (2Coríntios 5.17), fazendo com que viva em "novidade de vida" (Romanos 6.4) e livrando-o da escravidão do pecado.... Assim, é impossível que esta santa fé seja infrutífera no ser humano, visto que não falamos de fé vazia, mas daquilo que a Escritura chama de "fé operando pelo amor" (Gálatas 5.6), que conduz o homem a fazer por si a obra que Deus ordenou em sua Palavra.

A salvação é só pela graça, só pela fé, no entanto, a natureza da salvação garante que a fé salvadora terá evidências reais e práticas. Sendo assim, aqueles que realmente creram em Cristo para a salvação poderão obter maior segurança de sua salvação, não somente ao examinar sua experiência de conversão à luz das Escrituras, mas também por examinar completamente a sua vida, desde o momento de sua conversão. Embora todos os crentes estejam sujeitos a muitas falhas e possam cair diante das menores tentações, a sua determinação de continuar na fé, bem como sua santificação gradual e progressiva, são grandes evidências de salvação e oferecem base sólida para a segurança.

CAPÍTULO 2

EXAMINAR A SI MESMO

Estas coisas vos escrevi, a fim de saberdes que tendes a vida eterna, a vós outros que credes em o nome do Filho de Deus. — 1João 5.13

Examinai-vos a vós mesmos se realmente estais na fé; provai-vos a vós mesmos. Ou não reconheceis que Jesus Cristo está em vós? Se não é que já estais reprovados. — 2Coríntios 13.5

Consideraremos agora uma das doutrinas essenciais quanto ao relacionamento do crente com Deus: segurança. Qual é a base da segurança do crente de que seus pecados foram perdoados e de que ele foi reconciliado com Deus?

Todos que são verdadeiramente cristãos reconhecem que a salvação é resultado da fé na pessoa e obra de Cristo: sua divindade, encarnação, vida sem pecado, sacrifício expiador, ressurreição dos mortos e ascensão à destra de Deus Pai. Mas, como saber que cremos para a salvação[1] e que não estamos meramente enganados por uma falsa fé? Afinal de contas, as Escrituras estão repletas de muitas advertências graves e solenes contra os que professam fé em Cristo mas o negam por suas obras; que enfaticamente declaram o seu senhorio, no entanto, são rejeitados no dia do juízo; que creem ser ovelhas, mas são contados entre os bodes e mandados ao castigo eterno.[2] A assustadora parábola do banquete de casamento, onde Jesus

---
1 Romanos 1.16; 10.10; 2Timóteo 3.15; 1Pedro 1.5.
2 Matthew 7:21–23; 25.41–26; Tito 1.16.

lembra a seus ouvintes que "muitos são chamados, mas poucos escolhidos", fala de um convidado que chegou despreparado, ficou sem fala diante do rei, finalmente teve as mãos e os pés amarrados e foi lançado no lugar de total escuridão, onde há choro e ranger de dentes.³ Salvação é somente pela graça e somente pela fé, mas como saber se a fé salvadora requerida é a fé que possuímos? A salvação é dada aos que creem, mas como saber se realmente cremos?

A NECESSIDADE DO EXAME DE SI MESMO

A igreja de Corinto foi singularmente abençoada. Pela própria admissão do apóstolo Paulo, foram enriquecidos em Cristo em toda palavra e conhecimento, de forma que não lhes faltava nenhum dom.⁴ Porém, havia também grandes problemas na igreja. Havia divisão entre membros, ciúmes e contendas, superioridade e orgulho, imoralidade, contendas, mundanismo, abusos de liberdade, desordem nos cultos, e quase negação da doutrina da ressurreição.⁵ À luz dessas coisas, o apóstolo tinha toda razão de repreender a congregação severamente:

> Eu, porém, irmãos, não vos pude falar como a espirituais, e sim como a carnais, como a crianças em Cristo. Leite vos dei a beber, não vos dei alimento sólido; porque ainda não podíeis suportá-lo. Nem ainda agora podeis, porque ainda sois carnais. Porquanto, havendo entre vós ciúmes e contendas, não é assim que sois carnais e andais segundo o homem?⁶

Devemos cuidadosamente notar a escolha de palavras feita por Paulo. Ele não anima os coríntios, mas os repreende com linguagem mais forte possível. Ele os denuncia como cristãos infantis, ainda incapazes de receber e aproveitar do alimento sólido, ou ensinamento maduro. E pior, ele lhes fala como a homens carnais ou não regenerados, que não tem o Espírito de Deus e andam conforme os gentios.⁷ À luz do comportamento impiedoso dos coríntios, Paulo estava apenas expondo duas

---

3 Mateus 22.8–13.
4 1Coríntios 1.4–7.
5 1Coríntios 1.10; 3.3; 4.7–8; 5.1; 6.1–6, 9–20; 8.1–9.27; 11.1–14.40; 15.1–58.
6 1Coríntios 3.1–3.
7 Efésios 4.17–19.

possibilidades. A primeira seria que os coríntios eram cristãos imaturos, que caíram em erro por um tempo e precisavam de repreensão e instrução para voltar ao caminho da verdadeira piedade. A segunda possibilidade seria que pelo menos alguns dos membros ainda não eram convertidos. Andavam como "meros homens", porque seguiam as concupiscências da carne, cedendo aos desejos da carne, incapazes de aceitar as coisas do Espírito de Deus.[8] Somente o tempo e sua resposta apropriada à reprovação de Paulo demonstrariam a validade de sua fé.

Aqui encontramos o *modus operandi* do ministro fiel, bem-instruído, quando confrontado pelos que dizem ter fé e se contradizem por seu modo de vida. Como não possui onisciência, ele precisa discernir uma de duas possibilidades. A primeira possibilidade é que aqueles que professam ter fé são imaturos ou crentes desviados que podem ser restaurados, (e o serão) pela providência de Deus, o auxílio do Espírito, e a administração correta da Palavra de Deus: ensino, repreensão, correção e treinamento.[9] A segunda possibilidade é que os que professam a fé ainda não são convertidos. Eles têm forma de piedade, mas negam seu poder; professando fé em Cristo, por seu modo de viver, negam a ele.[10] Com a repreensão do pastor, essas pessoas não se arrependem e creem para a salvação, ignoram a advertência e continuam em seu pecado, ou então consertam seus caminhos por um tempo para então voltar à sua estultícia, como "o cão retorna ao próprio vômito" e "A porca lavada voltou a revolver-se no lamaçal" (Provérbios 26.11; 2Pedro 2.22). Dessa forma, o verdadeiro e o falso convertido se discernem.

Antes que continuemos, temos de declarar claramente que o cristão autêntico não é totalmente santificado nesta vida. A carne não será totalmente erradicada até a sua glorificação final no céu.[11] Sempre haverá, até mesmo na vida mais dedicada, uma constante batalha contra o pecado e o fracasso moral, bem como necessidade de arrependimento, confissão e restauração.[12] Porém, haverá uma grande diferença entre o cristão sincero, por mais fraco que seja, que luta contra o pecado e só consegue progresso mínimo de santificação, e o falso convertido, que

---

8   1Coríntios 2.14; Efésios 2.3.
9   2Timóteo 3.16.
10 2Timóteo 3.5; Tito 1.16.
11 Gálatas 5.17.
12 1João 1.8–10.

diz ter fé em Cristo, mas vive em estado quase constante de mundanismo, sem ofender sua consciência, sem quebrantamento diante do pecado, sem confissão de coração. Por causa dessas diferenças distinguíveis entre o verdadeiro e o falso convertido, o apóstolo Paulo, no final de sua segunda carta dirigida aos coríntios, dá a diretiva final aos que estavam se desviando: "Examinai-vos a vós mesmos se realmente estais na fé; provai-vos a vós mesmos. Ou não reconheceis que Jesus Cristo está em vós? Se não é que já estais reprovados" (2Coríntios 13.5).

Destas cartas de Paulo à igreja em Corinto, entendemos que falsos apóstolos e profetas entre eles estavam constantemente sujeitando a vida e ministério de Paulo a um exame crítico, lançando dúvida sobre sua designação como apóstolo, e até mesmo questionando a sinceridade de sua fé.[13] Paulo vira a mesa em seus oponentes e naqueles que os atendiam dizendo que *examinem a si mesmos* para *provar a si mesmos*[14] com respeito à autenticidade do que professam, porque estavam vivendo de maneira incompatível com a sua declaração de fé e pretensa identificação com Cristo.

A admoestação de Paulo aos que professavam Cristo em Corinto, de examinar a si mesmos em busca de evidências da conversão, prova que a obra de Deus na salvação do crente não somente resultará na justificação, mas também em uma santificação real, prática e observável. Deus não somente liberta o crente da condenação do pecado; continua trabalhando nele para livrá-lo do poder do pecado. Todo crente em Jesus Cristo, se for autêntico e regenerado pelo Espírito Santo, tornou-se nova criatura, com um novo afeto por Deus e por sua justiça. Além do mais, o Espírito que regenera o crente agora opera em sua santificação. Esse crente tornou-se feitura de Deus, e o Deus que começou nele boa obra a completará.[15]

A redescoberta desta verdade no evangelicalismo dos dias atuais é essencial. Uma grande multidão de pessoas que professam ser cristãos, tanto no ocidente e em todo o mundo, vive em estado quase contínuo de mundanismo, carnalidade e infrutuosidade. No entanto ficam assentados tranquilos em Sião,

---

13 1Coríntios 9.1-3; 2Coríntios 10.1-12.21; 13.3.
14 O grego é enfático. Paulo usa o pronome reflexivo *eautou* três vezes: provai *a vós mesmos*; examinai a vós mesmos, reconhecei isto *sobre vós mesmos*.
15 Efésios 2.10; Filipenses 1.6.

com a maior segurança da salvação e sem o mínimo temor de que tenham crido em vão. Muitos nem estão ativamente crendo ou olhando para Cristo, mas confiam em uma decisão que tomaram muitos anos antes, que teve pouco impacto discernível sobre suas vidas. Para piorar a situação, pastores bem-intencionados, que parecem entender pouco a natureza e o poder da salvação, os afirmam em seu perigoso estado. Esses ministros se tornaram como os profetas dos dias de Jeremias: "curam superficialmente a ferida do meu povo, dizendo: Paz, paz; quando não há paz" (Jr 6.14).

Será que não percebemos que tantos dos nossos convertidos são nuvens sem água, árvores outonais sem frutos, duplamente mortos e desarraigados?[16] Eles anseiam pelo dia do Senhor, pensando que será de luz, mas para eles, será um dia tenebroso, de juízo inescapável, como quando uma pessoa foge de um leão e corre de encontro a um urso, ou descansa a mão na parede de sua casa e é mordido por uma cobra venenosa.[17] Estão confiantes, até mesmo inflexíveis, de que receberão ricas boas-vindas no reino eterno de nosso Senhor e Salvador Jesus Cristo,[18] mas serão rejeitados com as palavras: "Nunca vos conheci. Apartai-vos de mim, os que praticais a iniquidade" (Mateus. 7.23).

O Leão rugiu! Não temeremos nós e profetizaremos?[19] As atalaias não soarão a trombeta para advertir os ímpios?[20] Deixaremos que eles se assentem tranquilos em Sião enquanto o julgamento certo é visível da torre de vigília? Não clamaremos a eles:

> Desperta, ó tu que dormes, levanta-te de entre os mortos, e Cristo te iluminará. (Efésios 5.14)

> Examinai-vos a vós mesmos se realmente estais na fé; provai-vos a vós mesmos. Ou não reconheceis que Jesus Cristo está em vós? Se não é que já estais reprovados. (2Coríntios 13.5)

---

16 Judas 12.
17 Amós 5.18–20.
18 2Pedro 1.11.
19 Amós 3.8.
20 Ezequiel 3.17–22; 33.1–9.

> Por isso, irmãos, procurai, com diligência cada vez maior, confirmar a vossa vocação e eleição; porquanto, procedendo assim, não tropeçareis em tempo algum. (2Pedro 1.10)

Entenda que esta convocação não é uma chamada para que pastores ou leigos se tornem juízes dos outros, mas para abandonar a ideia e proclamação de um evangelho superficial, despido de poder, que garante segurança a milhões, tornando-os resistentes a um evangelho bíblico e selando sua condenação eterna. Devemos aprender a consolar e a dar segurança ao mais fraco santo que esteja quebrantado quanto a seus muitos pecados, mas precisamos também aprender a admoestar o falso convertido, cuja vida é estéril, árvore sem frutos, cujo meio acomodado de viver é uma contradição ao evangelho.

O remédio para a maioria dos males que afligem a igreja evangélica ocidental é uma volta à visão bíblica da salvação, que é tanto poderosa quanto maravilhosa. Temos de rejeitar os que procuram salvar a igreja, introduzindo novas estratégias e metodologias de vanguarda que nos levem ainda mais longe das Escrituras. "À lei e ao testemunho! Se eles não falarem desta maneira, jamais verão a alva" (Isaías 8.20). Olhai para a rocha de que fostes cortados e para a cisterna de que fostes cavados.[21] Ponde-vos à margem no caminho e vede, perguntai pelas veredas antigas, qual é o bom caminho; andai por ele e achareis descanso para a vossa alma.[22] Então edificaremos os lugares antigamente assolados, restauraremos aqueles antes destruídos e renovaremos as cidades arruinadas, destruídas de geração em geração.[23]

Consideremos os homens que nos precederam com grande e eterno sucesso e benefício para a igreja — homens como George Whitefield, Jonathan Edwards, Joseph Alleine, Charles Spurgeon, Martyn Lloyd Jones, e A. W. Tozer. A verdadeira instrução estava em sua boca, e não se achava injustiça em seus lábios. Andavam com Deus em paz e retidão, e provocaram muitos a se desviarem da iniquidade.[24] Que adotemos a simplicidade de sua metodologia evangelística. Eles pregaram o evangelho, conclamando os ouvintes ao arrependimento e fé, encorajando o mais fraco

---

21 Isaías 51.1.
22 Jeremias 6.16.
23 Isaías 61.4.
24 Malaquias 2.6.

dos santos no amor de Deus, e, como seu Mestre, advertiam àqueles que fazem confissões vazias que nem todos que chamam Jesus de Senhor entrará no reino do céu, mas aquele que faz a vontade do Pai que está no céu.[25] Eles eram inteiramente leais à doutrina da salvação somente pela graça, somente pela fé, mas também entendiam e pregavam que essa graça salvadora santifica, e que a verdadeira segurança da salvação não pode ser obtida sem que examinemos a nós mesmos à luz da Escritura.

O PADRÃO DO AUTOEXAME

As Escrituras ordenam a nos examinar para verificar se estamos na fé, provar-nos para que possamos discernir se somos realmente cristãos.[26] Porém, esta admoestação nos leva a uma pergunta extremamente importante: Qual o padrão de autoridade pelo qual devemos avaliar a validade de nossa fé? Contra que regra certa poderemos examinar nossas vidas? Quem é capaz de nos julgar e ajudar-nos a entender nosso pleito?

O apóstolo João nos adverte para que não confiemos simplesmente nos ditames do coração nessas questões, para que nos aprovemos ou nos condenemos erradamente.[27] O apóstolo Paulo nos instrui sobre o fato de que não é sábio nos medir por nossos próprios padrões ou nos comparar com outros de nosso próprio círculo de comunhão.[28] Se usarmos o homem carnal que professa a Cristo como o padrão, poderemos ser acalantados em falsa segurança. Porém, se nos compararmos ao cristão mais maduro de nossa comunidade, poderemos nos encontrar falsamente condenados. Além do mais, embora seja sábio buscar o conselho de outros nesta questão, não podemos basear nossa segurança da salvação apenas nas suas opiniões. Alguns poderão presumir e assegurar-nos erradamente por sua baixa visão da salvação,[29] e outros poderão nos condenar erroneamente, ao exigir provas que excedam os ditames da Escritura, colocando fardos pesados sobre nós, os quais eles mesmos não estão dispostos ou não conseguem suportar.[30] Então,

---

25 Mateus 7.21.
26 2Coríntios 13.5.
27 1João 3.19–20.
28 2Coríntios 10.12.
29 Jeremias 6.14–15.
30 Mateus 23,4.

qual deve ser nosso padrão? Contra que molde devemos avaliar a sinceridade de nossa fé e a realidade da nossa conversão?

Podemos ser gratos porque o padrão que buscamos não é tão escondido dentro do tecido da Escritura a ponto de ser mistério insondável, aberto somente às mentes mais brilhantes. Pelo contrário, é especifica e claramente exposto nas Escrituras. De fato, o padrão e as provas de autêntica conversão são apresentadas de modo claro, conciso e completo na primeira epístola do apóstolo João.

Uma das mais surpreendentes e úteis características do evangelho na primeira epístola de João é que expõe claramente a razão pela qual foram escritos

> Na verdade, fez Jesus diante dos discípulos muitos outros sinais que não estão escritos neste livro. Estes, porém, foram registrados para que creiais que Jesus é o Cristo, o Filho de Deus, e para que, crendo, tenhais vida em seu nome. (João 20.30–31, ênfase acrescida)
>
> Estas coisas vos escrevi, a fim de saberdes que tendes a vida eterna, a vós outros que credes em o nome do Filho de Deus. 13 Estas coisas vos escrevi, *a fim de saberdes que tendes a vida eterna*, a vós outros que credes em o nome do Filho de Deus (1João 5.13, ênfase acrescida)

Numa demonstração da inspiração e unidade das Escrituras, João escreveu seu evangelho para que seus leitores pudessem crer em Jesus Cristo e receber vida eterna. Correspondentemente, escreveu sua primeira epístola para que aqueles que realmente creram pudessem ter plena segurança de que receberam a vida eterna.

Em toda a sua primeira epístola, João expõe uma série de provas pelas quais o verdadeiro crente pode examinar sua vida para provar a autenticidade da fé que professa e obter segurança da salvação baseada na infalível Palavra de Deus. No entanto, esta epístola também serve a um propósito secundário, expor a falsa segurança do incrédulo que diz ter fé em Cristo, mas não tem nenhuma das marcas da verdadeira conversão.

Diversas autoridades sustentam esse entendimento do propósito de João ao escrever a sua epístola. John R. W. Stott diz:

Por toda esta epístola, João tem dado a seus leitores critérios (doutrinário, moral, social) pelos quais possam provar a si mesmos e aos outros. O seu propósito é estabelecer sua segurança. Juntando o propósito do Evangelho e da Epístola, o alvo de João tem quatro estágios: que seus leitores ouçam, e ao ouvir creiam, e ao crer, vivam, e vivendo, conheçam.

D. Edmond Hiebert observa:

> É evidente o propósito prático do autor. É seu desejo básico fundamentá-los na segurança da salvação. [...] Ele lhes oferece uma série de testes pelos quais provar sua fé e conduta, assim reassegurando seus próprios corações. [...] A segurança que João tem em vista não é resultado de pensamento ou desejo positivo, mas está firmada nas várias evidências apresentadas nesta epístola.

Finalmente, Colin G. Kruse assevera:

> A razão principal do autor para escrever esta carta era amparar sua segurança ao contrapor-se ao ensinamento falso dos secessionistas. O autor procurou fazê-lo, ressaltando que seus leitores eram os que verdadeiramente receberam a vida eterna, que conheciam a Deus, e não os secessionistas. Os seus leitores manifestavam as marcas autênticas de que tinham a vida eterna; eram eles que permaneciam no ensino proclamado primeiramente por testemunhas oculares; eles eram os que continuavam obedecendo os mandamentos do Senhor; e eram eles que amavam os filhos de Deus, a marca essencial dos que possuem vida eterna.[31]

João deu a seus leitores diversos critérios doutrinários e morais pelos quais eles pudessem provar a si mesmos quanto à autenticidade de sua reivindicação da salvação. Ele procura estabelecer a segurança de salvação, não em pensamentos desejosos, sentimentos religiosos, ou uma mera confissão de fé, mas na demonstração

---

31 John R. W. Stott, *The Epistles of John: An Introduction and Commentary* (London: Tyndale, 1964), 184–.85; D. Edmond Hiebert, *The Epistles of John: An Expositional Commentary* (Greenville, S.C.: Bob Jones University Press, 1991), 19, 52; e Colin G. Kruse, *The Letters of John* (Grand Rapids: Eerdmans, 2000), 188–89.

ou manifestação das marcas autênticas do cristianismo na vida deles. Conforme a doutrina de João, os que professam ter fé em Cristo podem ter uma segurança bíblica da salvação, no grau em que sua vida se conforma às provas apresentadas nesta primeira carta.

Em suma, é importante que nos lembremos de que João não está apresentando os meios da conversão, mas o seu resultado. Temos uma segurança bíblica da salvação conforme as evidências apresentadas pela epístola de João forem realidades em nossa vida. Se, após nos provarmos, encontrarmos pouca realidade dessas evidências, deveremos nos preocupar muito. Se nosso modo de vida estiver em grande contraste à descrição feita por João do verdadeiro crente, devemos considerar seriamente uma de duas possibilidades. Primeiro, podemos ser genuínos filhos de Deus, mas nos desviamos de sua vontade e temos grande necessidade de arrependimento. Se realmente nos arrependermos e voltarmos à vontade de Deus como nossa prática de vida, haverá grande esperança de que realmente cremos e temos vida eterna. A segunda é que nunca realmente conhecemos ao Senhor, e tanto nossa fé quanto nossa confissão foram falsas desde o começo. Neste caso, temos de buscar o Senhor e chamá-lo. Se somos realmente arrependidos, podemos buscar com grande confiança, sabendo que ele não desprezará um espírito quebrantado e contrito, que todo aquele que vem a ele, com certeza nunca será lançado fora. Quem invocar o nome do Senhor será salvo, e quem nele crê não será confundido.[32]

Nos capítulos que seguem, explicaremos e faremos exposição de cada uma das provas, na ordem em que elas ocorrem na carta de João. Estimulamos o leitor a estudar com oração e cuidado cada capítulo. As Escrituras nos conclamam a fazermos autoexame para ver se somos verdadeiros cristãos.[33] Nos capítulos que seguem, estaremos obedecendo a este mandamento.

---

32 Salmo 51.17; João 6.37; Romanos 10.11, 13
33 2Coríntios 13.5.

CAPÍTULO 3

ANDAR NA REVELAÇÃO DE DEUS

Ora, a mensagem que, da parte dele, temos ouvido e vos anunciamos é esta: que Deus é luz, e não há nele treva nenhuma. Se dissermos que mantemos comunhão com ele e andarmos nas trevas, mentimos e não praticamos a verdade. Se, porém, andarmos na luz, como ele está na luz, mantemos comunhão uns com os outros, e o sangue de Jesus, seu Filho, nos purifica de todo pecado. —1João 1.5–7

João escreveu sua primeira epístola com um propósito específico — que aqueles que creem em Jesus Cristo tenham grande segurança de possuir a vida eterna.[1] A fim de realizar este propósito, o apóstolo apresentou várias evidências, ou características essenciais, da conversão autêntica, pelas quais podemos examinar nossas vidas e provar a autenticidade de nossa confissão. A primeira dessas características pode ser resumida por esta declaração: O cristão andará na luz. Seu modo de viver será conforme aquilo que Deus nos revelou sobre a natureza e a vontade divina.

DEUS É LUZ

Primeira João 1.5 começa com uma declaração extremamente importante: "Deus é luz e nele não habita treva alguma". João habitualmente usa as palavras

---

1 1João 5.13.

"luz" e "trevas" em seus escritos,[2] e é de especial importância que descubramos o significado dessas palavras neste texto. À primeira vista, o contraste que João faz entre luz e trevas pode nos levar a pensar que sejam primariamente termos morais: distinção entre o bem e o mal, ou a grande divisão entre o santo e o profano. Esta interpretação certamente concordaria com o que as Escrituras nos dizem sobre a santidade de Deus. Porém, quando escreve que Deus é luz, João não só denota a pureza moral de Deus, como também indica que ele se faz conhecido. O Deus das Escrituras não está escondido no escuro; ele é luz. Ele se revelou à humanidade mediante a criação, história, Escritura, e especialmente por meio da encarnação e obra redentiva de seu filho, Jesus Cristo.

Esse entendimento de Deus como sendo luz torna-se mais evidente quando consideramos o contexto histórico da primeira epístola de João. A igreja ou as igrejas às quais João escrevia tinham caído sob influência de um falso ensinamento, o qual mais tarde evoluiu para uma das maiores heresias que veio a confrontar a igreja — o gnosticismo, uma mistura de filosofia grega, misticismo judaico e cristianismo. Era uma religião esotérica, repleta de mistérios, conhecimento secreto e um Deus escondido, que só podia ser conhecido pelos iniciados ou pelos escalões superiores dos superespirituais.

Para combater essa heresia perigosa e destrutiva, o apóstolo João explica à igreja que Deus é luz, e fez conhecida a sua vontade e a si mesmo por meio do testemunho dos apóstolos, que eram testemunhas oculares da encarnação, e por meio do ensinamento do Espírito Santo, a quem todos receberam.[3] Deus não estava escondido como supunham os falsos mestres, nem a sua verdade era possessão exclusiva apenas de um punhado de superapóstolos autoproclamados. Deus revelou a si e também revelou a sua vontade a todos quantos creram em Cristo e nasceram de Deus. De maneira poderosa, João apresenta esta verdade em seu argumento de conclusão da epístola: "Também sabemos que o Filho de Deus é vindo e *nos tem dado entendimento* para reconhecermos o verdadeiro; e estamos no verdadeiro, em seu Filho, Jesus Cristo. Este é o verdadeiro Deus e a vida eterna" (1João 5.20, ênfase acrescida).

---

2 Veja João 1.4-5; 3.19; 1João 2.8-10 para vários exemplos desse tema comum no Evangelho e nas epístolas de João.
3 1João 1.1–4; 2.20; 2.27.

Baseado no que sabemos sobre a evidência interna da epístola e o contexto histórico em que foi escrita, podemos concluir com confiança o seguinte: a declaração de que "Deus é luz" não se refere somente ao seu impecável caráter moral, mas também a seu relacionamento com todo crente em Jesus Cristo e a sua revelação a eles. Deus não se esconde de seu povo, mas graciosa e abundantemente revelou a este povo tanto a sua natureza quanto a sua vontade. Ele se faz conhecido a nós, como Senhor que se deleita em nós e exerce bondade e justiça sobre a terra.[4] Ele nos disse o que é bom e o que ele requer de nós.[5] Nisto, a profecia de Jeremias quanto à nova aliança foi cumprida: "Não ensinará jamais cada um ao seu próximo, nem cada um ao seu irmão, dizendo: Conhece ao SENHOR, porque todos me conhecerão, desde o menor até ao maior deles, diz o SENHOR. Pois perdoarei as suas iniquidades e dos seus pecados jamais me lembrarei (Jeremias 31.34).

O SIGNIFICADO DA COMUNHÃO

Agora passaremos a considerar a palavra "comunhão" e procuraremos discernir seu significado correto. A palavra é derivada do substantivo grego *koinonía*, usada comumente para denotar associação, comunhão ou participação conjunta. No contexto desta epístola, uma pessoa que diz ter comunhão com Deus professa fé nele e se declara seu filho. Os que se encontram fora da comunhão com Deus ainda não são convertidos, estão mortos em suas transgressões e pecados, e estão sob a ira de Deus.[6]

Em tempos recentes, o significado de "comunhão" neste contexto tem sido mal interpretado. Alguns hoje creem e ensinam que João não faz distinção entre os que realmente creem e aqueles que ainda não se converteram, mas faz distinção entre cristãos espirituais que comungam com Deus e cristãos carnais que estão fora da comunhão com ele. Essa interpretação não somente diverge do verdadeiro significado do texto, como também trai o propósito para o qual João escreveu toda esta epístola. Ele não diz: "Estas coisas eu escrevi aos que creem no nome do Filho de Deus para que saibam se são cristãos espirituais ou carnais." Além do mais, o

---

4 Jeremias 9.24.
5 Miquéias 6.8.
6 Efésios 2.1–3; 5.6.

versículo sete ensina que somente quem anda na luz pode se valer do sangue purificador do Filho de Deus. Se os que andam nas trevas são cristãos carnais, então estão fora da eficácia purificadora do sangue de Cristo. Essa é uma impossibilidade para qualquer cristão.

À luz dessas verdades, concluímos corretamente que ter comunhão com Deus é ser cristão possuidor de todos os benefícios e bênçãos da obra expiatória de Cristo. Por outro lado, estar fora da comunhão com Deus é ainda não ser convertido, estar separado de Deus, em perigo de destruição eterna.

O CRISTÃO ANDA NA LUZ

Consideraremos agora a primeira característica do cristão autêntico: ele anda na luz. A palavra "andar" é traduzida do verbo grego *peripatéo*, que significa literalmente andar em volta ou ao redor. Metaforicamente, é usada para denotar modo de vida ou conduta da pessoa. É importante notar que "andar" está no tempo presente, que também denota uma ação contínua e ainda estabelece que João está usando essa palavra em referência ao estilo de vida, modo de viver ou prática resolvida de uma pessoa. Sendo assim, a primeira característica do verdadeiro filho de Deus é que ele anda na luz. O seu estilo de vida é conformado ao que Deus revelou sobre sua natureza e vontade. Por outro lado, o falso convertido anda em trevas. Seu estilo de vida reflete uma ignorância de Deus autoimposta, e sua conduta demonstra pouca conformidade à natureza ou vontade de Deus como revelado nas Escrituras.

Ao considerarmos esta primeira prova da fé autêntica, temos de tomar cuidado para entender que João não está ensinando que um cristão pode alcançar algum nível de perfeição sem pecado, a ideia errada de que os cristãos conseguem um nível de santificação nesta vida em que não pecam mais. Nem está sugerindo que a vida do cristão será sempre um reflexo perfeito do caráter e da vontade de Deus. Está simplesmente declarando que o estilo de vida ou conduta geral do crente autêntico refletirá conformidade ao que Deus tem revelado sobre si e sobre sua vontade. Além do mais, embora a vida do crente seja sacudida por grandes lutas e marcada por fracassos intermitentes, haverá uma diferença marcante entre a sua vida e conduta e a vida e conduta do descrente. A evidência da salvação não é o perfeccionismo ou capacidade de sempre andar na luz da revelação divina. Mas a evidência de salvação é que, sob cuidadoso exame de nossa vida, vemos uma real e crescente conformidade à natureza e vontade de Deus. Porém, se descobrirmos uma vida não transformada e um modo de condução consistente, que contradiga o que Deus tem revelado em sua Palavra quanto à sua natureza e vontade, devemos nos preocupar muito.

É importante observar que quando falamos de autoexame, não estamos nos referindo a um momento no tempo ou a um único evento, mas a todo o curso de nossa vida, desde o momento que professamos nossa conversão. Nós não podemos determinar a validade da obra salvadora de Deus em nós ao examinar nossa conduta no decurso de apenas um dia. Mesmo o mais maduro cristão terá lapsos morais momentâneos e tempos de poda em que parece haver poucos frutos. Seria presunçoso confirmar nossa salvação com base no cuidadoso exame de uma única boa obra, e seria igualmente insensato nos condenar por uma única caída em pecado. Examinar corretamente nossa profissão de fé requer que consideremos a totalidade de nossa vida, desde o momento em que professamos a conversão até o momento atual. Temos de nos perguntar se no decurso de toda nossa vida cristã há evidência de conformidade cada vez maior com a pessoa e vontade de Deus. A seguinte ilustração pode ajudar.

Se observássemos um cristão professo por apenas curto período de tempo e então tirássemos uma fotografia no exato momento que ele cometeu uma falha moral, não poderíamos usar essa fotografia como prova do seu estado de não convertido. Isso nos diz pouco sobre seu estilo de vida desde a sua conversão. Porém, se fôssemos seguir esse mesmo que professa ser cristão por vários anos, com câmera digital que documentasse constantemente, poderíamos ajuntar ampla evidência para defender em favor ou contra sua confissão de fé. Se ele for realmente um cristão, ainda não veríamos uma vida perfeita, não manchada pelo pecado, mas veríamos uma vida transformada, que está em transformação, crescendo gradativamente em conformidade com a natureza e vontade de Deus. A fraqueza seria evidente, as batalhas seriam vencidas com muito esforço, e o progresso muitas vezes seria de três passos para frente e dois para trás. No entanto, em todo o decurso da vida desse cristão, haveria evidência discernível de conformidade cada vez maior à natureza e vontade de Deus.

ESTAMOS ANDANDO NA LUZ?

Agora que entendemos o significado do texto, temos de aplicar essas verdades a nós mesmos: Estamos andando na luz? Nosso estilo de vida reflete crescente conformidade ao que Deus tem nos revelado nas Escrituras quanto à sua natureza e vontade? Existe distinção detectável entre nossa maneira de viver e a do incrédulo? Se um observador imparcial fosse estudar a vida de cada um de nós em um período de vários meses, teria juntado provas suficientes para argumentar pela validade de nossa fé em tribunal de justiça ou sua causa seria jogada fora do tribunal por falta de evidências?

"Deus é luz, e não há nele treva nenhuma" (1João 1.5). Temos alguma semelhança a essa luz? Andamos como filhos da luz, produzindo os frutos dessa luz, que consistem em toda bondade, justiça e verdade?[7] Ou estamos andando como os descrentes, na futilidade de nossos pensamentos, tendo obscurecido nosso entendimento, excluídos da vida de Deus?[8] Nossa confissão de Jesus como Salvador e Senhor é prova sincera de uma vida marcada por submissão à vontade do Pai ou é prova de um estilo de vida de negligência espiritual, falta de conformidade com a natureza de Deus e rebeldia contra a revelação da sua vontade?[9]

Se dissermos que somos verdadeiros cristãos, contudo andarmos nas trevas, somos mentirosos. Faz pouca diferença se essa mentira for intencional ou se fomos enganados pelo evangelho superficial de nosso tempo. Temos de reconhecer que entramos pela porta larga e estamos andando no caminho largo que leva à destruição.[10] Devemos admitir que temos nome de quem vive, mas estamos mortos em transgressões e pecados.[11] Temos de fugir da ira vindoura

---

7 Efésios 5.8-9
8 Efésios 4.17-20.
9 Mateus 7.21, 23.
10 Mateus 7.13.
11 Efésios 2.1; Apocalipse 3.1.

e nos achegar a Deus em arrependimento e fé.[12] Temos de buscá-lo enquanto ele pode ser achado.

Se dissermos que temos comunhão com Deus e andarmos na luz, teremos passado a primeira prova de João quanto ao caminho de plena segurança da salvação. Colocamos a primeira pedra no muro de esperança, fundamentado sobre as Escrituras e revestido contra os dardos da dúvida, inflamados pelo inimigo. Temos de ser encorajados, mas não presunçosos. Devemos continuar nas outras provas de João e examinar nossas vidas à luz delas.

---

12 Mateus 3.7; Lucas 3.7; Tiago 4.8.

CAPÍTULO 4

CONFESSAR O PECADO

Se dissermos que não temos pecado nenhum, a nós mesmos nos enganamos, e a verdade não está em nós. Se confessarmos os nossos pecados, ele é fiel e justo para nos perdoar os pecados e nos purificar de toda injustiça. Se dissermos que não temos cometido pecado, fazemo-lo mentiroso, e a sua palavra não está em nós. — 1João 1.8–10

A segunda prova da verdadeira conversão pode estar entre as mais notáveis, porque prova que a segurança da salvação do crente não se baseia na ausência do pecado em sua vida, mas em resposta correta quando atenção é trazida a esse pecado. A marca do verdadeiro crente não é perfeição sem pecado, mas que o pecado torna-se cada vez mais repugnante para ele, mais antagônico a seus desejos. A realidade do pecado o conduz ao arrependimento e confissão. Esta verdade é sustentada por algumas das maiores declarações nas Escrituras quanto ao crente e sua atitude diante do pecado. "Sacrifícios agradáveis a Deus são o espírito quebrantado; coração compungido e contrito, não o desprezarás, ó Deus" (Salmo 51.17). "Mas o homem para quem olharei é este: o aflito e abatido de espírito e que treme da minha palavra" (Isaías 66.2). "Bem-aventurados os que choram, porque serão consolados" (Mateus 5.4). "Bem-aventurados os que têm fome e sede de justiça, porque serão fartos" (Mateus 5.6).

A evidência de que nos tornamos filhos de Deus é que, ao nos tornar cônscios de nosso pecado, respondemos com humildade, quebrantamento, contrição, lamento e tremor diante da lei que rejeitamos. O fato de que Deus nos apresenta essa verdade no começo do nosso autoexame demonstra a grandeza da sua sabedoria. Se este texto viesse mais tarde, talvez fôssemos demasiadamente severos em nossa autoanálise, e caíssemos sob falsa condenação que leva ao desespero. Poderíamos facilmente ter interpretado e aplicado errado o primeiro teste que consideramos, o que nos levaria a acreditar que nossos frequentes desvios da luz fossem prova de nosso estado de não convertidos. Mas aqui, bem no início do autoexame, Deus prova que nossas frequentes lutas contra o pecado não desmerecem a profissão de fé, e sim a confirmam. Sabemos que o conhecemos, não porque não temos pecado, mas porque nossa atitude para com o pecado foi radicalmente alterada: temos crescente ódio pelo pecado, nos quebrantamos diante dele e o confessamos.

A NOVA RELAÇÃO DO CRENTE COM O PECADO

Um convertido recente muitas vezes falará de sua conversão, declarando que possui novo relacionamento com Deus. Porém, pouco entende que o contrário também é verdadeiro: ele tem novo relacionamento com o pecado. De fato, a validade de dizer que tem novo relacionamento com Deus só pode ser afirmada no grau em que sua relação com o pecado também tiver mudado.

Antes da regeneração e conversão, o pecador é amante de si mesmo e dos prazeres, e odeia a Deus e o bem.[1] Jó observou que homens não convertidos têm sede de iniquidade e a bebem como água.[2] A sabedoria de Salomão expõe o homem natural como quem não somente abandona os caminhos da justiça para andar pelo caminho das trevas, mas também como quem se deleita em praticar o mal, e se alegra com as perversidades.[3] A razão para tal inclinação e comunhão com o mal é clara através de toda a Escritura, mas particularmente no conselho do profeta Jeremias, que descreve o coração do homem caído: "Enganoso é o coração, mais do que todas as coisas, e desesperadamente corrupto". De fato, Jeremias foi

---

1 Romanos 1.30; 2Timóteo 3.2–4.
2 Jó 15.16
3 Provérbios 2.13–14.

de tal maneira chocado pela depravação radical do coração humano que perguntou, surpreso: "Quem o conhecerá?!" (Jeremias 17.9). Este coração humano caído produz no homem natural um grande afeto pelo pecado e igualmente grande desdém por Deus e sua justiça.

Porém, na gigantesca obra da conversão, Deus recria o coração conforme a sua imagem, em verdadeira justiça e santidade.[4] Este coração radicalmente alterado possui um afeto igualmente novo e radicalmente alterado. Seu amor por si mesmo foi substituído por amor a Deus, e sua sede de iniquidade substituída por fome e sede de justiça.[5] Colocado de forma simples, o cristão agora ama ao Deus que outrora odiava, e odeia o eu que antes amava; agora ele deseja a justiça que antes desprezava e despreza a injustiça que antes se gabava.

Alguns poderão argumentar que essa descrição do coração radicalmente alterado do crente é irrealista, resultado de uma escatologia exagerada, que atribui ao crente bênçãos presentes da salvação que só se realizarão na sua glorificação final. Poderão argumentar até que essa descrição não seja bíblica. Poderão responder com a pergunta: "Se é assim, por que eu ainda luto contra o pecado?" A resposta é apresentada claramente nas Escrituras. Embora jamais devamos diminuir a grande e contínua luta do crente contra o pecado, também não devemos descartar ou menosprezar o poder da regeneração. A luta do crente contra o pecado não é porque ela seja menos poderosa do que tenho descrito, mas porque o novo coração do crente ainda se opõe a um grande e aparentemente implacável inimigo — a carne. Ainda que o conceito de "carne" seja difícil de definir, temos de aceitar que existe algum remanescente do velho homem que permanece junto ao crente, até ser erradicado na glorificação final.[6] Existe algum aspecto não redimido na pessoa do crente que o torna suscetível às tentações e guerreia contra o novo homem que ele foi recriado para ser. Paulo apresenta a realidade dessa batalha nas seguintes palavras às igrejas da Galácia: "Porque a carne milita contra o Espírito, e o Espírito, contra a carne, porque são opostos entre si; para que não façais o que, porventura, seja do vosso querer" (Gálatas 5.17).

---

4 Efésios 4.24.
5 Mateus 5.6.
6 John MacArthur, *The MacArthur Study Bible* (Nashville: Thomas Nelson, 1997), 1704.

Mesmo que o crente lute contra o pecado, às vezes sofrendo perdas, foram transformados tanto seu coração quanto seu afeto. O seu pecado não é mais causa de prazer e jactância, mas de pesar e confissão. De fato, este lamento que conduz à confissão é uma das maiores evidências de sua conversão. Ele não é mais filho do Diabo ou filho da desobediência, mas filho de Deus e nova criatura em Cristo Jesus.[7] Portanto, ele não suporta mais o pecado que antes o alimentava com prazer, mas sente repulsa e náusea por sua participação no mesmo. Assim, ele tem de confessar e se livrar do pecado.

VERDADEIRA CONFISSÃO

Em 1João 1.9, lemos que uma das grandes marcas da conversão autêntica é a confissão do pecado. Assim, é importante que descubramos exatamente o que é a confissão. A palavra "confessar" é traduzida do grego *homologéo*, um composto da palavra *homos*, que significa "mesmo", e *lógos*, que quer dizer "palavra". Significa literalmente "falar a mesma coisa". Portanto, confessar é concordar com Deus verbalmente que pecamos e que esse nosso pecado é hediondo. Quando é feita essa confissão com autenticidade, acontece também uma tristeza ou quebrantamento. Embora a vida do crente seja marcada por crescimento em santidade e maior poder sobre o pecado, ele nunca será completamente livre de sua influência até ser glorificado no céu. Mesmo o crente mais maduro vai pecar. Porém, a sua resposta para esse pecado provará que ele não é mais um filho de desobediência não regenerado, que vive alheio a Deus e fora de sua providência paternal, mas se tornou filho de Deus, membro de sua família, sujeito tanto à divina instrução quanto à divina disciplina.[8] Quando o crente peca, Deus é fiel em expor seu pecado e convencê-lo de sua culpa[9] pelo ministério do Espírito Santo.[10]

Embora Deus use muitos meios naturais para expor o pecado do crente, tais como o estudo da Escritura, a repreensão de um irmão fiel, ou até mesmo a

---

7 João 8.44; 2Coríntios 5.17; Efésios 2.2; 1João 3.12.
8 Efésios 2.2, 19; Hebreus 12.5–11.
9 As palavras *convencer* e *convicção* foram muito mal entendidas. Convencimento é traduzido do grego *elégcho*, que é melhor ilustrado pelo trabalho do promotor público que diligentemente apresenta evidências para provar a culpa do réu. O resultado final não é apenas que o crente se sente convicto, mas é condenado e, assim, admite ou confessa sua transgressão diante de Deus.
10 João 16.8, 13; Romanos 8.14; 1João 2.27.

censura da igreja, é, no entanto, uma obra sobrenatural da providência de Deus. Em resposta, o crente reconhece seu pecado e a gravidade dele. E então volta-se a Deus com coração quebrantado e contrito, confessa seu pecado e pede o perdão.

Um exemplo bastante instrutivo de confissão bíblica se vê no Salmo 51.1–4, o qual Davi escreveu depois de ter caído em pecado com Bateseba e, subsequentemente, ouvir a repreensão do profeta Natã:

> Compadece-te de mim, ó Deus, segundo a tua benignidade; e, segundo a multidão das tuas misericórdias, apaga as minhas transgressões. Lava-me completamente da minha iniquidade e purifica-me do meu pecado. Pois eu conheço as minhas transgressões, e o meu pecado está sempre diante de mim. Pequei contra ti, contra ti somente, e fiz o que é mal perante os teus olhos, de maneira que serás tido por justo no teu falar e puro no teu julgar.

Note primeiro que, embora esteja quebrantado por seu pecado, Davi não está paralisado pelo medo nem entregue ao desespero. A benignidade de Deus e sua grande compaixão dão a ele a confiança necessária para confessar seu pecado, com a maior expectação do perdão. Quanto mais devemos nós, que estamos em Cristo, ser encorajados a nos aproximar e confessar nossos pecados a Deus? Deus não nos prometeu que "é fiel e justo para perdoar nossos pecados e nos purificar de toda injustiça" (1João 1.9)? Não nos foi dito, pela fonte mais confiável, que temos sumo sacerdote que se compadece das nossas fraquezas; porque ele foi tentado em todas as coisas, à nossa semelhança, mas sem pecado? Por esta razão, podemos nos achegar confiadamente, junto ao trono da graça, a fim de recebermos "misericórdia e acharmos graça para socorro em ocasião oportuna" (Hebreus 4.15–16)? Querido cristão, se em meio a nosso pecado e derrota ouvirmos a instrução para fugir *de* Deus ao invés de fugir *para* ele, teremos de reconhecer que a procedência de tal prescrição não é das alturas do céu, mas do abismo do inferno.

Segundo, devemos notar o grande desprezo de Davi por seu pecado e o seu desejo de ser purificado do mesmo. A pessoa não regenerada não deseja ser purificada do pecado; só quer evitar sua publicação e ser livre das consequências adversas. Além disso, se ela não for purificada, acharia isso inaceitável. Suas cobiças seriam de tal forma vorazes e seu coração inquieto, até que mais uma vez estivesse se alimentando do mesmo cocho imundo e dormindo na mesma sujeira malcheirosa. Em forte contraste, o cristão odeia o pecado que cometeu. Ele despreza até as roupas que vestia no momento de sua falha moral, e as considera poluídas, imundas e contagiosas.[11] Seu coração está quebrantado, contrito, cheio de remorso e lamento. No final, a sua reação demonstra que ele é realmente uma nova criatura, o antigo se passou e veio o que é novo![12] O pecado que outrora era refeição deleitosa se tornou em barril de sujeira; a vida de pecado que era antes fragrante leito se tornou em chiqueiro enlameado de estrume.

Terceiro, devemos notar a justificação, ou vindicação de Deus, que Davi faz. Quando Natã, o profeta, o denunciou e acusou de seu pecado secreto, Davi não deu desculpas, mas confessou tudo abertamente perante todos: "Pequei contra o Senhor".[13] No Salmo 51.3-4, ele é ainda mais explícito: "Pois eu conheço as minhas transgressões, e o meu pecado está sempre diante de mim. Pequei contra ti, contra ti somente, e fiz o que é mal perante os teus olhos, de maneira que serás tido por justo no teu falar e puro no teu julgar".

Davi começa declarando que conhecia seu pecado.[14] Passou a vê-lo com os olhos de Deus, e a entender algo de sua natureza hedionda e de suas terríveis consequências. Percebeu também que embora tivesse pecado contra Urias pelo assassinato, contra Bateseba pelo adultério e contra o povo de Israel por violar seu juramento como rei e pastor, no final e acima de tudo, ele tinha pecado contra Deus. Era este aspecto de seu pecado que o tornava tão repugnante.

Finalmente, Davi reconheceu que Deus era justo na avaliação e juízo do pecado. Quando Deus o confrontou com sua primeira transgressão no jardim, Adão jogou a culpa sobre a mulher, e no fim, contra Deus: "A mulher *que me deste por esposa*, ela me deu da árvore, e eu comi" (Gênesis 3.12, ênfase acrescida). Em contraste, Davi não tentou dissipar sua culpa, mas reconheceu abertamente o que

---

11 Levítico 13.52-57; 15.4, 7; Judas 23.
12 2Coríntios 5.17.
13 2Samuel 12.13.
14 A palavra *conhecer* é traduzida do hebraico *yada'*, que significa saber, conhecer, perceber ou reconhecer, conhecer intimamente uma pessoa ou coisa por experiência.

Deus disse sobre ele como sendo a verdade. Concordou com Deus quanto a seu pecado, e disse a mesma coisa. Isto é marca de verdadeira confissão.

O CRISTÃO É MARCADO PELA CONFISSÃO

Alguns concluem que o crescimento em santidade do crente resultará em menor necessidade de confessar o pecado; porém, o oposto é verdadeiro. À medida que o crente cresce em santificação, experimentará maior liberdade do poder de pecado, e caminhará em maior vitória sobre o mesmo. Contudo, ao mesmo tempo, desenvolverá entendimento mais agudo da santidade de Deus e mais forte sensibilidade ao pecado em sua vida. O resultado será que a sua vida será marcada por maior profundidade de quebrantamento e confissão. O santo amadurecido caminha em maior santidade que o recém convertido, e sua tristeza pelo pecado e a profundidade e frequência de sua confissão excederão à de um bebê em Cristo. Isso acontece simplesmente porque a santidade de Deus e seu próprio pecado são realidades maiores para ele.

Jesus nos ensinou que a vida do cristão genuíno é marcada por luto.[15] Porém, não é o lamento que sobrepuja todas as outras emoções piedosas, nem acaba em desespero. O lamentar de que Jesus fala sempre conduz à consolação e alegria. Quando o cristão cresce no conhecimento de Deus, o seu conhecimento de si mesmo e do seu pecado é também amplificado. Essa revelação, compreendida propriamente, resultará em tristeza mais profunda pelo pecado, mas não desespero. Pois, enquanto o cristão cresce no conhecimento de Deus, também chega a maior entendimento da graça divina na pessoa e obra de Jesus Cristo. Essa graça leva o cristão a confessar abertamente o seu pecado e receber perdão, com alegria indizível e "cheia de glória" (1Pedro 1.8). Porém, a coisa mais maravilhosa sobre essa transformação é que o crente encontra cada vez menos alegria em seu próprio desempenho, e cada vez maior alegria na obra perfeita e imutável de Cristo. Assim, gradativamente, o crente está sendo afastado da idolatria de achar alegria e segurança em si mesmo, pois Cristo se torna sua única fonte de alegria e segurança.

O Diabo quer nos convencer de que nossa preocupação com o pecado acabará levando a uma introspecção mortal e que a confissão de nosso pecado nos

---
15 Mateus 5.4.

colocará sob cruel censura de Deus. Porém, nada estaria mais longe da verdade. Uma maior consciência de nosso pecado e de nossa incapacidade nos conduzirá a voltar os olhos para a perfeita obra de Cristo, e nossa confissão do pecado resultará em perdão e purificação concedida pelo nosso Pai celestial. Fazer um sério inventário do pecado em nossa vida não é uma espiral descendente que leva ao remorso debilitante. Se entendermos o evangelho corretamente, estaremos no caminho para a liberdade, segurança, e alegria.

PERFEIÇÃO CEGA

As Escrituras confirmam que uma das maiores evidências da conversão autêntica é vida marcada por um reconhecimento do pecado, espírito quebrantado e contrito, e confissão aberta e sincera do pecado perante Deus. Porém, no mesmo grau, uma das maiores evidências da falsa conversão é a cegueira quanto ao pecado, a dureza de coração, e uma vida sem autêntica confissão.

Em 1João 1.8–10, o apóstolo João chega a três terríveis conclusões a respeito da pessoa que professa a fé em Cristo, mas vê pouca razão para arrependimento ou confissão. Primeiro, tal pessoa estaria enganando a si mesma. Quão iludida alguém deve ser para acreditar que viveu numerosos dias ou até mesmo horas de absoluta e perpétua conformidade à lei de Deus?[16] A que alturas de vaidade ela terá de subir para ver-se tão perfeita como é perfeito nosso Pai celestial?[17] Quanto tempo o ferro quente terá de apoquentar sua consciência a ponto dela ter coragem de se firmar ao lado de Jesus Cristo, dizendo desafiadoramente: "Quem dentre vós me convence de pecado?"[18] Essa completa cegueira parece impossível, mas a ilusão não é incomum. Uma multidão de cristãos professos se assenta nas igrejas evangélicas todo Dia do Senhor, mas o seu pecado lhes é raramente exposto, e suas consciências não são pressionadas com força suficiente para quebrar o coração ou abrir a boca com mais do que uma escassa confissão para com Deus. Embora uma parte disso possa ser atribuída à fraqueza do púlpito moderno e sua recusa de pregar contra o pecado, essas não podem ser as únicas causas.

---

16 Gálatas 3.10; Tiago 2.10.
17 Mateus 5.48.
18 João 8.46; 1Timóteo 4.2.

Conquanto seja verdade que o Espírito Santo opere através da pregação, ele não está confinado a ela. Se essa multidão pertencesse realmente a Deus, ele lhes mostraria seu pecado e os conduziria à confissão do mesmo, com ou sem a ajuda do pregador contemporâneo. Como é que tantos na igreja evangélica não têm consciência de seu pecado e não são marcados pela confissão? É porque em grande parte não são convertidos. Ficam tranquilos em Sião e ensaiam seus cânticos por rotina, mas não há neles entendimento.[19] Têm nome de quem vive, mas estão mortos.[20] Acreditam ser ricos e sem necessidade, e não sabem que são infelizes, miseráveis, pobres, cegos e nus.[21]

É sabido entre pastores que sempre que Deus move, expondo o pecado e quebrantando os corações em uma congregação, são os mais devotos e dedicados os movidos às lágrimas e à confissão aberta do pecado, enquanto os membros mais carnais e apáticos da igreja ficam sentados nos bancos, gelados como pedras. Não são movidos pelo Espírito de Deus, e até mesmo a contrição e confissão aberta das melhores pessoas a seu redor não têm efeito sobre eles. Qual a razão para contraste tão grande em uma mesma congregação? É simples a resposta, como também brutal: Estamos apenas testemunhando a pré-estreia do grande dia do juízo, quando os cabritos serão destacados e separados das ovelhas. As ovelhas são sensíveis à obra de convicção do Espírito e levadas à confissão, enquanto os bodes são os que não enxergam nenhuma mancha ou defeito em si, e estão perfeitamente contentes em sua confortável religião. Piorando a questão, sua falha em reagir raramente é exposta do púlpito, e assim, o silêncio do pregador sela a sua condenação.

A segunda conclusão de João é que aqueles que dizem não ter pecado não têm a verdade. Isso inclui também os que professam fé em Cristo mas estão cegos ou indiferentes quanto ao pecado contínuo em sua vida. A convicção do pecado, a contrição e a confissão estão ausentes de sua rotina diária. Além do mais, eles considerariam o quebrantamento diante do pecado uma estranha emoção, presente somente naqueles cuja introspecção é extrema e cujo zelo religioso ultrapassa os limites da civilidade e respeitabilidade. Nunca reivindicariam ter, eles mesmos,

---

19 Deuteronômio 32.28; Isaías 29.13; Amós 6.1.
20 Apocalipse 3.1.
21 Apocalipse 3.17.

uma perfeição isenta de pecado, mas na ausência de qualquer índice de quebrantamento ou confissão, vivem como se já os possuíssem.

Contradizendo essa vã e perigosa ilusão, João dá a seus leitores uma dupla advertência dentro do espaço de apenas três versículos: "Se dissermos que não temos pecado nenhum... a verdade não está em nós (v. 8); Se dissermos que não temos cometido pecado... a sua palavra não está em nós" (v. 10).

É importante que entendamos o significado exato da admoestação de João. Ele não está somente repreendendo alguns crentes imaturos por manter uma visão superficial do pecado. Em vez disso, está lhes dizendo que aqueles que não enxergam o pecado em suas vidas e não encontram razão para a confissão estão sem o evangelho e sua salvação. São cegos guiando os cegos, com um pé já na cova.[22]

Receber a palavra do evangelho é receber a chave que abre a porta a uma visão correta da realidade, especialmente a realidade de nossa própria pessoa. Somente no evangelho pode a advertência do filósofo: "Conheça-te a ti mesmo" ser realmente atendida. Aqueles que possuem conhecimento salvador do evangelho viram a depravação do próprio coração e a natureza hedionda de seu pecado. Foram conscientizados daquilo que eram quando estavam sem Cristo, e esse conhecimento os impeliu para Deus. Uma vez convertidos, a sua sensibilidade continua aumentando, juntamente com seu desdém pelo pecado e a confissão do mesmo.

Em contraste, os que têm apenas uma forma de religião, mas nunca experimentaram o poder do evangelho justificador e regenerador, permanecem inconscientes da presença e repugnância do pecado em sua vida. Continuam vendo sem perceber, ouvindo sem entender.[23] Continuam andando "na vaidade dos seus próprios pensamentos", obscurecidos de entendimento, alheios à vida de Deus por causa da ignorância em que vivem, pela dureza do seu coração" (Efésios 4.17–18). Embora se apresentem com vestes religiosas, confiantes de serem guias de cegos, luz para os que estão em trevas, corretores de tolos, mestres dos imaturos,[24] eles são ignorantes de uma das maiores realidades do universo — o seu próprio pecado.

---

22 Mateus 15.14.
23 Isaías 6.9; Jeremias 5.21; Ezequiel 12.2; Mateus 13.14; Marcos 4.12; Lucas 8.10; João 12.40; Romanos 11.8.
24 Romanos 2.19–20.

Terceiro, o apóstolo João conclui que a pessoa que diz não ter pecado faz de Deus um mentiroso. A universalidade do pecado é um dos temas mais proeminentes e consistentes que percorrem a Escritura: "todos pecaram e carecem da glória de Deus" (Romanos 3.23). "...não há homem que não peque" (1Reis 8.46). "Porque todos tropeçamos em muitas coisas" (Tiago 3.2). Nem mesmo entre os mais piedosos santos do Antigo Testamento ou entre os apóstolos temos exemplo de perfeccionismo ou qualquer afirmativa documentada de que entre os filhos de Adão, a não ser Cristo, alguém tenha alcançado um patamar de perfeição, sendo isento de pecado. Mesmo o grande apóstolo Paulo, que pôde dizer em 1Coríntios 11.1, "Sede meus imitadores, como também eu sou de Cristo", nunca reivindicou a perfeição, mas deu o seguinte testemunho em Filipenses 3.12–14:

> Não que eu o tenha já recebido ou tenha já obtido a perfeição; mas prossigo para conquistar aquilo para o que também fui conquistado por Cristo Jesus. Irmãos, quanto a mim, não julgo havê-lo alcançado; mas uma coisa faço: esquecendo-me das coisas que para trás ficam e avançando para as que diante de mim estão, prossigo para o alvo, para o prêmio da soberana vocação de Deus em Cristo Jesus.

Não existe texto nas Escrituras que sugira a possibilidade de perfeição sem pecado para o réprobo ou para o santo. Se cremos que Deus é autor e preservador de todos, conforme as Escrituras, e que cada palavra procede de sua boca,[25] temos de conceder que uma pessoa que argumente em defesa da sua própria retidão moral está argumentando contra Deus. Ele se opõe contra a opinião de Deus e o está declarando enganado, senão mentiroso. Esta não é opinião, atitude ou oração de um filho de Deus.

A CONFISSÃO É REALIDADE EM NOSSA VIDA?

Concluindo, precisamos assumir as verdades que aprendemos. Primeiro, a própria natureza da salvação[26] nos assegura que, se somos cristãos andaremos na

---
25 Mateus 4.4; 2Timóteo 3.16.
26 Por tempo demais no evangelicalismo, a obra de Deus de salvação tem sido vista somente em termos da justificação. Os outros aspectos da salvação, como regeneração e santificação têm sido negligenciados.

luz de Deus e aos poucos cresceremos em conformidade com a sua natureza e vontade. Segundo, podemos concluir corretamente que os que professam a fé somente em Cristo, mas continuam andando de modo contrário à pessoa e vontade de Deus, são culpados de presunção, possivelmente não convertidos e correm perigo de eterna destruição.

Terceiro, a evidência da conversão autêntica não é perfeição isenta de pecado, mas uma vida marcada por autêntico arrependimento e confissão. Finalmente, quem professa ter fé em Cristo, mas vive em pecado, com pouco ou nenhum quebrantamento e disciplina divina, deverá ter grande preocupação.

Tendo aprendido estas importantes verdades, agora deveremos examinar nossa vida e nossa profissão cristã à luz delas. Estamos crescendo no conhecimento da santidade de Deus e, por sua vez, tornando-nos cada vez mais sensíveis ao pecado que existe em nossas vidas? Reagimos ao pecado com maior senso de repugnância e desdém? Lutamos contra isso? Será que o peso de nosso pecado, juntamente com a bondade de Deus, nos conduz ao arrependimento e confissão?[27] Se respondemos sim, existe alguma evidência de que Deus fez em nós sua obra salvadora.

---

27 Romanos 2.4.

CAPÍTULO 5

GUARDAR OS MANDAMENTOS DE DEUS

Ora, sabemos que o temos conhecido por isto: se guardamos os seus mandamentos. Aquele que diz: Eu o conheço e não guarda os seus mandamentos é mentiroso, e nele não está a verdade. Aquele, entretanto, que guarda a sua palavra, nele, verdadeiramente, tem sido aperfeiçoado o amor de Deus. Nisto sabemos que estamos nele" — 1João 2.3–5

Até aqui temos considerado duas grandes evidências da conversão autêntica. Primeiro, o cristão autêntico aprende a andar na luz da revelação de Deus e a crescer em conformidade com a natureza e vontade divina. Segundo, o cristão refletirá um novo relacionamento com o pecado. Crescerá sua aversão pelo pecado, e, quando ele pecar, se arrependerá e o confessará abertamente diante de Deus.

Enquanto João continua o capítulo 2 de sua epístola, encontramos uma terceira evidência de conversão autêntica: o crente guarda os mandamentos de Deus. Neste capítulo, procuraremos entender o significado dessa evidência, bem como a maneira de aplicar isso em nossa vida.

PROVAS DE FÉ

Temos de nos lembrar qual o propósito da primeira epístola de João, de ponta a ponta. Ele escreveu estas verdades para que os crentes em Jesus Cristo tivessem confirmação bíblica de sua fé, para que soubessem que têm a vida eterna.[1] Consequentemente, João começa essa terceira prova com a reafirmação desse propósito: "Ora, sabemos que o temos conhecido por isto: se guardamos os seus mandamentos" (2.3).

Por toda esta epístola, João não está fazendo distinção entre dois tipos de cristãos ou traçando uma linha entre o espiritual e o carnal dentre o povo de Deus. João separa as ovelhas das cabras. Embora o seu principal propósito seja dar aos verdadeiros crentes uma segurança bíblica de salvação, subsequentemente ele expõe os que professam ter fé em Cristo, mas permanecem não convertidos. Para muitos nos dias de hoje, essa declaração é dura e difícil de aceitar. No entanto, João está simplesmente seguindo o ensino e modelo estabelecido pelo Senhor em Mateus 7.7–19: a prova de uma boa árvore está nos bons frutos que produz, pois a árvore é conhecida por seus frutos.

Embora essa seja uma verdade bíblic, reconhecida por toda a história da igreja por seus mais destacados ministros e confissões, a maioria dos evangélicos contemporâneos consideram essa linguagem julgadora, severa e faltosa de amor. Tal reação pode ser atribuída a uma visão superficial da salvação e de tudo que a acompanha. No evangelicalismo contemporâneo, a salvação foi reduzida a nada mais que uma decisão humana de aceitar a Cristo, e a vida que segue depende inteiramente das contínuas escolhas certas do novo convertido. Acredita-se que já que o amor de Deus não é coagido ou manipulativo o cristão pode simplesmente escolher não crescer. Pode se rebelar contra as ternas induções de Deus e nunca entrar em alguma forma de verdadeiro discipulado. Ele pode continuar carnal até o dia em que entrar na glória e for transformado. Embora haja alguma verdade nisso, como um todo, esse pensamento deve ser rejeitado como total heresia. É verdade que o amor de Deus não coage nem manipula, e é igualmente verdade que o exercício da vontade humana é um elemento necessário tanto na conversão quanto na santificação.

Porém, essa opinião ignora ou até mesmo nega pelo menos três importantes doutrinas inseparáveis da salvação. A primeira é a doutrina da regeneração. A pessoa que se arrependeu do pecado e creu no Senhor Jesus Cristo foi regenerada. Ela

---

1 1João 5.13.

se torna nova criatura, com uma nova natureza e afetos transformados. Embora ainda lute contra a carne, o mundo e o Diabo, e ainda que não seja aperfeiçoada até sua glorificação final no céu, ela exibirá as características da nova pessoa em que se tornou. Uma regra a lembrar é que a vontade e o afeto de uma pessoa racional são determinados pela natureza dessa pessoa.

As doutrinas segunda e terceira são as verdades inseparáveis sobre a santificação e a providência divina. Se cremos na inspiração da Escritura e na fidelidade de Deus, então, junto com o apóstolo Paulo temos de estar persuadidos de que o Deus que começou a boa obra a completará na vida de todo crente.[2] Pois Deus é quem opera no crente, tanto o querer quanto o realizar, por seu bom prazer.[3] O verdadeiro crente será ensinado por Deus e guiado por seu Espírito.[4] Quando o crente peca ou se rebela contra a mão paternal de Deus, ele será disciplinado para que possa compartilhar da santidade de Deus, sem a qual ninguém verá o Senhor.[5] Ele será treinado pela disciplina, a ponto de tristeza e sofrimento, para que produza o fruto pacífico de justiça.[6] Se alguém diz ser filho de Deus pela fé em Cristo, mas vive em carnalidade sem intervenção da parte de Deus, as Escrituras o condenam como falso convertido e filho ilegítimo: "É para disciplina que perseverais (Deus vos trata como filhos); pois que filho há que o pai não corrige? Mas, se estais sem correção, de que todos se têm tornado participantes, logo, sois bastardos e não filhos" (Hebreus 12.7–8).

A natureza da salvação, a força da providência divina, e a fidelidade de suas promessas que perduram, asseguram que o crente cresça, amadureça e exiba as características da nova vida que está nele. Por esta razão é que Jesus diz: "Pelos seus frutos os conhecereis" (Mateus 7.16–20). É por causa destas verdades que Paulo pode admoestar os crentes a provar e examinar a si mesmos para verificar se estão na fé.[7] É sobre este fundamento que João oferece um padrão bíblico nesta epístola pelo qual possam fazê-lo.

---

2 Filipenses 1.6
3 Filipenses 2.13.
4 João 6.45; Romanos 8.14; Filipenses 3.15; 1João 2.27.
5 Hebreus 12.10, 14.
6 João 15.8, 16; Hebreus 12.11.
7 2Coríntios 13.5.

OBEDIÊNCIA AOS MANDAMENTOS DE DEUS

De acordo com esse texto e muitos outros semelhantes por todo o Novo Testamento, a obediência aos mandamentos de Deus é um dos grandes indicadores da verdadeira conversão e do relacionamento correto com Deus. A obediência à Palavra é o teste indicador da salvação. Tal verdade se destaca claramente em Tiago 2.17-20:

> Assim, também a fé, se não tiver obras, por si só está morta. Mas alguém dirá: Tu tens fé, e eu tenho obras; mostra-me essa tua fé sem as obras, e eu, com as obras, te mostrarei a minha fé. Crês, tu, que Deus é um só? Fazes bem. Até os demônios creem e tremem. Queres, pois, ficar certo, ó homem insensato, de que a fé sem as obras é inoperante?

Aqueles que creem na inerrância e uniformidade da Escritura reconhecem que não existe contradição entre os escritos de Tiago e a doutrina da justificação somente pela fé, a qual o apóstolo Paulo tão claramente ensinou[8] e tenazmente assumiu, e foi propagada pela Reforma.[9] Os dois autores inspirados estão simplesmente tratando a questão da salvação de lados diferentes da mesma moeda. O apóstolo Paulo está tratando a causa da salvação, enquanto Tiago está tratando de seu resultado. Sendo assim, os dois escritores nos dão uma visão compreensiva da obra de Deus na salvação.

Salvação é somente pela fé, e os que creem ou ensinam outra coisa estão sob a maldição.[10] Porém, a salvação mediante a fé resulta em obras, ou seja, obediência à lei. Nem mesmo essas obras devem ser atribuídas a quem as realiza, mas ao Deus que dá graça.[11] A pessoa que foi salva pela fé começa a viver uma vida em crescente conformidade com os mandamentos de Deus, não por alguma força de vontade renovada, mas porque foi regenerada;[12] ela recebeu uma nova natureza, tornou-se

---

8 Romanos 3.19-22; 4.1-25; Gálatas 2.16.
9 Não é exagero afirmar que a doutrina da justificação *sola fide* (Latim para "somente pela fé") era uma das verdades que provocaram a Reforma.
10 Gálatas 3.10.
11 1Coríntios 15.10; Efésios 3.7.
12 João 3.3, 7; 1Pedro 1.3, 23.

nova criatura, e é habitada pelo Espírito de Deus.[13] Nas palavras de Paulo, morreu para o velho homem que era antes e ressuscitou para andar em novidade de vida.[14] Tudo isso vem de Deus, que nos reconciliou consigo mesmo por meio de Cristo, e quando entendemos isso corretamente, nos voltamos a Deus em adoração.[15]

Essa verdade é também sustentada por um texto de Paulo, o qual provavelmente é o mais citado em defesa da salvação somente pela fé: "Porque pela graça sois salvos, mediante a fé; e isto não vem de vós; é dom de Deus; não de obras, para que ninguém se glorie. Pois somos feitura dele, criados em Cristo Jesus para boas obras, as quais Deus de antemão preparou para que andássemos nelas" (Efésios 2.8–10).

Nos primeiros dois versículos, Paulo argumenta a ponto de ser redundante: a salvação é pela *graça e mediante a fé; não vem de nós mesmos mas é dom de Deus; não resultado de obras, para que ninguém se glorie*. Seria difícil ser mais explícito ou detalhado sem insultar a inteligência do leitor. Quanto mais claro Paulo teria de ser para transmitir a verdade que atravessa todos os tempos, ensinada e defendida em toda página da Escritura? Em Gálatas 2.16 ele diz, de modo igualmente claro: "o homem não é justificado por obras da lei, e sim mediante a fé em Cristo Jesus, também temos crido em Cristo Jesus, para que fôssemos justificados pela fé em Cristo e não por obras da lei, pois, por obras da lei, ninguém será justificado".

Havendo escrito claramente em Efésios 2.8–9, declarando a fé como único meio para a justificação, Paulo passa então sua atenção às duas doutrinas que a acompanham: a providência de Deus e a sua obra de santificação na vida do crente. Aqueles que foram justificados pela fé são feitura de Deus, criados em Cristo Jesus para as boas obras, as quais Deus preparou antes da fundação do mundo para que andassem nelas. Deus não justifica para então abandonar. Não demonstra seu poder de salvar da condenação do pecado para então demonstrar sua impotência de salvar do poder do pecado. Por que tantos púlpitos dos dias modernos estão cegos quanto a esta verdade? O Deus que é capaz de justificar o maior dos pecadores

---

13 Ezequiel 36.26–27; Romanos 8.9–11; 2Coríntios 5.17.
14 Romanos 6.1–6.
15 2Coríntios 5.18.

é também capaz de santificar o maior dos pecadores.[16] Incontáveis pessoas estão sentadas nos bancos das igrejas a cada domingo, carnais e não santificados, não porque as promessas de Deus tenham falhado, mas porque ainda não são convertidas. Elas têm forma de piedade, mas negam o poder de Deus.[17] Identificam-se com Cristo, mas "praticam a iniquidade", como se ele nunca lhes tivesse dado uma lei a ser obedecida. Eles clamam "Senhor, Senhor", mas não fazem o que ele manda (Lucas 6.46). Naquele dia final, ouvirão a terrível sentença: "Apartai-vos de mim, os que praticais a iniquidade" (Mateus 7.23).

Por esta razão é que as provas da primeira epístola de João são de importância tão vital, especialmente a que está agora diante de nós. A evidência da salvação não é a perfeição sem pecado nem uma marca perfeita de obediência, mas um novo relacionamento com os mandamentos de Deus, de verdadeira inclinação para com eles, desejo autêntico de cumpri-los, crescente aplicação prática deles, e real contrição quando nossa negligência a eles se torna óbvia. Antes da conversão de uma pessoa, ela não tem esse tipo de relacionamento com os mandamentos de Deus, mas vive como se Deus nunca tivesse dado uma lei a ser obedecida ou um preceito de sabedoria a ser admirado e aplicado. Ela não está interessada em conhecer a lei de Deus nem é diligente em aplicá-la. Sua quase constante desobediência não tem efeito sobre sua consciência nem a move ao arrependimento. Porém, quando essa pessoa é vivificada pelo Espírito de Deus, mediante a pregação do evangelho, ela não somente entra em novo relacionamento com Deus como também com a Palavra de Deus. Ela encontra em si uma crescente apreciação pela sabedoria e beleza dos mandamentos de Deus. Descobre um real desejo de conhecer o que Deus disse e anda de acordo com a vontade revelada de Deus. . Embora anteriormente tivesse vivido em total negligência dos mandamentos de Deus, está agora exaltando os seus méritos. Para sua confusão e surpresa dos que a conheciam antes de sua conversão, ela se encontra de braços dados com os maiores santos de Sião, declarando:

> A lei do SENHOR é perfeita e restaura a alma; o testemunho do SENHOR é fiel e dá sabedoria aos símplices. Os preceitos do SENHOR são retos e alegram o

---
16 1Timóteo 1.15.
17 2Timóteo 3.5.

coração; o mandamento do SENHOR é puro e ilumina os olhos. O temor do SENHOR é límpido e permanece para sempre; os juízos do SENHOR são verdadeiros e todos igualmente, justos. São mais desejáveis do que ouro, mais do que muito ouro depurado; e são mais doces do que o mel e o destilar dos favos. Além disso, por eles se admoesta o teu servo; em os guardar, há grande recompensa. (Salmo 19.7–11)

A que poderemos atribuir essa nova apreciação pela Palavra de Deus? Para que não seja um amor idólatra, tem de ser traçado de volta ao recém-descoberto amor a Deus. Por esta razão João escreve: "Aquele, entretanto, que guarda a sua palavra, nele, verdadeiramente, tem sido aperfeiçoado o amor de Deus. Nisto sabemos que estamos nele" (2.5). Isso não pode se referir ao amor de Deus pelo crente, pois este é perfeito desde o começo. Ele ama a Deus, e este amor é provado, demonstrado, e chega a seu efeito final mediante sua crescente adesão aos mandamentos de Deus. O amado sábio puritano Matthew Henry oferece um entendimento disso de forma eloquente e edificante:

> Ora, a luz deve alumiar o amor, e o amor precisa guardar a palavra de Deus; ela pergunta onde o amado será agradado e servido, e encontrando-o pela observância de sua vontade declarada, ali se emprega e exercita; ali o amor é demonstrado; ali tem seu perfeito (completo) exercício, operação, e deleite; e por este meio (por este atendimento obediente à vontade de Deus, ou de Cristo) sabemos que estamos nele, sabemos que pertencemos a ele, e a ele estamos unidos pelo Espírito que nos eleva e assiste nessa obediência.[18]

Isso não significa que quem foi genuinamente convertido nunca mais negligenciará a lei ou se desviará dela em desobediência. Não existe pessoa que não peque, e nenhum de nós está isento da apatia que às vezes sobrevém sobre nossas almas e cega nossa razão. Não existe crente deste lado do céu que ame a Deus como deveria amar, que deseje a lei de Deus conforme deveria, ou que seja zeloso em sua aplicação como desejaria ser. Porém, significa que aqueles que foram

---

18 Matthew Henry, *Commentary on the Whole Bible* (New York: Fleming H. Revell, n.d.), 6:1066.

regenerados pelo Espírito de Deus farão marcante diferença em sua opinião e aplicação da Palavra, em comparação aos que ainda não foram convertidos e jazem no mundo. É esta a verdade que João procura colocar diante de nós.

UMA CONFISSÃO VAZIA

Em seguida, João volta a atenção para a exposição daqueles que se identificariam com o cristianismo, mas não têm razão para tal confiança. Aqui novamente, a ousadia de João é avassaladora ao ouvido moderno que se acostumou a falas mais suaves. Contudo, suas palavras são inspiradas, e seu amor inquestionável. Ele escreve: "Aquele que diz: Eu o conheço e não guarda os seus mandamentos é mentiroso, e nele não está a verdade" (1João 2.4).

Se achamos que as palavras de João são duras e severas demais, devemos pelo menos reconhecer que sua linguagem é comum no Antigo e Novo Testamento. Jesus expõe os falsos convertidos com linguagem ainda mais forte quando diz "apartai-vos de mim os que praticais a iniquidade" (Mateus 7.23). O apóstolo Paulo os denuncia como aqueles "que são abomináveis, desobedientes e reprovados para toda boa obra" (Tito 1.16). Tiago, meio-irmão de nosso Senhor, refere a seu caráter e obras como sendo piores do que as dos demônios, pois pelo menos os demônios têm o bom-senso de tremer.[19] Aqueles que confessam a Cristo mas o negligenciam e desprezam seus mandamentos, o fazem sem medo de repercussões temporais ou eternas. Eles confiantemente declaram "Eu o conheço" para então defender seu relacionamento, mesmo com toda evidência contrária a isso. São ofendidos fortemente, arrasados de coração e cheios de raiva com a mínima sugestão de que não conheçam ao Senhor ou de que ele não os conheça. Portanto, os que sugerem isso farão bem em considerar a admoestação de nosso Senhor: "não lanceis ante os porcos as vossas pérolas, para que não as pisem com os pés e, voltando-se, vos dilacerem" (Mateus 7.6).

Há duas razões para tal obstinação em face de pujantes evidências. A primeira está na natureza humana. O coração não regenerado está cheio de orgulho e toda propensão para o mal.[20] Porém, ele ama se cobrir de um fino verniz de religião

---
19 Tiago 2.19.
20 Gênesis 6.5; Marcos 7.21–23.

e piedade. O mínimo roçar da espada quebra o fino verniz da piedade fingida, e o verdadeiro caráter do falso convertido vai contra você como uma inundação ou um lobo faminto. A segunda razão para esse muro aparentemente impenetrável em volta da ilusão do falso convertido é a pregação a qual ele tem sido exposto. Em vez de advertir a congregação a preparar-se para encontrar o seu Deus, fazendo valer seu chamado e eleição, e provar a si mesmo para verificar se estão na fé, parece que o púlpito dos dias modernos os embaça em perigoso sono, declarando "'Paz, paz', quando não há paz."[21]

Muitos pregadores constroem seu ministério sobre os ossos secos de membros não convertidos da igreja, e rebocam as frágeis paredes com a caiação do comércio criativo, da diversão, cavando cisternas rotas, projetadas para suprir as "necessidades sentidas" das pessoas que estão morrendo e necessitam do evangelho.[22] Quando as chuvas torrenciais e os fortes ventos do juízo de Deus rompem sobre eles, seus muros caem e os destroços são esquecidos.[23] O próprio pregador pode ser salvo, mas somente como que pelo fogo. A sua obra será consumida.[24]

Os que professam ter fé em Cristo, mas não têm nada a ver com seguir seus mandamentos, deverão se preocupar e muito. Ainda que protestem veementemente que amam a Deus — apesar de não demonstrar isso em suas ações — terão de ser convencidos de que as Escrituras não reconhecem essa espécie de amor, mas o denunciam como garoa insignificante.[25] Além do mais, aqueles que dizem usar a capa de profeta têm obrigação de despertá-los para que se levantem da morte. Então, Cristo brilhará verdadeiramente sobre eles.[26]

NOSSA SEGURANÇA E OS MANDAMENTOS DE DEUS

A voz de João tem sido clara neste terceiro teste de fé que coloca diante de nós: "Ora, sabemos que o temos conhecido por isto: se guardamos os seus mandamentos"

---

21 Jeremias 6.14; Amós 4.12; 2Coríntios 13.5; 2Pedro 1.10.
22 Jeremias 2.13; 14:3; Ezequiel 13.10-11.
23 Jeremias 9.11-14; Ezequiel 13.10-16.
24 1Coríntios 3.15.
25 1João 2.5, 15.
26 Efésios 5.14.

(1João 2.3). Esta prova fortalece ou enfraquece nossa segurança da salvação? Se nosso relacionamento com os mandamentos de Deus fosse comparado ao do descrente, será que reconheceríamos qualquer diferença real ou observável? Como descreveríamos nosso relacionamento com a vontade de Deus, conforme é revelada em sua Palavra? Nós estudamos a Palavra de Deus para nos mostrar aprovados?[27] Somos praticantes da Palavra — ou meramente ouvintes autoiludidos?[28]

Em suma, podemos afirmar algumas coisas quanto à pessoa realmente convertida. Primeiro, temos de confirmar a sua fraqueza. Até mesmo o santo mais maduro terá de lutar com frequência contra as distrações deste mundo e a apatia do coração em relação à Palavra de Deus. Todo cristão lamenta o descaso demasiadamente frequente para com a Palavra de Deus e as violações dos seus mandamentos. Porém, esse lamentar e arrependimento é o que oferece forte evidência de que ele seja convertido. Os não regenerados não têm tais preocupações.

Segundo, apesar das reais fraquezas do verdadeiro crente, haverá notáveis diferenças entre seu relacionamento com os mandamentos de Deus e o dos não convertidos. O cristão crescerá em seu prazer nos mandamentos de Deus, e fará progresso na obediente aplicação deles. Embora seu progresso seja muitas vezes de três passos para a frente e dois passos para trás, será progresso verdadeiro. Embora haja tempos de poda e disciplina divina, haverá também vitória e frutificação. Por todo o decurso da vida do crente, e pela obra contínua e santificadora de Deus, sua atitude e conduta refletirão uma submissão cada vez maior à vontade de Deus revelada por seus mandamentos.

Terceiro, aumentará o lamento do crente sobre a desobediência e crescerá o seu desejo de obedecer. Ao crescer no entendimento da dignidade de Deus e seu apreço pela Palavra de Deus, o crente sofrerá grande pesar por qualquer forma de desobediência em sua vida. Mas tal pesar não leva ao desespero, porque sua peregrinação terrestre revela a fidelidade de Deus, e ele sabe por experiência que o coração quebrantado e contrito Deus "não desprezará" (Salmo 51.17).

Se você puder identificar-se às coisas que João apresenta quanto ao novo e singular relacionamento do cristão com relação aos mandamentos de Deus, então

---

27 2Timóteo 2.15.
28 Tiago 1.22.

você terá maior razão para ter segurança da salvação. Se, porém, foi exposto seu relacionamento distante ou não existente com os mandamentos de Deus, você tem razão de grande preocupação. Precisa clamar a Deus e examinar a sua vida à luz da sua Palavra. Um coração quebrantado e contrito Deus não desprezará, nem lançará fora todos que a ele vierem,[29] e "todo aquele que invocar o nome do Senhor será salvo" (Romanos 10.13).

---

29 João 6.37

CAPÍTULO 6

IMITAR CRISTO

Nisto sabemos que estamos nele: aquele que diz que permanece nele, esse deve também andar assim como ele andou. —1João 2.5–6

Acabamos de considerar o que é possivelmente a maior evidência da conversão autêntica: obediência constante aos mandamentos de Deus. À luz dessa magnitude, poderíamos facilmente ignorar o valor da prova que segue agora. Porém, ela é de tal importância que deveríamos dar-lhe toda nossa atenção. Como sabemos que conhecemos a Deus em um relacionamento de salvação? A resposta é poderosa tanto quanto é concisa: Andamos como Cristo andou!

À primeira vista, este teste poderia nos encher de dúvidas e até mesmo desespero. Afinal de contas, quem ousaria imaginar, quanto mais declarar, que vive uma vida igual à de Cristo quando ele andou aqui na terra? No entanto, uma vez vencido esse mau entendimento do texto, ele provará ser de tremendo consolo até mesmo para o mais fraco dos santos.

A VIDA QUE JESUS VIVEU

Para início de nosso estudo, será útil considerar a magnífica vida que Jesus viveu durante sua peregrinação nesta terra. As Escrituras começam afirmando que o

Filho de Deus veio ao mundo em semelhança da carne humana.[1] Isso não quer dizer meramente que Cristo se parecia com a carne pecaminosa, mas que realmente e verdadeiramente assumiu a natureza humana, imaculada e sem pecado, contudo sujeito às mesmas limitações, fragilidades, aflições e angústias da humanidade caída. William Hendriksen explica desta forma: "Ela assumiu essa natureza humana, não conforme ela veio originalmente da mão do Criador, mas enfraquecida pelo pecado, embora ele mesmo tenha permanecido sem pecado."[2]

Teria sido uma humilhação incompreensível se o Filho de Deus tivesse tomado a natureza da humanidade quando esta estava em toda sua glória e força, antes da queda. Porém, foi enviado à semelhança da carne humana e tomou sobre si uma natureza exposta a todas as terríveis consequências de nossa condição caída. Conheceu nossa fraqueza, sofreu nossa humilhação, e foi tentado em todas as coisas como nós, mas sem pecado.[3] Ele permaneceu "santo, inculpável, sem mácula" (Hebreus 7. 26).

Para entender a magnitude desta verdade, será útil fazer uma comparação entre os maiores e mais piedosos santos que andaram sobre este planeta e o único e singular Filho de Deus, Jesus Cristo. Nunca houve um momento sequer na vida de alguém, até mesmo do apóstolo Paulo, em que Deus fosse amado conforme merece. Paulo nunca realizou uma obra para Deus, sobre a qual pudesse dizer: fiz exclusivamente e inteiramente para a glória de Deus, sem nenhuma outra motivação. Contudo, sabemos que Cristo jamais teve um momento em sua vida em que não amasse o Senhor seu Deus de todo coração, alma, mente e força.[4] Cada feito que ele realizou teve o glorificar somente a Deus como motivação perfeita. Quer comesse, bebesse ou fizesse a tarefa mais servil, ele as fazia sempre para a glória de Deus.[5]

A perfeição de Jesus, totalmente isenta de pecado, era de tal forma destacada e irrefutável que, sem a mínima hesitação, ele dava testemunho quanto à sua própria perfeição, mesmo diante de seus inimigos. Quem entre nós poderia ficar

---

1 Literalmente, "em semelhança de carne pecaminosa" (Romanos 8.3).
2 William Hendriksen, *New Testament Commentary: Exposition of Paul's Epistle to the Romans* (Grand Rapids: Baker, 1980), 247.
3 2Coríntios 5.21; Hebreus 4.15.
4 Marcos 12.30.
5 1Coríntios 10.31.

diante de seus mais ardentes oponentes fazendo o desafio: "Quem dentre vós me convence de pecado?" (João 8.46). Quem entre nós teria a ousadia de se colocar diante das autoridades religiosas de nossos dias e declarar: "eu faço sempre o que lhe agrada [a Deus]" (João 8.29)? No entanto, este era o testemunho de Cristo quanto a si mesmo, ainda que não estivesse sozinho nessa opinião. O próprio Pai deu testemunho da perfeita obediência de Cristo: "Este é o meu Filho amado, em quem me comprazo" (Mateus 3.17; 17.5).

Por todo lado, quando olhamos o Novo Testamento, encontramos testemunho da vida impecável de Jesus Cristo. Até mesmo os inimigos de Cristo reconhecem esta verdade. Não muito depois de trair a Jesus, Judas foi tomado de remorso e gritou: "Pequei, traindo sangue inocente" (Mateus. 27.4). Antes que Pilatos desse seu terrível veredicto, sua esposa o advertiu com estas palavras: "Não te envolvas com esse justo; porque hoje, em sonho, muito sofri por seu respeito" (Mateus. 27.19). Mesmo no meio de sua fraca complacência, que conduziu à execução de Cristo, esse oficial romano cruel e interesseiro foi levado a confessar: "Não vejo neste homem crime algum" (Lucas 23.4). Finalmente, a crucificação de Cristo chega ao fim com a confissão de um endurecido centurião romano que levantou a voz em louvor a Deus declarando: "Verdadeiramente, este homem era justo!" (Lucas 23.47).

O Novo Testamento dá testemunho, não somente da vida de Cristo sem pecado, como também da sua justiça positiva. Ele pregou o evangelho aos pobres, proclamou liberdade aos cativos, recuperou a visão de cegos, e libertou os oprimidos.[6] Quando abriu a boca para ensinar, as pessoas responderam, maravilhadas por sua autoridade.[7] Quando estavam famintos, ele multiplicou alguns pães e peixes, alimentando a milhares de pessoas.[8] Libertou endemoniados com uma só palavra, purificou o leproso, curou os doentes e ressuscitou os mortos, dando-lhes vida.[9] Não foi sem razão que as pessoas se maravilharam completamente com ele e deram testemunho, dizendo: "Tudo ele tem feito esplendidamente bem" (Marcos 7.37).

---

6 Lucas 4.18.
7 Mateus 7.28–29.
8 Mateus 14.16–21.
9 Mateus 8.2–3, 16; João 11.43–44.

COMO PODEMOS COMPARAR?

À luz da vida impecável de Jesus Cristo e das gloriosas obras feitas por ele, sendo obediente até a morte, e morte de cruz,[10] poderíamos questionar a justiça ou sensatez da exigência de João: "aquele que diz que permanece nele, esse deve também andar assim como ele andou" (2.6). Por que este apóstolo amado colocaria sobre nós um fardo tão pesado que nem ele nem os outros apóstolos pudessem suportar?[11] Como até mesmo o mais piedoso santo poderia ter forte segurança da salvação com um padrão tão alto diante de si? Seria mais fácil cumprir as penosas exigências dos fariseus ou mesmo satisfazer as valentes demandas da própria lei do que imitar a vida perfeita de nosso Senhor. Porém, antes de nos entregar ao desespero e nos relegar à perdição eterna, mais uma vez temos de recordar o contexto em que João escrevia. Ele não está exigindo que se atinja um nível impossível de perfeição, mas nos encoraja a examinar a inclinação de nossas vidas. Estamos ainda andando "de acordo com o curso deste mundo" (Efésios 2.1–3)? Ou, mediante a obra santificadora do Espírito, estamos aprendendo a andar como Cristo andou? Existe evidência observável, prática, de que buscamos imitar a Cristo? Nossa pretensão de ser discípulos de Cristo é validada ou provada como sendo falsa pelas nossas atitudes, ações e palavras? Nossa conduta diária manifesta mais de Cristo e menos do mundo? Sofremos profundamente quando observamos a grande lacuna que ainda permanece entre o caráter de Cristo e o nosso? Ansiamos por ser como Cristo?

Imagine um menino que ame e admire muito a seu irmão mais velho e procure imitá-lo em tudo. Embora suas características sejam de uma criança, um exame mais de perto do seu rosto e modo de ser revelam suficiente semelhança com o irmão mais velho, provando seu parentesco. Numa manhã nevada de inverno, o irmão mais velho começa a realizar suas tarefas diárias pela fazenda, e o irmãozinho segue tudo de perto. O irmão mais velho é alto e seus passos são longos e certeiros. Suas pegadas na neve revelam força e equilíbrio muito além da do garotinho. Contudo, não intimidado pelo desafio aparentemente inatingível, e impelido por uma

---

10 Filipenses 2.8.
11 Mateus 23.4.

paixão por ser como o irmão mais velho, o menino estende o passo para combinar com as pegadas que foram deixadas. Após algumas fracas tentativas, torna-se patente ao menino e a qualquer observador que os passos do irmão mais velho estão simplesmente além dos passos do irmão menor. Ainda que ele fixe os olhos sobre o caminho marcado diante dele, mesmo que ele se disponha a realizar a tarefa com a maior resolução, e embora ele se esforce a ponto de exaustão, o resultado é uma imitação extremamente desajeitada, até mesmo cômica. Porém, apesar de sua incapacidade de se igualar aos passos do irmão, a perseverança do menino pequenino prova a sinceridade de sua devoção ao irmão maior. A despeito de seus frequentes fracassos, fica óbvio a qualquer observador honesto que a inclinação do coração do menino e sua vontade é ser como o irmão mais velho e andar como ele andou.

De acordo com as Escrituras, Cristo não é somente nosso profeta, sacerdote e rei, como também nosso irmão mais velho,[12] e o caminho que ele andou oferece tanto a direção quanto o modelo para nossa vida. O apóstolo Paulo escreve que fomos "predestinados a ser conforme a imagem" de Cristo, para que ele fosse o *"primogênito entre muitos irmãos"* (Romanos 8.29, ênfase acrescida). Ele ainda nos exorta a sermos imitadores dele como ele é de Cristo.[13] O apóstolo Pedro encoraja os crentes no meio de seus sofrimentos, dizendo-lhes que Cristo deixou um *exemplo a ser seguido em seus passos*.[14] Finalmente, o autor de Hebreus nos admoesta:

> Portanto, também nós, visto que temos a rodear-nos tão grande nuvem de testemunhas, desembaraçando-nos de todo peso e do pecado que tenazmente nos assedia, corramos, com perseverança, a carreira que nos está proposta, olhando firmemente para o Autor e Consumador da fé, Jesus, o qual, em troca da alegria que lhe estava proposta, suportou a cruz, não fazendo caso da ignomínia, e está assentado à destra do trono de Deus. (Hebreus 12.1–2).

À luz destes textos, não é estranho que João tenha dito que "andar conforme Cristo andou" é prova de conversão autêntica. Afinal, o que é o discípulo senão

---
12 Hebreus 2.11–12.
13 1Coríntios 11.1
14 1 Pedro 2.21.

alguém que procura tornar-se como seu mestre em todas as coisas?[15] Ele se dedica a não somente aprender os ensinamentos do mestre, como também imitar seu modo de vida. É um estudante que aprende a andar conforme o mestre andou.

Na maioria dos casos, a culminação desse relacionamento de mestre/discípulo ocorre quando o discípulo se torna como seu mestre e se põe de pé diante dele como igual. Porém, no cristianismo, esse relacionamento de mestre e discípulo nunca termina. Jamais estaremos no mesmo nível de nosso Mestre, como se tivéssemos passado pela graduação. Somos sempre estudantes. Por esta razão Jesus acautelou seus discípulos: "Vós, porém, não sereis chamados mestres, porque um só é vosso Mestre, e vós todos sois irmãos (Mateus. 23.8).

O crente mais parecido com Cristo sempre será um estudante que ainda não se tornou plenamente conformado à perfeição de Jesus Cristo. Aquele que é mais maduro ainda estará aprendendo a andar conforme Cristo andou. O santo mais santificado sempre verá a si mesmo como o irmão mais novo que tenta, mas jamais consegue completamente, caminhar nos passos do seu irmão maior. Mesmo a vida cristã mais consistente é de alguém que constantemente se *estica* além do passo normal; sendo assim, é marcada por imperfeições e inaptidão. Mesmo durante nossos momentos mais parecidos com Cristo, nossa semelhança ao irmão mais velho é pouca e não desenvolvida. Não obstante o progresso que tenhamos feito na corrida para segui-lo, permanece vasta distância entre nós. Assim, o crente maduro é consciente de que sempre haverá grande caminho a percorrer antes de obter o prêmio. O apóstolo Paulo expôs esta verdade com clareza surpreendente em sua carta à igreja em Filipos:

> Não que eu o tenha já recebido ou tenha já obtido a perfeição; mas prossigo para conquistar aquilo para o que também fui conquistado por Cristo Jesus. Irmãos, quanto a mim, não julgo havê-lo alcançado; mas uma coisa faço: esquecendo-me das coisas que para trás ficam e avançando para as que diante de mim estão, prossigo para o alvo, para o prêmio da soberana vocação de Deus em Cristo Jesus. (Filipenses 3.12–14)

---

15 Mateus 10.24–25.

Esse grande apóstolo Paulo nunca reivindicou a perfeição. Nunca fingiu que andava sempre como Cristo andou. Porém, demonstrou em sua vida uma real e observável paixão de ser como Cristo "avançando e prosseguindo" para o alvo, ao ponto de poder dizer aos irmãos crentes com ele: "Sede meus imitadores, como também eu sou de Cristo" (1Coríntios 11.1). Este equilíbrio no entendimento de Paulo a respeito da santificação ajuda-nos a aproximarmo-nos da terceira prova, com equilíbrio igualmente bíblico. João não ensina que tenhamos de atingir a perfeição antes de assumir segurança da salvação. Não está recusando a segurança senão aos que são "plenamente santificados". Porém, João também não oferece segurança aos que aceitam a falta de conformidade com Cristo, não dando evidência prática ou observável de estar lutando com autenticidade para maior conformidade com ele, e não fazendo nenhum progresso identificável em direção ao alvo de aprender a andar conforme ele andou.

EXAMINAR NOSSA CAMINHADA

Tendo entendido corretamente esta quarta prova, precisamos agora nos examinar à luz disto: estamos andando conforme a sua luz: andamos conforme Cristo andou? Qual o alvo e a inclinação de nossas vidas? Nosso modo de viver reflete verdadeira paixão por ser como Cristo? No grau em que pudermos responder sim, poderemos ficar certos de que uma autêntica obra de conversão foi realizada em nossa vida, e que aquele que começou boa obra a está aperfeiçoando. Devemos simplesmente continuar a provar nossa confissão com a nossa conduta, crescendo em conformidade ao padrão que Cristo nos deixou. Cada dia que perseveramos servirá para fortalecer a segurança que possuímos.

Porém, se as inclinações e aspirações de nossa vida têm forte semelhança às do mundo incrédulo, nessa mesma proporção, devemos nos preocupar. Se compartilhamos os mesmos alvos do mundo e se nossos pensamentos, tempo e recursos são gastos correndo atrás das ocupações da era presente, temos razão para temer. Se admiramos o que o mundo admira e procuramos imitar seu modo, devemos questionar a autenticidade de nossa profissão. Se, após examinar a nós mesmos, descobrirmo-nos em falta, não poderemos ser apáticos nem dar vazão ao desespero paralisante, mas buscar, com maior urgência, uma solução. No entanto, temos de reconhecer que as Escrituras não oferecem uma fórmula ou programa de passo a passo que conserte nossa estropiada segurança. Pelo contrário, elas nos admoestam a buscar o Senhor em sua Palavra e em oração até que ele nos dê paz. Precisamos nos lembrar também de que o Senhor valida a paz e a prova como sendo verdadeira ao nos colocar no caminho da justiça e ensinar a andar conforme ele andou. Todas as nossas confissões de fé e os sentimentos subjetivos de segurança só serão válidos no grau em que forem provados por evidências práticas e observáveis de vida transformada e transformadora.

CAPÍTULO 7

AMAR OS CRISTÃOS

> *Amados, não vos escrevo mandamento novo, senão mandamento antigo, o qual, desde o princípio, tivestes. Esse mandamento antigo é a palavra que ouvistes. Todavia, vos escrevo novo mandamento, aquilo que é verdadeiro nele e em vós, porque as trevas se vão dissipando, e a verdadeira luz já brilha. Aquele que diz estar na luz e odeia a seu irmão, até agora, está nas trevas. Aquele que ama a seu irmão permanece na luz, e nele não há nenhum tropeço. Aquele, porém, que odeia a seu irmão está nas trevas, e anda nas trevas, e não sabe para onde vai, porque as trevas lhe cegaram os olhos* — 1João 2.7-11

O amor pelo povo de Deus é tema repetido muitas vezes tanto no Antigo quanto no Novo Testamento. Assim, não é de surpreender que João apresente esse amor como prova da verdadeira conversão. Em termos claros, quem demonstra amor real e duradouro por seu irmão em Cristo e pela igreja coletivamente dá poderosa evidência de conversão. Porém, quem diz ser de Cristo, mas não ama seu irmão, tem pouca base para tal jactância.

UM ANTIGO MANDAMENTO

João introduz a quinta prova da fé salvadora afirmado uma verdade fundamental: o mandamento de Deus de amar nosso irmão tem sido tema central da sua vontade manifestada desde o início da revelação divina. Uma vez que "Deus é amor" (1João 4.8) e ele amou o seu povo desde o começo,[1] não é surpresa que desde o princípio tenha ordenado que eles amassem uns aos outros. O mandamento de amar nosso irmão não é algo que apareceu com a escrita do Novo Testamento

---

1 Jeremias 31.3

ou mesmo com os ensinamentos de Cristo, mas estava implícito em todas as narrativas mais antigas[2] do Antigo Testamento, e claramente revelado na lei mosaica, demonstrado pela ordem de Levítico 19.18: "Não te vingarás, nem guardarás ira contra os filhos do teu povo; mas amarás o teu próximo como a ti mesmo. Eu sou o SENHOR".

Neste único mandamento, descobrimos três importantes verdades sobre o antigo dever de amar. Primeiro, aprendemos que a lei de amar é expressão de quem Deus é. Noutras palavras, o mandamento divino tem suas raízes e fonte no caráter divino. No começo de Levítico 19, verso 2, Deus manda o povo de Israel ser santo porque ele é santo. Aqui ele ordena que amem porque ele, seu Senhor, é amor. John Gill escreve:

> [Amor era] uma parte da eterna lei da verdade, fundada sobre a inalterável natureza e eterna vontade de Deus, que é, ele mesmo, o amor, e requer isso de todas as suas criaturas; [amor] estava escrito no coração de Adão no estado de inocência, e era um ramo da imagem divina impressa sobre ele; e [o amor] foi entregue na lei de Moisés, porque amor a Deus e aos homens é o resumo e a substância dessa lei.[3]

Segundo, aprendemos que o amor que o israelita deveria demonstrar a seu irmão não era meramente emocional, ou algo simplesmente para se falar, mas real e prático. De acordo com a lei, os israelitas tinham de amar uns aos outros não se vingando nem guardando rancor, matando, roubando, cometendo adultério, dando falso testemunho ou fazendo qualquer outra coisa que impedisse o bem-estar do seu irmão.[4] Embora o amor por nosso irmão, com certeza, envolva nossas emoções, é sobretudo uma questão da vontade, que se manifesta em ação certeira e altruísta.

Terceiro, aprendemos que o amor ao próximo é um mandamento antigo — uma estrada antiga que percorre todo o Antigo Testamento.[5] Deus sempre foi

---

2 Considere a visão negativa da Escritura quanto à falta de amor de Caim por Abel (Gen. 4.1–15) e a falta de coração de Lameque (Gênesis 4.23). Vemos a visão positiva da Escritura quanto ao amor de José por seus irmãos (Gênesis 45.1–15).
3 John Gill, *Exposition of the Old and New Testaments* (Paris, Ark.: Baptist Standard Bearer, 1989), 9:625.
4 Êxodo 20.13–16; Levítico 19.18.
5 Jeremias 6.16; 18.15.

amor, e o amor sempre foi seu mandamento preeminente. A verdadeira piedade sempre se manifestou em amor a Deus e por seu povo escolhido. Pensar em um sem o outro é uma impossibilidade, uma contradição indefensável da pior espécie.

UM NOVO MANDAMENTO

Se amar ao nosso irmão é um velho mandamento, por que João diz que é também um novo mandamento? Já provamos que o amor é atributo de um Deus eterno e imutável, e mandamento que prevalece e percorre todo o curso do Antigo Testamento. Como pode ser antigo ao mesmo tempo que novo?

Temos de reconhecer que João não se contradiz no mesmo versículo, mas utiliza essas declarações aparentemente contraditórias para fazer uma belíssima apresentação da revelação maior da glória de Deus na nova aliança. Deus sempre revelou seu amor aos homens desde o princípio. Porém, a revelação do seu amor mediante a pessoa e obra de Cristo excede tanto qualquer revelação anterior que parece totalmente nova. Sem retirar nada do magnífico desvendamento do amor de Deus debaixo do antigo pacto, podemos dizer, com propriedade, que era coisa pouca em comparação à revelação do seu amor pela encarnação do Filho.[6] De modo semelhante, podemos dizer que o amor ordenado, exposto e demonstrado no ensino de Cristo e sua vida sacrificial ultrapassa em muito as exigências do Antigo Testamento, de tal maneira que parece totalmente novo. O padrão de amor na nova aliança não é definido meramente por proposições e preceitos, mas pelo exemplo de Jesus Cristo. O seu amor para com seu povo é agora a marca referencial para o crente. Seu amor agora define qual profundidade, altura, largura e comprimento em que o povo de Deus deverá amar uns aos outros. A verdadeira essência e a plena revelação do mandamento de amar foram perfeitamente expostas na pessoa de Cristo. Assim, Jesus ensinou aos discípulos: "Novo mandamento vos dou: que vos ameis uns aos outros; assim como eu vos amei, que também vos ameis uns aos outros" (João 13.34).

Sob a antiga aliança, o israelita demonstrava amor obedecendo leis que protegiam outros israelitas, participando de numerosos atos positivos de caridade e

---

[6] Não estou diminuindo a revelação de Deus na antiga aliança, mas exaltando-a na pessoa de Cristo, pois comparado a ele todas as demais coisas são apenas sombra (Colossenses 2.17).

bondade.[7] Porém, sob a nova aliança, o povo de Deus é conclamado a amar como Cristo amou, entregando sua vida em favor e benefício do próximo. João expõe plenamente esta verdade mais adiante na sua primeira epístola:

> Nisto conhecemos o amor: que Cristo deu a sua vida por nós; e devemos dar nossa vida pelos irmãos. Ora, aquele que possuir recursos deste mundo, e vir a seu irmão padecer necessidade, e fechar-lhe o seu coração, como pode permanecer nele o amor de Deus? Filhinhos, não amemos de palavra, nem de língua, mas de fato e de verdade. E nisto conheceremos que somos da verdade, bem como, perante ele, tranquilizaremos o nosso coração (3.16-19).

Fica claro por estes versículos que o amor autêntico não permanece no âmbito dos sentimentos ou palavras, mas se manifesta em ações práticas e discerníveis. O tipo de amor produzido pela conversão autêntica, e que é evidência da mesma, não se confina a sentimentos arrebatadores, linguagem eloquente e extravagante, ou mesmo nas melhores intenções. Tem de ir além da palavra e da língua, e se expressar em obra e verdade. O amor que Cristo demanda, e sobre o qual João escreve, tem de agir. Assim, ele encontra sua mais verdadeira expressão quando estamos vivendo coerentemente, em benefício do próximo no corpo de Cristo, ao negarmos diariamente o nosso eu e realizarmos obras práticas de serviço, de acordo com nossos dons e as oportunidades providas pela providência divina. Claro que esse tipo de amor requer que realmente entremos em relacionamento com o povo de Deus, que nos proponhamos a conhecer as suas necessidades, e que verdadeiramente procuremos oportunidades de servi-lo. Consequentemente, seria difícil, se não impossível, que esse tipo de amor se manifestasse de modo coerente em uma comunidade que só se ajunta para uma exibição semanal aos domingos. Esse tipo de amor tem de começar em meio aos relacionamentos individuais dentro da igreja local e operar para fora, aos crentes e comunidades dos que creem por todo o mundo.

---

7 Os israelitas demonstravam caridade deixando uma parte da colheita no campo (Levíticos 19.9-10); emprestando sem usura (Êxodo 22.25); abrindo a mão aos pobres (Deuteronômio 15.7); defendendo o órfão e intercedendo em favor da viúva (Isaías 1.17).

EVIDÊNCIA DA CONVERSÃO

Nesta epístola, João claramente assevera que uma das maiores evidências de que alguém tenha se convertido (se não a maior) é o amor por seu irmão cristão e pela igreja como um todo. Além disso, João mostra também que o verdadeiro amor cristão significa amar como Jesus amou, entregar a vida em benefício dos irmãos em Cristo. A beleza das palavras de João brilha além daquela dos maiores poetas; porém, ele não tem intenção de ser visto como um poeta. Não procura impressionar seus leitores com a estética de sua prosa, mas espera ajudá-los a obter uma sã segurança da salvação, determinando se eles possuem alguma das evidências ou virtudes que acompanham o verdadeiro filho de Deus. No discurso do Cenáculo, Jesus disse a seus discípulos que todos os homens saberiam que são cristãos pelo amor que têm uns pelos outros.[8] Em 1João 2, o apóstolo diz aos que reivindicavam ser cristãos que podiam ter segurança pessoal da salvação apenas no grau em que suas vidas se conformassem a esse mesmo padrão: amor ao próximo.

Somos salvos somente pela graça, mediante somente a fé. Os esforços do amor de mil vidas de piedade não justificam a nenhum de nós diante do trono do juízo de Deus. Porém, a obra regeneradora do Espírito Santo, que produz em nós tanto o arrependimento quanto a fé que salva, também criará em nós um novo e cada vez maior amor pelo povo de Deus. João argumenta esta verdade através de toda sua epístola: "Aquele que diz estar na luz e odeia a seu irmão, até agora, está nas trevas. Aquele que ama a seu irmão permanece na luz, e nele não há nenhum tropeço" (2.9-10). "Nisto são manifestos os filhos de Deus e os filhos do diabo: todo aquele que não pratica justiça não procede de Deus, nem aquele que não ama a seu irmão" (3.10). "Nós sabemos que já passamos da morte para a vida, porque amamos os irmãos; aquele que não ama permanece na morte" (3.14). "Amados, amemo-nos uns aos outros, porque o amor procede de Deus; e todo aquele que ama é nascido de Deus e conhece a Deus. Aquele que não ama não conhece a Deus, pois Deus é amor" (4.7-8). "E nós conhecemos e cremos no amor que Deus tem por nós. Deus é amor, e aquele que permanece no amor permanece em Deus, e Deus, nele" (4.16). "Se alguém disser: Amo a Deus, e

---
8 João 13.35.

odiar a seu irmão, é mentiroso; pois aquele que não ama a seu irmão, a quem vê, não pode amar a Deus, a quem não vê" (4.20). "Todo aquele que crê que Jesus é o Cristo é nascido de Deus; e todo aquele que ama ao que o gerou também ama ao que dele é nascido" (5.1).

O ensinamento inspirado de João, o apóstolo, é este: quem não ama os irmãos é filho do diabo, não conhece a Deus, não ama a Deus e habita a morte.[9] As suas palavras são ousadas e firmes. Ele não convida para um debate sobre a questão, nem está disposto a discutir possíveis exceções. Aquele que não ama os irmãos não conhece a Deus!

É importante que entendamos a ousadia da linguagem de João como sendo totalmente adequada. Afinal, ele está tratando de uma questão de vida eterna e de morte, e a alma dos homens está suspensa na balança. Além do mais, as verdades que ele comunica não têm sua origem nele mesmo, nem foram resultado de alguma recente revelação do Espírito. João está simplesmente ensinando as verdades que recebeu de primeira mão do próprio Senhor Jesus Cristo durante seu ministério terreno. Foi Jesus quem primeiro declarou que o amor fraterno é uma das maiores evidências da verdadeira conversão. Tal verdade é poderosamente ilustrada na descrição que Cristo faz do julgamento das nações, em Mateus 25.31-46:

> Quando vier o Filho do Homem na sua majestade e todos os anjos com ele, então, se assentará no trono da sua glória; e todas as nações serão reunidas em sua presença, e ele separará uns dos outros, como o pastor separa dos cabritos as ovelhas; e porá as ovelhas à sua direita, mas os cabritos, à esquerda; então, dirá o Rei aos que estiverem à sua direita: Vinde, benditos de meu Pai! Entrai na posse do reino que vos está preparado desde a fundação do mundo. Porque tive fome, e me destes de comer; tive sede, e me destes de beber; era forasteiro, e me hospedastes; estava nu, e me vestistes; enfermo, e me visitastes; preso, e fostes ver-me. Então, perguntarão os justos: Senhor, quando foi que te vimos com fome e te demos de comer? Ou com sede e te demos de beber? E quando te vimos forasteiro e te hospedamos? Ou nu e te

---

9 1João 3.10, 14; 4.7-8, 20.

vestimos? E quando te vimos enfermo ou preso e te fomos visitar? O Rei, respondendo, lhes dirá: Em verdade vos afirmo que, sempre que o fizestes a um destes meus pequeninos irmãos, a mim o fizestes. Então, o Rei dirá também aos que estiverem à sua esquerda: Apartai-vos de mim, malditos, para o fogo eterno, preparado para o diabo e seus anjos. Porque tive fome, e não me destes de comer; tive sede, e não me destes de beber; sendo forasteiro, não me hospedastes; estando nu, não me vestistes; achando-me enfermo e preso, não fostes ver-me. E eles lhe perguntarão: Senhor, quando foi que te vimos com fome, com sede, forasteiro, nu, enfermo ou preso e não te assistimos? Então, lhes responderá: Em verdade vos digo que, sempre que o deixastes de fazer a um destes mais pequeninos, a mim o deixastes de fazer. E irão estes para o castigo eterno, porém os justos, para a vida eterna.

Muitos ministros e ministérios têm usado esta passagem de Mateus para validar seu chamado para estender a mão ao mundo com obras práticas de caridade e compaixão. Tornou-se texto fundamental de ministérios entre prisioneiros, organizações para aliviar a fome no mundo, equipes médicas, bancos de vestuário e alimentos, e inúmeros outros ministérios cristãos que procuram espalhar o evangelho ministrando às necessidades práticas do mundo perdido. Porém, temos de ter cautela ao aplicar o texto desse modo. É errado usar um texto como pretexto,[10] até mesmo para uma boa causa. Embora seja bom e bíblico ministrar às necessidades físicas do próximo, fazendo esforços para conduzi-los a Cristo, não é essa a intenção do discurso de Cristo. Ele não estava ensinando que nossa confissão de fé é validada ou provada como verdadeira por nossa disposição de ministrar a um mundo perdido e ferido. Em vez disso, ele ensina que demonstramos a realidade de nossa confissão por nossa disposição de nos identificar e ministrar às necessidades de outros cristãos que estão sofrendo prisões, destituição e perseguição por amor de seu nome. Neste texto essencial, os que estão famintos, sedentos, sem teto, nus, doentes e presos não são as pessoas perdidas que se encontram em grandes dificuldades devido a seu pecado, mas crentes sofrendo por amor de uma boa

---

10 Utilizamos um texto da Escritura como pretexto quando o usamos para justificar uma crença ou um curso de ação que não está sendo ensinado no próprio texto.

consciência diante de Deus e a sua lealdade a Cristo.[11] São filhos de Deus, irmãos de Cristo,[12] e intimamente identificados com ele pela fé, de modo que abençoá-los ou negligenciá-los é fazer o mesmo a Cristo.

Quando entendemos o contexto correto do ensino de Jesus, vemos que ele e João referem-se à mesma verdade: amor altruísta para com indivíduos crentes e para a igreja coletivamente: isso é uma das grandes evidências do novo nascimento. No discurso sobre o juízo final, Jesus declara que suas ovelhas são as que amam aos irmãos, mesmo pagando alto preço pessoal por isso. Ele os convida a herdar o reino preparado para eles desde antes da fundação do mundo.[13] Em contraste, ele condena aqueles que demonstram falta de amor aos irmãos, fechando-lhes o coração e as mãos no tempo de maior necessidade. Separa-os como cabritos e os manda para a eterna destruição.[14]

A fim de entender plenamente a verdade deste discurso, a seguinte ilustração poderá ajudar. Imagine um pequeno grupo de cristãos do segundo século, que se reúne secretamente nas catacumbas no lado mais longe da cidade. Quando a reunião termina, eles voltam para casa, cada um tomando caminho diferente para evitar suspeitas. Tudo parece rotineiro até o próximo dia, quando chega à pequena congregação a notícia de que dois dos irmãos foram capturados antes de chegar em casa. Imediatamente, uma reunião é convocada e a situação exata dos dois irmãos é revelada. Apanharam muito e estão na cadeia sem alimento, água ou tratamento médico necessário. A sua condição é grave.

À luz do que ficaram sabendo, a pequena congregação agora enfrenta um dilema moral, um teste de verdadeiro discipulado. Se não fizerem nada, com certeza os seus irmãos em Cristo perecerão (as prisões do segundo século não eram em nada *hospitaleiras* como as de hoje). Porém, se procurarem seus irmãos, se arriscam a serem identificados e possivelmente sofrerem o mesmo destino. Além disso, o alimento, água, remédio e roupas novas que precisarão dar serão caros, e a maioria da congregação é de trabalhadores pobres e escravos.

---

11 1Pedro 2.19-20.
12 Hebreus 2.11.
13 Mateus 25.34.
14 Mateus 2.41.

Ao discutirem a questão entre si, começa a surgir uma pequena divisão. A maioria está disposta a ir, não obstante o prelo a pagar. Arrazoam que Cristo entregou por eles a sua vida, e deverão fazer o mesmo pelos irmãos.[15] Além do mais, argumentam que não podem dizer que habita neles o amor de Deus se fecharem o coração aos irmãos que sofrem por amor do Nome.[16] Apesar da quase unanimidade, uma pequena minoria discorda. Na opinião deles, uma visita à prisão seria suicídio e não resolveria nada. Além do mais, argumentam que a reação desnecessária da maioria é mero resultado de zelo nada realista e fanatismo religioso perigoso, que tem aumentado na igreja por algum tempo. A razão diz que devem esperar até que as coisas fiquem mais calmas. Afinal, toda a situação provavelmente não é tão ruim quanto parece.

Após alguns minutos mais de debate, a maioria toma a decisão, ajuntam os itens necessários, e com oração enviam um representante da igreja. Visitam a prisão, tratam as feridas dos irmãos, vestem seus corpos nus, e lhes dão comida e bebida. A pequena minoria que não quis participar desse esforço tão tolo e desnecessário acaba voltando para o mundo ou sai da igreja a procura de uma comunidade mais razoável.

No discurso de Jesus e nesta ilustração, vemos que houve uma separação anterior ao julgamento, das ovelhas e das cabras, dos convertidos e não convertidos, de uma mesma congregação. A maioria dos que escolheram ficar ao lado de seus irmãos prisioneiros demonstraram realmente serem nascidos de novo e que o amor de Deus habita neles.[17] A minoria egoísta e autopreservadora demonstrou que a sua profissão de fé e amor pelos irmãos era somente "por palavras" e não "de fato e de verdade" (1João 3.18).

Como toda boa obra, nosso amor pelos irmãos não conduz à nossa salvação, mas é resultado dela. A mesma obra regeneradora do Espírito que resulta em fé, e que conduz à justificação, também resultou em amor autêntico pelos irmãos, que conduziu a serviço.

---

15 1João 3.16.
16 1João 3.17.
17 1João 3.17.

A IMPOSSIBILIDADE DE AMAR

Um dos maiores testes da conversão autêntica é o amor sincero e efetivo por aqueles que pertencem a Cristo e são chamados pelo seu nome. Esse amor não é apenas poético ou teórico, mas real e prático. É um amor que morre para si mesmo, e, se necessário, arrisca tudo por amor do Nome e por aqueles que são por ele chamados. Tal amor é evidência da regeneração e verdadeira conversão, porque é absolutamente impossível à parte dela.

As Escrituras ensinam que, antes da conversão, uma pessoa não pode se aproximar de Deus porque ama o mal, desdenha a justiça, e teme que suas obras más sejam expostas.[18] Semelhantemente, o homem caído não procura ter comunhão com um autêntico discípulo de Cristo, porque ele desdenha a justiça e a proclamação da vida do cristão e tem pavor de ser exposto por elas. Para provar este ponto, o apóstolo João refere a um dos mais infames crimes das Escrituras: Caim assassinando seu irmão, Abel. Ele apresenta seu argumento fazendo uma simples pergunta retórica: "e por que o assassinou? Porque as suas obras eram más, e as de seu irmão, justas" (1João 3.12).

Os homens caídos odeiam um Deus justo e o matariam se pudessem.[19] Consequentemente, também odeiam as pessoas de Deus que são justas, e são hostis a elas. Esse antagonismo não é fenômeno raro; está entretecido na estrutura deste mundo caído. Desde o primeiro ato de desobediência e a resultante maldição, tem havido grande e permanente inimizade entre a semente da serpente (os filhos da desobediência) e a semente da mulher (os filhos de Deus).[20] Embora a guerra tenha culminado na vitória do Messias no Calvário, a batalha vai continuar entre seu povo e o mundo até a consumação final.

Na sua carta às igrejas da Galácia, o apóstolo Paulo ilustra essa batalha contínua apelando à história e destacando outro conjunto de irmãos, cujo antagonismo era quase tão infame quanto o que existiu entre Caim e Abel. Ele escreve: "Pois está escrito que Abraão teve dois filhos, um da mulher escrava e outro da livre. Mas o da escrava nasceu segundo a carne; o da livre, mediante a promessa... Como,

---

18 João 3.19–20.
19 Salmo 2.1–3; Romanos 1.30.
20 Gênesis 3.15

porém, outrora, o que nascera segundo a carne perseguia ao que nasceu segundo o Espírito, assim também agora" (Gálatas 4.22-23, 29).

A hostilidade do mundo caído contra os filhos de Deus é uma verdade inegável da Escritura e da história. Por esta razão, João exorta seus leitores a não se surpreenderem com o ódio que o mundo tem para com eles.[21] Temos de entender a realidade básica de que "todos quantos querem viver piedosamente em Cristo Jesus serão perseguidos" (2Timóteo 3.12). Jesus deu este mesmo aviso a seus discípulos no discurso do Cenáculo na noite antes de sua crucificação: "Se o mundo vos odeia, sabei que, primeiro do que a vós outros, me odiou a mim. Se vós fôsseis do mundo, o mundo amaria o que era seu; como, todavia, não sois do mundo, pelo contrário, dele vos escolhi, por isso, o mundo vos odeia" (João 15.18-19).

Quando vemos nas Escrituras a hostilidade do homem caído contra o povo de Deus, podemos entender mais claramente por que o amor pelos irmãos é uma prova tão importante da conversão. O homem natural não consegue amar a Deus ou seu povo. Assim, quando alguém se encontra amando a ambos, desejando amá-los mais e lamentando pela sua falta de amor por eles, isso deverá conduzir a uma maior segurança da salvação. Quando alguém que antes desprezava o povo de Deus de repente se encontra partilhando dos mesmos desejos que eles e ansiando por comunhão com eles, é uma grande indicação de que algo maravilhoso aconteceu. A mudança é simplesmente inexplicável a não ser pela obra do Espírito Santo da regeneração.

Conforme João declara por toda sua epístola, o cristão amará o povo de Deus. Porém, temos de entender que esse amor pelos irmãos, como todas as demais questões de virtude cristã, sempre precisará crescer mais. Nosso amor inicial pela igreja, que experimentamos na conversão, foi resultado dessa obra regeneradora do Espírito. Correspondentemente, o crescimento contínuo de nosso amor será resultado do trabalho contínuo do Espírito em nossa santificação. Não sabemos que somos filhos de Deus porque nosso amor é *perfeito*, mas *porque está sendo aperfeiçoado* pela obra permanente de Deus em nós. Em 1João 2.8, o apóstolo afirma que o novo mandamento de amar era verdadeiro para os

---

21 1João 3.13.

cristãos a quem ele escrevia. Contudo, ao mesmo tempo, ele parece indicar que esse amor não estava aperfeiçoado plenamente neles. Seu amor não atingira a medida da estatura da plenitude de Cristo,[22] mas estava se tornando realidade gradativamente maior a cada dia. As trevas de sua antiga vida estavam passando, e eles estavam sendo transformados por uma revelação sempre crescente do conhecimento de Deus em Cristo.

A PROVA DO AMOR

Agora, precisamos examinar nossa vida à luz dessas verdades. Amamos o povo de Deus e com isso demonstramos a realidade de nossa fé? Nosso amor é base de atitudes e emoções escondidas que não podem ser provadas ou é demonstrado por evidências reais, práticas e discerníveis, tais como palavras, atitudes e ações? Para nos auxiliar em ver onde estamos nesta questão de suma importância, as seguintes perguntas podem nos ajudar.

Primeiro, de quem é a companhia em que você tem maior prazer? Você busca comunhão com outros crentes e se deleita em conversas sobre Cristo? Ou prefere a companhia do mundo e raramente fala sobre as coisas de Deus? Quando foi a última vez em que você esteve com outros crentes com a única intenção de estar com eles e exaltar a Cristo? Devemos cuidar de como respondemos a essa pergunta, reconhecendo que muito do que se chama de comunhão cristã tem pouco a ver com Cristo.

Segundo, você se identifica publicamente com Cristo e seu povo? Ou se envergonha do escândalo envolto nos que confessam a Jesus como Senhor e procuram viver em submissão a sua Palavra? Os seus colegas descrentes identificam você como sendo um "desses cristãos"? Ou você está tão alinhado ao mundo e conformado à sua imagem que uma acusação dessas raramente, ou nunca, seria feita contra você? Você se coloca entre o povo de Deus como um espetáculo ao mundo, que se considera sofisticado demais para aceitar nossas ilusões religiosas?[23] Ou se distancia da igreja como uma pessoa se distancia do parente próximo do qual está envergonhado? Você consegue se identificar com Moisés, que "recusou ser

---
22 Efésios 4.13.
23 1Coríntios 4.9–13.

chamado filho da filha de Faraó, preferindo ser maltratado junto com o povo de Deus a usufruir prazeres transitórios do pecado" (Hebreus 11.24–25)?

Terceiro, embora esteja cônscio das muitas fraquezas e falhas morais da igreja, você tem o compromisso de promover sua melhora? Ou se alinha com o Diabo e o mundo nas acusações contra ela?[24] Temos de nos lembrar sempre de que o Diabo é o acusador de nossos irmãos, e os que estão de fora da igreja com acusações similares, estão fazendo a obra de seu pai, o Diabo.[25] Em contraste, o verdadeiro crente responde às falhas de seu irmão com um amor que encobre multidão de pecados, e se entrega à sua restauração e aperfeiçoamento.[26] Não pode abandonar a igreja nem o santo caído, não obstante as muitas vezes em que eles se desviam. Ele é compelido pelo amor de Deus a buscá-los, assim como Oseias buscou a Gomer, e labutar em seu benefício e para sua glória futura.[27]

Quarto, você é membro atuante e contribuinte de uma congregação local e visível de crentes? Temos de nos lembrar de que a espécie de amor que João escreve só seria manifestado no contexto de relacionamentos com outros crentes no corpo de Cristo. Você está morrendo para seu eu e entregando sua vida em serviço ao próximo cristão? Está labutando para a edificação da igreja através de seus diversos dons espirituais? Em termos simples, o que você faz para edificar o povo de Deus e promover a causa de Cristo entre eles?

Estas perguntas não são restritas somente aos pastores, mas pertencem a cada membro do corpo de Cristo. De fato, uma das evidências de que somos membros do corpo é que somos úteis para ele. Correspondentemente, uma das evidências de não ser convertido é a inutilidade para toda e qualquer boa obra.[28] Amor sem obras, como fé sem obras, é morto.[29] Faríamos bem em lembrar que as ovelhas e os bodes eram divididos pelo que faziam ou não faziam para o povo de Deus.

---

24 O nome "diabo" vem da palavra grega *diábolos*, que pode ser traduzida "acusador". Refere a alguém tendente a maledicência e falsas acusações.
25 João 8.44; Apocalipse 12.10.
26 1Pedro 4.8.
27 Oseias 3.1–3.
28 Romanos 3.12.
29 Tiago 2.17.

Concluindo, o amor não é apenas uma boa coisa entre muitas, mas a mais excelente, maior ainda que a fé e a esperança.[30] Sendo assim, não é incomum que João desse ao amor lugar exaltado entre as outras provas conversão. Temos de pesar nossa ortodoxia doutrinária contra o padrão da Escritura e examinar nossa piedade pessoal e vida devocional à luz dela. Porém, sobretudo, temos de provar a nós mesmos quanto ao amor. Esta virtude tem de ser encontrada em nós e manifestada em nossas obras, antes de ousarmos assegurar a nossos corações que o temos conhecido, conforme João relembra muitas vezes: "Nós sabemos que já passamos da morte para a vida, porque amamos os irmãos; aquele que não ama permanece na morte" (1João 3.14). "Se alguém disser: Amo a Deus, e odiar a seu irmão, é mentiroso; pois aquele que não ama a seu irmão, a quem vê, não pode amar a Deus, a quem não vê. Ora, temos, da parte dele, este mandamento: que aquele que ama a Deus ame também a seu irmão" (1João 4.20).

---

30 1Coríntios 12.31; 13.13.

CAPÍTULO 8

REJEITAR O MUNDO

> *Não ameis o mundo nem as coisas que há no mundo. Se alguém amar o mundo, o amor do Pai não está nele; porque tudo que há no mundo, a concupiscência da carne, a concupiscência dos olhos e a soberba da vida, não procede do Pai, mas procede do mundo. Ora, o mundo passa, bem como a sua concupiscência; aquele, porém, que faz a vontade de Deus permanece eternamente.* — 1João 2.15–17

Já consideramos diversas importantes evidências de vida cristã: andar de conformidade à revelação de Deus, confessar o pecado, guardar os mandamentos, imitar Cristo, e amar nossos irmãos. Neste capítulo, acrescentamos mais uma marca à lista: a perseverança do crente e sua crescente rejeição do mundo.

NESSE MUNDO DE DEUS, O QUE É *MUNDO*?

O que vem a ser o *mundo*? No que consiste? Esta palavra "mundo" é traduzida da palavra grega *kósmos*. No Novo Testamento, ela pode referir-se ao universo físico ou a seus habitantes humanos. Pode até mesmo ser utilizada para fazer distinção entre os judeus e o mundo dos gentios.[1] Porém, neste contexto e em muitos outros, a palavra *kósmos* carrega uma distinta conotação negativa. Ela se refere a tudo no âmbito de nossa existência humana que é contrário ao conhecimento de Deus, que está em oposição à vontade de Deus, e é hostil para com a sua pessoa. Consiste nos ideais, aspirações, filosofia, atitudes e conduta da grande massa da

---
1 Romanos 11.12.

humanidade caída. Ainda que se vista nas mais finas roupas de aprendizado, sofisticação e até mesmo piedade, no final, o mundo nada mais é que a soma de três elementos básicos ou vis: a concupiscência da carne, a concupiscência dos olhos e a soberba da vida.

A CONCUPISCÊNCIA DA CARNE

A palavra "concupiscência" vem do grego *epithumía*, que denota desejo, anseio, paixão ou almejo. Essa palavra não é necessariamente negativa, mas pode assumir essa conotação dependendo do contexto. Positivamente, Jesus desejava ardentemente comer a Páscoa com seus discípulos.[2] O apóstolo Paulo tinha imenso desejo de ver o rosto dos tessalonicenses.[3] Para a igreja de Filipos, ele confessou seu desejo de partir e estar com Cristo.[4]

Embora todos esses exemplos positivos sejam traduzidos da palavra *epithumía*, ela é mais frequentemente empregada no Novo Testamento para denotar cobiça ou forte desejo, que se encontra fora do âmbito da vontade de Deus, tanto em sua direção quanto em sua intensidade.[5] No evangelho de Marcos, a palavra é usada para denotar um desejo desordenado pelas coisas deste mundo, as quais têm capacidade de sufocar o progresso do evangelho e torná-lo infrutífero na vida da pessoa.[6] O apóstolo Paulo usou a palavra para descrever o pecado de cobiçar ou ansiar por aquilo que é contrário à vontade de Deus.[7] Pedro usou a palavra para descrever os desejos corruptos de homens carnais, que desprezam a autoridade e vivem em oposição a Deus.[8]

A palavra "carne" vem do vocábulo hebraico *basar* e da palavra grega *sárx*. Tem diversos significados, dependendo do contexto. Primeiro, pode denotar o corpo físico de um homem: sua carne, sangue e ossos.[9] Segundo, pode referir-se

---

2 Lucas 22.15.
3 1Tessalonicenses 2.17.
4 Filipenses 1.23.
5 Um desejo pode ser contrário à vontade de Deus ao ser dirigido a um objeto proibido. Pode ser contrário à vontade de Deus mesmo quando dirigido a um objeto permissível, se a intensidade desse desejo for igual ou maior do que o desejo da pessoa para com Deus.
6 Marcos 4.19.
7 Romanos 7.7-8.
8 2Pedro 2.10.
9 2Coríntios 10.3; Gálatas 2.20; Filipenses 1.22

ao homem como criatura fraca e temporal, especialmente em comparação a Deus, que é o eterno e onipotente Espírito.[10] Terceiro, pode denotar a condição decaída do homem ou depravação moral de sua natureza no seu estado não regenerado. Esta terceira opção é o significado que João dá à palavra neste texto.

Das três coisas que mais caracterizam este mundo caído, a primeira é a cobiça da carne. Geralmente, o homem caído, e sua cultura coletiva, é impulsionado, motivado ou propelido por sua vontade de satisfazer o desejo pecaminoso de seu coração radicalmente depravado e moralmente corrupto. Este é o crime sobre todos os crimes — idolatria da pior espécie. Uma criatura razoável tem de ter motivação por tudo que faz. Quanto mais alto e nobre a criatura, mais alto e nobre a motivação de seus atos. O homem, apogeu da criação de Deus, foi feito à imagem de Deus e para sua glória. Quer coma ou beba ou faça qualquer tarefa, da mais nobre até a mais humilde, tem de realizá-la para a glória e agrado de Deus.[11] Em suma, o ser humano tem de ser enamorado de Deus e impelido por uma paixão por ele. Todo fôlego, todo palpitar do coração, é para a glória de Deus; toda atividade e realização tem o seu fim no bom prazer de Deus.

Embora o homem tenha sido criado para os mais altos fins, as Escrituras testificam que ele pecou e está destituído dessa glória;[12] ele se deslocou e deformou. Não é mais impelido por um sublime afeto por Deus, mas pelas cobiças desregradas e animalescas de seu coração moralmente corrompido. Conforme a visão das Escrituras, o homem natural vive nas cobiças da carne e cede a seus desejos. Ele é filho da ira por sua natureza.[13]

Nesta primeira característica do mundo, começamos a ver a diferença entre quem foi regenerado e aqueles que permanecem em seu estado caído. Aqui começamos a traçar uma linha entre os filhos de Deus e aqueles que não o conhecem. A pessoa que continua escravizada e impelida pelos desejos pecaminosos da carne ainda não conhece a Deus, apesar de sua profissão de fé e reivindicação de possuir a identidade de Cristo. Porém, a pessoa que crucificou a carne, com suas paixões e

---
10 Isaías 31.3.
11 1Coríntios 10.31.
12 Romanos 3.23.
13 Efésios 2.3.

desejos, e que anda na liberdade do Espírito de Deus, tem grande razão pela esperança de que se tornou filho de Deus.[14]

É importante notar que não estamos dizendo que um cristão genuíno andará livre da carne e seus desejos ou que ele nunca será vencido pelos pecados. O apóstolo Paulo deixa claro que a guerra do crente contra a carne é tanto verdadeira como também muito intensa. Em sua carta às igrejas da Galácia, ele descreve a batalha como sendo épica: "Porque a carne milita contra o Espírito, e o Espírito, contra a carne, porque são opostos entre si; para que não façais o que, porventura, seja do vosso querer" (Gálatas 5.17).

A prova de conversão não é a ausência de guerra contra a carne, mas o oposto. Uma das grandes evidências de que a pessoa realmente nasceu de novo é que ela denuncia sua amizade com a carne e declara guerra contra ela, sem a mínima intenção de trégua. Temos de entender que existe pouca evidência de salvação na pessoa que vive de bem com o pecado, a carne e o mundo. A segurança bíblica da salvação não pertence à pessoa completamente entregue à sua carne caída ou impelida por seus desejos corrompidos. Não há na pessoa que viva tranquila em Sodoma, que tenha entrado em aliança com o mundo ou amizade com a carne, prova da habitação do Espírito. Porém, existe grande evidência de salvação na pessoa que cresce em seu ódio pelo pecado, que aumenta a luta contra sua carne e diariamente multiplica o seu desdém pelo mundo. O apóstolo Paulo é bom exemplo de tal homem. Ele escreve: "Os que são de Cristo Jesus crucificaram a carne, com as suas paixões e concupiscências" (Gálatas 5.24). "O mundo está crucificado para mim, e eu para o mundo" (Gálatas 6.14).

A CONCUPISCÊNCIA DOS OLHOS

Agora João passa para a segunda característica do que consiste este mundo caído: a concupiscência dos olhos. A maioria dos comentaristas, tanto os antigos quanto os contemporâneos, concorda que esta breve, mas difícil, frase se refere aos desejos pecaminosos ativados e alimentados por aquilo que vemos. É por meio dos olhos que somos levados a cobiçar as coisas que o amor e a justiça de Deus proíbem.

---
14 Gálatas 5.16, 24–25.

Os olhos têm sido uma avenida de tentação desde o início. No jardim, Eva viu que a árvore proibida era "agradável aos olhos"; assim, sucumbiu à tentação do enganador (Gênesis 3.6). Acã "viu" e "cobiçou" uma bela capa, moedas de prata e barras de ouro entre os despojos proibidos. Ele os tomou e pagou o preço com seu próprio sangue e o de seus parentes (Josué 7.20–21, 24–26). O rei Davi "viu" a beleza de Bateseba, desviou-se da lei e tomou-a como sua (2Samuel 11.2–5). O resultado foi um soldado assassinado, uma criança morta, um rei em desgraça e um reino dividido. Finalmente, Mateus escreve que Satanás levou Cristo a uma alta montanha e "mostrou-lhe" todos os reinos do mundo e sua glória (Mateus 4.8–10). Ainda que essa estratégia provada pelo tempo fosse desperdiçada sobre Cristo, o uso dela pelo tentador demonstra que é um armamento do seu arsenal frequentemente empregado.

Quando consideramos esses relatos, podemos achar que o pecado das pessoas estivesse em seus atos, mas na verdade eles haviam pecado muito antes de cometer o ato. Jesus ensinou que uma pessoa pode violar o mandamento contra o adultério em seu coração, mesmo que nunca tenha cometido o ato. Advertiu-nos que "qualquer que olhar para uma mulher com intenção impura, no coração, já adulterou com ela" (Mateus 5.27–28). Para demonstrar a seriedade do pecado de nossos corações, Jesus passa a ensinar uma hipérbole severa, onde demonstra que devemos preferir a automutilação à condenação eterna resultante de um olho desobediente.[15] Por esta razão, Jó declarou ter feito uma aliança com os olhos de não olhar uma jovem.[16] E embora o salmista provavelmente tenha em mente acima de tudo a proibição contra os ídolos, o princípio é o mesmo quando ele declara que não colocaria coisa injusta diante dos olhos.[17]

Todas essas Escrituras testificam o que Spurgeon explicou com tanta clareza: "Aquilo que fascina o olho é muito apto a obter admissão no coração, assim como a maçã de Eva agradou primeiramente a sua visão e então prevaleceu sobre sua mente e a sua mão."[18]

---

15 Mateus 5.29–30.
16 Jó 31.1.
17 Salmo 101.3.
18 C. H. Spurgeon, *The Treasury of David* (Grand Rapids: Zondervan, 1950), 1:240.

Devido à natureza radical da corrupção do homem caído, o coração não regenerado está cheio de lascívia por todas as coisas que são contrárias a lei justa de um Deus santo. Porém, essa lascívia é fomentada em chamas quando alguma coisa perniciosa é colocada claramente à vista e ao alcance. Para piorar a questão, a chama da lascívia cresce ainda mais alta e forte quando o coração não regenerado ouve dizer que tal coisa perniciosa é proibida. É um princípio bíblico bem estabelecido que quanto mais Deus declara algo fora dos limites, mais o coração caído o deseja![19]

No Sermão do Monte, Jesus extraiu da literatura judaica se referindo ao olho como a "lâmpada do corpo" (Mateus 6.22–23). A ideia é que o foco do olho da pessoa revela o conteúdo e a condição do seu coração. A pessoa que resolveu desviar os olhos do mal e enfocar o reino dos céus demonstra que seu coração se tornou reto por meio do evangelho e da obra regeneradora do Espírito Santo. Porém, a pessoa que não enxerga a beleza ou o benefício do reino, mas firma os olhos sobre as coisas deste mundo, demonstra que seu coração permanece não regenerado e o evangelho pouco fez de bem a ele.

Para aplicar este ensinamento corretamente às nossas circunstâncias contemporâneas, primeiro temos de estar conscientes de que vivemos em uma cultura hipnotizada por coisas malignas que são balançam diante de nós. Não é sem razão que os marqueteiros de nossos dias dependem tão fortemente dos olhos. Eles sabem que com um único efeito visual conseguirão despertar nossos corações a desejos anteriormente dormentes, fazendo-nos ansiar por coisas que apenas uma hora antes nem sabíamos existir. É como se eles levassem suas estratégias do livro de jogos do maior de todos os tentadores, o próprio Diabo. Ele sabe desde o começo que a maior e mais larga avenida ao coração está nos olhos.

Se quisermos ser bíblicos quanto à conversão e as provas da mesma, temos de aceitar o ensinamento que está colocado diante de nós aqui: uma das grandes provas da conversão está no foco da vida da pessoa. Os que professam ter lugar no reino, mas raramente têm em vista o mesmo reino, devem examinar essa sua profissão. Se lutamos pelas coisas deste mundo, se nos consumimos de desgosto devido

---
19 Romanos 7.7–13.

às recompensas carnais que não conseguimos obter, e cobiçamos as realizações mundanas das outras pessoas, estamos muito longe do reino do céu. Devemos forçar nossos ouvidos a ouvir e entender os seguintes corretivos divinos: "Por que gastais o dinheiro naquilo que não é pão, e o vosso suor, naquilo que não satisfaz? Ouvi-me atentamente, comei o que é bom e vos deleitareis com finos manjares" (Isaías 55.2). "Pois que aproveitará o homem se ganhar o mundo inteiro e perder a sua alma? Ou que dará o homem em troca da sua alma?" (Mateus 16.26).

A prova da salvação está em seu fruto. Se o coração foi verdadeiramente regenerado, você é uma nova criatura, com novos afetos que dirigirão os olhos para longe da atração mundana até aquilo que é celestial. Se o seu coração foi realmente regenerado, o reino dos céus será para você como um tesouro escondido em um campo, que um homem encontra e esconde novamente; e de alegria por ele vai e vende tudo que possui e compra o campo.[20] Aqui também, você será como o comerciante que procura finas pérolas, que ao encontrar uma pérola de grande valor, vai e vende tudo que tem para comprá-la.[21] Se você realmente se converteu, pouco a pouco, a obra do Espírito, que é progressiva na santificação, fará com que você seja capaz de afirmar apaixonadamente as palavras de "Quando contemplo a maravilhosa cruz" de Isaac Watts: "Se o mundo inteiro fosse meu, seria oferta sem valor; Tudo o que sou, Senhor, é teu, minha alma e todo o meu amor".[22]

A SOBERBA DA VIDA

A frase "soberba da vida" é traduzida do grego *alazoneía tou bíou*. A palavra *alazoneía* é corretamente traduzida "orgulho soberbo". Ela se refere a um orgulho vazio, presunçoso e insolente, que conduz a um palavreado de jactância. O único outro lugar do Novo Testamento em que esta palavra é empregada é na forte admoestação de Tiago aos ricos que se gabam de grandes planos e empreendimentos independentes de Deus, sem considerar a sua providência ou sua própria frágil mortalidade:

> Atendei, agora, vós que dizeis: Hoje ou amanhã, iremos para a cidade tal, e lá

---

20 Mateus 13.44
21 Mateus 13.45-46
22 Hino "Contemplação", # 90 do Cantor Cristão, letra em português de Justus Henry Nelson. [Nota da tradutora]

> passaremos um ano, e negociaremos, e teremos lucros. Vós não sabeis o que sucederá amanhã. Que é a vossa vida? Sois, apenas, como neblina que aparece por instante e logo se dissipa. Em vez disso, devíeis dizer: Se o Senhor quiser, não só viveremos, como também faremos isto ou aquilo. Agora, entretanto, vos jactais das vossas arrogantes [*alazoneías*] pretensões. Toda jactância semelhante a essa é maligna (4.13-16)

No Novo Testamento, duas palavras na língua grega são mais frequentemente traduzidas por "vida". A mais comum é *zoé*, que se refere ao princípio ou essência da vida. A outra é *bios*, de onde derivamos a palavra "biografia". Ela tende a referir ao período ou decurso da vida da pessoa, ou àquilo pelo qual a vida da pessoa é sustentada: recursos, riquezas, propriedades ou sustento. Na discussão de João sobre a responsabilidade do crente para com os pobres em outro capítulo, a palavra é traduzida como "bens" ou "recursos": "Ora, aquele que possuir recursos *(bios)* deste mundo, e vir a seu irmão padecer necessidade, e fechar-lhe o seu coração, como pode permanecer nele o amor de Deus?" (1João 3.17).

Juntando o que sabemos sobre essas duas palavras e seu uso no Novo Testamento, concluímos que a frase "soberba da vida" refere-se ao orgulho ou arrogância de pessoas que não só se gabam do que conseguiram ou possuem, como também os atribuem à sua própria sabedoria e poder. Essa é uma grande marca da pessoa mundana, que vê a si mesmo independente de Deus e livre de sua providência — um herói que entalhou sua própria existência, formulou seu próprio destino e amealhou seus bens por força de vontade, habilidade de mente ou pura força física. Ele considera todo lucro ou elogio como triunfo pessoal e privado, sem assistência da graça divina ou ajuda, e é descrito pelo salmista como quem não pensa em Deus na formulação de seus planos e não dá graças a Deus quando esses planos são bem-sucedidos. Davi escreve: "O perverso, na sua soberba, não investiga; que não há Deus são todas as suas cogitações. Pois diz lá no seu íntimo: Jamais serei abalado; de geração em geração, nenhum mal me sobrevirá" (Salmo 10.4, 6). Ao descrever a jactância da soberba da vida dessa forma, temos de ter cuidado de entender que ela não exige a profissão do ateísmo nem rebeldia descarada contra Deus. A mesma atitude floresce facilmente entre aqueles que confessam depender de Deus e até mesmo daqueles que dão graças a ele. Existe um ateísmo prático na igreja que é muito mais mortal do que seu irmão mais velho e mais abertamente desafiador. Veste a roupa do cristianismo e pode até mesmo confessar a Jesus como Senhor, mas raramente consulta sua vontade em nível prático. Pode pedir que Deus se junte a ele em um propósito que já foi determinado ou abençoe um plano já designado. Pode até mesmo reconhecer sua ajuda em algum empreendimento, mas em geral oferece apenas gratidão residual, as migalhas da mesa que ficaram depois que a glória do homem foi satisfeita. Os que tratam a Deus com paternalismo deste jeito são o oposto do sábio de Provérbios, que confia no Senhor de todo o coração e não se estriba em seu próprio entendimento, que em tudo o reconhece.[23]

A soberba da vida é a epítome da adoração de si mesmo, e os que cedem a isso se tornam patéticos, tanto quanto os antigos caldeus que ajuntavam os peixes em suas redes para então oferecer sacrifícios a eles.[24] Adoravam a um fio sem vida sem se importar com o Deus que "faz nascer o sol sobre os bons e os maus, e envia chuva sobre os justos e os injustos" (Mateus 5.45). Conforme as Escrituras, aqueles que adoram a si mesmos e se gloriam na realização pessoal, adoram um vapor, que aparece por pouco tempo e então desvanece, mero sopro, sombra passageira, narina repleta de ar.[25] Tal homem se gaba de grandes coisas, mas não consegue mudar um fio de cabelo de branco para preto ou acrescentar sequer uma hora ao curso de sua vida.[26] Em toda sua pompa, ele é como os animais que perecem; é como o orvalho que desaparece nas primeiras horas da madrugada ou a palha que é soprada do debulho.[27] Tais pessoas não conseguem ver que Deus é que dá a vida a todas as pessoas, respiração e todas as coisas para que possam buscá-lo e encontrá-lo.[28] Não sabem que se ele escondesse o seu rosto, eles seriam consternados, e se ele retirasse o seu espírito, morreriam e voltariam ao pó.[29] Essas pessoas jamais indagaram: "que é o homem, que dele te

---

23 Provérbios 3.5–6.
24 Habacuque 1.15–16.
25 Salmo 39.5; 144.4; Isaías 2.22; Tiago 4.14.
26 Mateus 5.36; 6.27.
27 Salmo 49.20; Oseias 13.3.
28 Atos 17.25–27.
29 Salmo 104.27–29.

lembres, e o filho do homem, que o visites?" (Salmo 8.4). Ignoram a verdade de que todas as são como uma gota no balde diante dele, e toda a soma deles como uma partícula de poeira sobre a balança.[30]

Nesta questão da soberba da vida vemos grande distinção entre o filho de Deus e aqueles que não o conhecem. Aqueles que foram regenerados pelo Espírito e são objetos de sua obra santificadora estão sempre crescendo no conhecimento de que Cristo é sua vida, e sem ele são "infelizes, miseráveis, pobres, cegos e nus".[31] Estão aprendendo que sem ele nada podem fazer,[32] e, motivados por um conhecimento crescente de sua fraqueza, eles são impelidos a conhecer a vontade de Deus e se manter em segurança dentro dessa vontade. Além do mais, quando cumprem a vontade de Deus, reconhecem que são apenas escravos inúteis que fizeram o que é sua obrigação.[33] E quando algo é realizado por seus frágeis esforços, eles varrem o chão para encobrir quaisquer pegadas que leve a glória do feito de volta a eles. Clamam com o salmista: "Não a nós, SENHOR, não a nós, mas ao teu nome dá glória, por amor da tua misericórdia e da tua fidelidade" (Salmo 115.1).

O filho de Deus sempre está aprendendo a máxima principal do céu: "Aquele que se gloria, glorie-se no Senhor" (1Coríntios 1.31; cf. Jeremias 9.23-24). E quando o crente se esquece dessas lições e procura tomar a glória devida somente a Cristo, o Espírito de Deus é fiel em repreendê-lo e mandá-lo de volta, envergonhado, a seu lugar.[34] O senhor não compartilhará a sua glória com outro qualquer.[35]

Em contraste, o descrente não tem espaço no coração ou mente para tal humildade ou gratidão. É cego para sua incapacidade e absoluta dependência da graça e poder de Deus. Ele vive sob arrogante presunção de que, ou não existe Deus, ou, se ele existe, não se importa com os afazeres humanos. Devido a essa suposição, o incrédulo assume toda realização como se fosse sua, e cada vitória lhe dá

---

30 Isaías 40.15-17.
31 Colossenses 3.4; Apocalipse 3.17.
32 João 15.5.
33 Lucas 17.10.
34 Lucas 14.7-11.
35 Isaías 42.8; 48.11.

mais uma razão para gabar de si mesmo. Essa criatura patética chamada homem, que não consegue tornar um fio de cabelo branco ou acrescentar uma única hora a sua vida, fica em pé sobre suas realizações e declara que ele mesmo se fez.

NOSSA RELAÇÃO COM O MUNDO

À luz do que aprendemos como pessoas que professam ser cristãs, temos de nos perguntar onde estamos em relação ao mundo. Não podemos nos enganar, pensando que esta é uma questão mínima. Ela é essencial! Nossa relação com o mundo é uma das grandes provas de nossa salvação. João adverte que o amor ao mundo e o amor a Deus são diametralmente opostos. Ele nos diz claramente que "Se alguém amar o mundo, o amor do Pai não está nele".[36] Tiago é ainda mais ousado ao declarar: "Infiéis, não compreendeis que a amizade do mundo é inimiga de Deus? Aquele, pois, que quiser ser amigo do mundo constitui-se inimigo de Deus" (4.4).

De acordo com as Escrituras, amar o mundo e a Deus ao mesmo tempo é uma impossibilidade lógica, porque os dois são totalmente incompatíveis e opostos entre si. Tudo que há no mundo — a concupiscência da carne, a concupiscência dos olhos e a soberba da vida — não provém do Pai. Não tem sua origem em Deus nem está de acordo com sua vontade, mas é repugnante e antagônico a ele. Uma pessoa não pode amar a Deus e ao mundo como também não pode "guardar seu doce e também comê-lo."

Isso não quer dizer que os cristãos não tenham dificuldades com o mundo nem que não sejam por ele seduzidos. O cristão terá grandes lutas com o mundo em todas as suas variadas manifestações, mas o odiará. Lutará contra o mundo e terá remorso quando se entregar a ele. A diferença não é meramente semântica, mas real e prática. A pessoa que professa fé em Cristo, mas encontra beleza e alegria nas coisas que se opõem à vontade de Deus, deve se preocupar quanto à validade daquilo que professa. Porém, a pessoa que professa ter fé em Cristo e se encontra crescendo em seu desdém pelo mundo, vivendo em oposição a

---

[36] 1João 2.15. A frase "amor do Pai" provavelmente tem sentido duplo. João está dizendo que quem ama o mundo não ama a Deus e não é objeto daquele amor especial que Deus tem por seu povo. Isso, claro, é culpa do homem pecador, que voluntária e deliberadamente rejeita o amor especial de Deus.

ele, progredindo na sua vitória sobre o mundo, tem grande causa de segurança, não importa quantas vezes tenha caído. Permanece a pergunta: Onde estamos em relação ao mundo? Seguido o exemplo da personagem principal Cristão, na famosa alegoria de John Bunyan, O Peregrino, estamos fugindo da Cidade da Destruição? Estamos resolvidos a nos livrar de todos os seus atraentes apetrechos? Ou fizemos morada na cidade da Loucura e encontramos grande deleite na Feira das Vaidades?

UMA PALAVRA PARA OS PASTORES

Nos dias de João, o mundo tinha seu ápice no Império Romano, com sua avareza, sensualidade e fome de poder. No livro do Apocalipse ele é visto como "BABILÔNIA, A GRANDE, A MÃE DAS MERETRIZES E DAS ABOMINAÇÕES DA TERRA", que "tem dado de beber a todas as nações do vinho da fúria da sua prostituição" (Apocalipse 14.8; 17.5). Atualmente, o mundo parece mais poderoso e audaz que nunca. *Hollywood, Madison Avenue, Wall Street, Washington*, e grande maioria de nossas instituições acadêmicas o representam. Como a Babilônia da antiguidade, o mundo de hoje estende seu copo dourado para todos beberem: um cálice "transbordante de abominações e com as imundícias da sua prostituição" (Apocalipse 17.4). Também como a Babilônia, o mundo hodierno está armado de falsos profetas enviados aos quatro cantos do globo para desviar a humanidade. Quer estejam trajados de terno risco de giz, roupas de *griffe* da última moda quer vestes religiosas de um profeta, a sua mensagem é a mesma. Não mencionam o eterno, mas convencem o coração de seus ouvintes para se agarrarem ao que é temporário antes que desapareça. Não ligam para os absolutos morais que podem impedir a liberdade do indivíduo em sua busca de autoexpressão. Justificam a avareza ao pavoneá-la diante de seus ouvintes sob guisa de autorrealização, autoestima e merecimentos justos. Estão sempre do lado de seus ouvintes, como seus corretores, procurando os interesses, dizendo-lhes o que precisam e tornando isso disponível a determinado preço. Não é difícil discernir por que eles têm tantos seguidores. Apelam à cobiça da carne, à cobiça dos olhos e à soberba da vida. Fazem cócegas nos ouvidos de pessoas caídas, dizendo-lhes aquilo que desejam ouvir.[37] São do mundo e falam a sua língua, e o mundo os escuta.[38] Embora apresentada de inúmeras formas, a sua mensagem é sempre a mesma. De fato, as palavras desses profetas são tão impressionantemente similares que nos levam a acreditar que possuem uma origem comum: o espírito da época, o príncipe do poder do ar que agora atua nos filhos da desobediência.[39]

Tudo que descrevemos até aqui é para ser esperado. O mundanismo do mundo não requer grande explicação, mas o que está longe de entendimento é a ousada presença do mundo na igreja.[40] Uma coisa é o mundo manobrar-se sutilmente e sorrateiramente na igreja como uma força quase impossível de se detectar. Outra bem diferente é quanto o mundo se põe ousadamente de pé no centro da igreja e deforma tudo para que esta se conforme à sua imagem vil. Este é o caso em boa parte do que se chama de cristianismo ocidental. O mundo tem culpa de ser materialista? Também a igreja o é! O mundo é dominado por consumismo? A igreja também! O mundo funciona com base em pragmatismo que desconsidera a verdade bíblica? A igreja também! O mundo é encantado pelo entretenimento, distraído pela diversão, deleitado pela estultícia? A igreja também! O mundo oferece autorrealização e autopromoção? A igreja também! O mundo está cheio de carnalidade, sensualidade, luxo e extravagâncias? A igreja também! De fato, a igreja não somente tolera a carnalidade entre seus membros, como também defende essa sua carnalidade e, como a igreja de Corinto, até mesmo se gaba dela, mudando a graça de Deus em licenciosidade, negando nosso único Mestre e Senhor, Jesus Cristo.[41] Nos dias de Bunyan, a Feira das Vaidades era a ferramenta de Satanás para dar diversão ao povo e mantê-los no mundo. Bunyan ficaria estupefato ao ver nos nossos dias que muitas igrejas usam a Feira das Vaidades para divertir os que a procuram e mantê-los frequentando o culto de domingo.

---

37 2Timóteo 4.3.
38 1João 4.5.
39 Efésios 2.2.
40 Uma importante distinção deverá ser feita aqui quanto ao uso da palavra *igreja*. Neste contexto, usamos a palavra *igreja* no sentido do cristianismo professo ou evangelicalismo professado no ocidente. A verdadeira igreja de Jesus Cristo é composta somente dos regenerados, que produzem os frutos da conversão, e que deverão ser distinguidos da grande maioria dos que professam ser cristãos (contudo ainda não convertidos).
41 1Coríntios 5.6; Judas 4.

Por que e como isso tem acontecido em tantas igrejas? Primariamente por causa dos homens que foram colocados sobre a igreja como pastores.

Primeiro, temos de concluir que grande e inquietante número deles não são regenerados, e assim, estão cortados de Cristo. Suas flagrantes e impensadas violações da doutrina e da ética são tão grotescas que certamente não são convertidos.

Segundo, temos de conceder que alguns que são realmente convertidos não foram chamados. Há muito desentendimento quanto aos verdadeiros elementos de um ministério evangélico. Este tem se tornado tão impulsionado por negócios e diversões que muitos dos homens que hoje estão nos púlpitos fariam melhor como chefes de companhias da bolsa de valores ou atores de *Hollywood*.

Terceiro, temos de entender que alguns homens realmente são cristãos e chamados ao ministério evangélico, mas foram enredados pela religião do dia; falta-lhes o "ferro que afia o ferro" da verdadeira comunhão com outros homens de Deus, e não sabem como encontrar o caminho de volta.[42] Como o justo Ló, se afligem pelo mundanismo da igreja, mas perderam as credenciais morais e a força para falar contra isso.[43] O provérbio foi cumprido neles: "Como fonte que foi turvada e manancial corrupto, assim é o justo que cede ao perverso" (Provérbios 25.26). Devem ser encorajados pela verdade de que o Senhor sabe livrar os piedosos do laço do passarinheiro e salvá-los da tentação.[44]

Quarto, muitos pastores têm se envolvido na tendência de "fazer" a igreja de acordo com os caprichos da cultura ou a suposta efetividade do pragmatismo. Assim, muitos assumiram os maneirismos de apresentador de *show*, *coaching* de vida, psicanalista ou especialista de *marketing*. Parece que esquecemos que os pastores são principalmente estudantes e mestres das Escrituras,[45] cuidadores do rebanho,[46] e ardentes intercessores diante de Deus.[47] Devem guardar o bom depósito que lhes foi confiado,[48] sabendo que terão de prestar contas naquele grande dia.[49] Devem

---

42 Provérbios 27.17.
43 2Pedro 2.7–8.
44 Salmo 91.3; 2Pedro 2.9.
45 Esdras 7.10; Atos 6.2, 4; 2Timóteo 2.15.
46 Atos 20.28; 1Pedro 5.1–4.
47 Atos 6.4; Romanos 1.9; Efésios 1.15–16; Filipenses 1.3–4; Colossenses 1.9.
48 1Timóteo 1.11; 6.20; 2Timóteo 2.14; Tito 1.3.
49 1Coríntios 3.12–15; 2Timóteo 4.8.

ser exegetas, teólogos e expositores da Palavra de Deus. Deverão se conformar a rigorosos padrões da Escritura quanto a caráter, ética e dever.[50] Deverão habitar solitários com Deus como vigias sobre os muros.[51] Seguindo os passos de Cristo, deverão vir a Deus em favor das pessoas e às pessoas em favor de Deus.

Por último, devemos reconhecer que há entre nós certa covardia — medo de rejeição que flui do ídolo da autopreservação. Assim, temos desenvolvido uma visão distorcida e conveniente do amor que jamais perturba a ninguém. É um amor sem verdade, convicção e coragem para ensinar, reprovar, corrigir ou treinar.[52] É um amor que deixa as pessoas andarem rumo ao inferno, sem adverti-las, em vez de confrontá-las em seu pecado, ferindo sua frágil autoestima ou tornando-as inimigas ao dizer-lhes a verdade.[53] Na verdade, isso não é amor, mas a antítese do amor. Se nunca repreendemos as ovelhas para ganhar injustamente seu desfavor, não é porque as amamos, mas porque queremos que elas gostem de nós. O desejo de afirmação e apreço é veneno mortífero ao homem de Deus, no entanto, parece que muitos já foram mordidos por ele. Esquecemo-nos da advertência do Senhor que disse: "Ai de vós, quando todos vos louvarem! Porque assim procederam seus pais com os falsos profetas." (Lucas 6.26).

---

50 1Timóteo 3.1–7; Tito 1.7–9.
51 Isaías 62.6–7.
52 Em 2Timóteo 3.16 o apóstolo Paulo expõe para o jovem Timóteo o quádruplo ministério da Palavra de Deus pelo ministro de Deus.
53 Em Gálatas 4.16 Paulo confrontou o erro dos Gálatas e perguntou: "Tornei-me, porventura, vosso inimigo, por vos dizer a verdade?"

CAPÍTULO 9

PERMANECER NA IGREJA

Filhinhos, já é a última hora; e, como ouvistes que vem o anticristo, também, agora, muitos anticristos têm surgido; pelo que conhecemos que é a última hora. Eles saíram de nosso meio; entretanto, não eram dos nossos; porque, se tivessem sido dos nossos, teriam permanecido conosco; todavia, eles se foram para que ficasse manifesto que nenhum deles é dos nossos. — 1João 2.18–19

Em 1João 2.18–19, o apóstolo João faz referência a um grupo de pessoas que apostataram. Haviam rejeitado a doutrina apostólica sobre a pessoa e obra de Cristo, abandonaram a igreja e se tornaram falsos profetas. João chega a referir-se a eles como anticristos.

O título infame "anticristo" é junção da palavra *grega Christós*, "Cristo", e a preposição *anti-*, que significa "em lugar de" ou "contra". No singular, o *Anticristo* se refere ao grande inimigo do Messias, que um dia tentará usurpar seu lugar lutando contra Jesus Cristo.[1] Seu uso no plural se refere a qualquer número de indivíduos, em todas as eras da igreja, que negam as doutrinas apostólicas fundamentais sobre a pessoa e obra de Cristo, colocando-se fora da igreja e do cristianismo histórico, e que buscam desviar outros do mesmo modo.[2] Na sua epístola, João os descreve como sendo mentirosos e enganadores, que negam o Pai e o Filho, rejeitando a

---
1 2Tessalonicenses 2.3–4.
2 A frase de João "na última hora" é sinônima de "últimos dias" (Atos 2.17; 2Timóteo 3.1; Tiago 5.3). Refere-se à época entre a ressurreição e exaltação de Cristo e sua segunda vinda.

encarnação e recusando reconhecer que Jesus é o Cristo divino.³ Como nos dias de João, nosso mundo moderno está repleto de anticristos que se opõem a Cristo diretamente ou então propagam uma religião que diminui a supremacia de sua pessoa ou a natureza essencial de sua obra. Qualquer ensinamento que não se atenha firmemente à absoluta singularidade de Cristo, que suplante ou trivialize a sua cruz é de natureza anticristã. Conforme revelada nas Escrituras, os que não são por Cristo estão contra ele.⁴

Embora no contexto imediato João esteja escrevendo primariamente sobre falsos mestres, ele oferece também mais uma prova de segurança bíblica: o cristão autêntico permanecerá dentro do âmbito das doutrinas históricas da fé cristã e em comunhão com o povo de Deus. Os que renunciam essas doutrinas e quebram a comunhão com a igreja demonstram que não são — e nunca foram — verdadeiramente convertidos. João escreve: "Eles saíram de nosso meio; entretanto, não eram dos nossos; porque, se tivessem sido dos nossos, teriam permanecido conosco; todavia, eles se foram para que ficasse manifesto que nenhum deles é dos nossos" (2.19).

Isso não significa que a salvação eterna seja obtida ou guardada pela igreja. Uma pessoa é salva somente por Cristo, só pela graça, somente pela fé.⁵ O que quer dizer, de fato, é que a pessoa verdadeiramente convertida continuará nos ensinos que levaram à sua conversão e permanecerá dentro da comunhão da igreja cristã. João faz uma declaração similar em sua segunda epístola: "Todo aquele que ultrapassa a doutrina de Cristo e nela não permanece não tem Deus; o que permanece na doutrina, esse tem tanto o Pai como o Filho" (2João 1.9).

SEGURANÇA E APOSTASIA

Uma batalha tem assolado a história da igreja entre aqueles que se atêm à segurança eterna, ou perseverança, do crente e aqueles que sustêm a possibilidade de apostasia — o crente autêntico que cai para a eterna destruição. Essa questão é de tão grande importância que preciso tratar da mesma, se bem que

---

3 1João 2.22–23; 4.2; 2João 1.7.
4 Lucas 11.23.
5 Efésios 2.8–9.

apenas brevemente. Não presumo que a questão seja resolvida para a satisfação de todos. Porém, espero apresentar algumas importantes verdades quanto à natureza da conversão e demonstrar como elas se aplicam ao crente.

Para começar, é importante entender que eu afirmo a doutrina histórica da perseverança dos santos, conforme atestavam os Reformadores, os Puritanos, os Presbiterianos tradicionais, e os Batistas Reformados.[6] Esta doutrina afirma que aqueles que foram verdadeiramente regenerados pelo Espírito Santo, feitos novas criaturas em Cristo, guardados pelo poder de Deus, nunca permanecerão caídos na apostasia e destruição eterna. A razão para tal confiança não é fundamentada sobre a força de vontade do crente, mas sobre a fidelidade e o poder de Deus. O Deus que salva seu povo também os guarda por seu poder. O Deus que justifica o crente com certeza o santificará, e no final o levará à glória. Como o apóstolo Paulo, estamos confiantes de que aquele que começou boa obra em nós a aperfeiçoará até o dia de Cristo Jesus.

Em qualquer discussão sobre a perseverança do crente, quatro coisas devem ser consideradas. Primeiro, temos de compreender algo sobre a natureza da salvação. A superficialidade de grande parte da pregação contemporânea nos leva a crer que a obra da salvação seja primariamente uma decisão da vontade humana. Deus revela o evangelho ao homem e então espera a sua resposta. O homem recebe a salvação por sua decisão de seguir a Cristo e continua nessa salvação pelo mesmo ato da vontade. Assim, aquele que obtém a salvação por meio de uma resposta correta a Deus pode de modo igualmente fácil perdê-la, se renunciar sua decisão inicial por um ato contrário de sua vontade.

O problema desse ponto de vista é que trata somente da vontade do homem e não considera a operação de Deus sobre a sua natureza. A Escritura ensina que a pessoa que crê para a salvação *é nascida de Deus*.[7] Além do mais, afirma que nesse novo nascimento, "não nasceram do sangue, nem da vontade da carne, nem da

---

6 O leitor é dirigido ao capítulo 17 das Confissões de Fé de Westminster e de Londres de 1689, onde a doutrina da perseverança dos santos é tratada de maneira extensa.

7 A frase "é nascido de Deus" é traduzida do verbo *gegénnetai* no grego, que está no tempo perfeito, voz passiva. É traduzida corretamente na *English Standard Version*: "Everyone who believes that Jesus is the Cristo has been born of God..." [Todos que creem que Jesus é o Cristo nasceram de Deus]. Portanto, a obra da regeneração logicamente precede a fé e é causa e fundamento da mesma.

vontade do homem, mas de Deus" (João 1.13). A salvação não envolve apenas um ato da vontade humana, mas a transformação de uma natureza humana radicalmente depravada para uma nova criação.[8] É obra sobrenatural de Deus, pela qual o coração de pedra do pecador, hostil e não responsivo, é substituído por um novo coração vivo e responsivo, de carne.[9] Salvação não é o resultado da decisão de um malvado coração de voltar-se para Deus apenas pela insistência do pregador ou até mesmo das sugestões limitadas do Espírito Santo, mas é resultado de um novo nascimento radical. Por meio de uma obra cataclísmica do Espírito de Deus, o pecador tornou-se nova criatura, com novos afetos que o afastam do pecado e o aproximam de Deus. Se a salvação e sua continuidade nada mais fossem que uma mudança de vontade e uma resposta certa para com Deus, ela poderia ser facilmente desfeita por uma mudança contrária. Mas, se a salvação envolve a recriação da natureza de um ser humano, tornando-o nova criatura, então o desfazer ou a perda da salvação será impossível.

Segundo, temos de compreender algo da obra contínua da providência divina na vida dos verdadeiramente convertidos. Deus não apenas incita a pessoa a crer para então deixá-la fazer aquilo que ela quer. As Escrituras nos ensinam que o Deus que justifica é também quem santifica. Esta verdade é demonstrada de modo supremo na epístola de Paulo à igreja de Éfeso. Imediatamente após afirmar a grande doutrina da justificação somente pela graça e somente pela fé, no capítulo 2, Paulo volta a atenção do leitor à obra de Deus de santificação, que sempre acompanha a fé salvadora e é mais um resultado da graça: "Pois somos feitura dele, criados em Cristo Jesus para boas obras, as quais Deus de antemão preparou para que andássemos nelas" (2.10).

A pessoa que foi justificada pela graça mediante a fé torna-se feitura de Deus. Ela foi recriada em Cristo Jesus para realizar o bem que foi preparada para ela antes da fundação do mundo, segundo os eternos conselhos de Deus. Como Paulo escreveu aos crentes de Filipos, Deus não os salvou para então deixá-los a sós, sem rumo, mas está trabalhando neles "tanto *o querer* como *o realizar*, segundo a sua boa vontade"

---

8   2Coríntios 5.17.
9   Ezequiel 36.26.

(2.13, ênfase acrescida). Esta poderosa declaração prova que Deus não apenas tornou o crente em nova criatura, com novo afeto a influir sobre sua vontade, como também opera sobre a vontade do crente para que ele viva e trabalhe de acordo com a boa vontade de Deus. Essa maravilhosa obra divina foi base da inabalável confiança de Paulo quanto à salvação final e futura glorificação dos crentes de Filipos: "Estou plenamente certo de que aquele que começou boa obra em vós há de completá-la até ao Dia de Cristo Jesus" (1.6).

Terceiro, em qualquer discussão sobre a perseverança dos santos, temos de entender algo a respeito do propósito da salvação. Embora a obra de Deus de salvação seja *para o homem,* o bem estar do homem não é seu alvo principal ou bem maior. Ainda que seja um duro discurso para o homem moderno e até mesmo para os evangélicos contemporâneos, o fim principal de todas as coisas é a glória de Deus mediante a revelação de seu caráter e poder. Noutras palavras, Deus faz tudo que faz a fim de que sua grandeza e glória sejam reveladas às suas criaturas. Este é o propósito de todas as obras de Deus, mas especialmente de sua maior obra: a salvação dos homens por meio de Jesus Cristo. Será que Deus deixaria que fracassasse a maior demonstração de seu caráter e poder? Aquele que começou a obra da salvação deixaria de aperfeiçoá-la? Será que ele se exporia ao ridículo de seus inimigos, que dizem: "Não podendo o SENHOR fazer entrar este povo na terra que lhe prometeu com juramento, os matou no deserto" (Números 14.16)?

Para a sua glória, Deus não permitirá que a salvação falhe, nem mesmo para o mais fraco que crê. Porém, ele "fará com que a força do meu Senhor se engrandeça, como tens falado" (Números 14.17). Tomará seu povo do mundo e os conduzirá para si mesmo. Purificará de toda sua imundície e ídolos e lhes dará um novo coração em que escreverá suas leis. Porá neles o seu Espírito e fará com que andem em seus estatutos.[10] Ele fará aliança eterna com eles e não os deixará, porá o temor do Senhor em seus corações para que não se desviem dele. Eles serão seu povo, e ele será o seu Deus; se alegrará neles para fazer-lhes bem, e completará neles de coração e alma a sua obra.[11] "Que diremos, pois, à vista destas coisas? Se Deus é por nós, quem será contra nós?" (Romanos 8.31). A salvação não fracassará, pois

---

10 Jeremias 31.33; Ezequiel 36.22–27.
11 Jeremias 32.38–41.

não foi projetada para provar ou revelar nossa fidelidade e poder, e sim o poder e a fidelidade de Deus!

Quarto, precisamos entender que a doutrina da perseverança dos salvos tem sido grosseiramente obscurecida e exposta de maneira errônea por muitos dos que dizem crer nela. Muitos que acreditam na possibilidade do verdadeiro crente cair o fazem em reação àqueles que dizem se ater à doutrina da perseverança, no entanto ensinam toda espécie de erro em seu nome. A doutrina histórica da perseverança dos santos afirma a segurança eterna do filho de Deus. Porém, isso não é licença para o pecado, nem sustenta que pessoas ímpias e carnais serão salvas. Pelo contrário, sem vacilar, mantém as verdades bíblicas de que somente os que perseveram até o fim serão salvos, e que sem a santificação que conduz à santidade, ninguém verá o Senhor.[12]

O evangelicalismo contemporâneo tem sido afetado totalmente por um ensino "uma vez salvo é salvo para sempre", que argumenta a possibilidade de salvação sem santificação. No nome de defender as doutrinas da *sola gratia* (somente a graça) e *sola fide* (somente a fé), muitas pessoas evangélicas da liderança da igreja argumentam apaixonadamente pela salvação de um indivíduo que uma vez professou crer em Cristo, mas agora o nega ou continua professando ter fé em Cristo, mas permanece carnal, mundano e apático em relação a Deus. Dizem que exigir qualquer marca de transformação ou medida de santificação seria acrescentar obras à fé, e essencialmente negar o evangelho cristão.

O problema com esse argumento é que demonstra ignorância da natureza da fé, do poder da regeneração e da divina promessa de uma obra contínua da providência. Primeiro, temos de reconhecer que a genuína fé é evidenciada pelas obras. De acordo com as Escrituras, é impossível ter uma fé salvadora que não tenha impacto observável sobre a conduta de vida de uma pessoa. Tiago 2.17–20 afirma:

> Toda boa dádiva e todo dom perfeito são lá do alto, descendo do Pai das luzes, em quem não pode existir variação ou sombra de mudança. Pois, segundo o seu querer, ele nos gerou pela palavra da verdade, para que fôssemos como que primícias

---

12 Mateus 24.13; Marcos 13.13; Hebreus 12.14.

das suas criaturas. Sabeis estas coisas, meus amados irmãos. Todo homem, pois, seja pronto para ouvir, tardio para falar, tardio para se irar. Porque a ira do homem não produz a justiça de Deus.

Da mesma forma, uma pessoa que faz confissão para a salvação de Jesus como Senhor, prova isso pelo fruto de sua vida.[13] As Escrituras nos dão a promessa de que se com nossa boca confessarmos que Jesus é o senhor e se crermos em nosso coração que Deus o ressuscitou da morte, seremos salvos.[14] Porém, Cristo mesmo adverte que qualquer confissão de seu senhorio que não seja acompanhada por fazer a vontade do Pai é absolutamente vazia e sem poder de salvar.[15] Tais conclusões não se baseiam em meras inferências, mas sobre o claro ensinamento da Escritura.

Segundo, temos de entender que toda a salvação é dom e resultado da obra regeneradora do Espírito Santo.[16] No momento da conversão, o Espírito, que transmite ao crente a fé salvadora, também regenera seu coração, tornando-o nova criatura, que vive para Deus e possui novo afeto por Deus e pela piedade.[17] Necessariamente, o resultado desta obra sobrenatural é um coração transformado, que conduz a mudanças no pensamento e na conduta do cristão.

Terceiro, novamente temos de notar que a salvação vem acompanhada da promessa da obra contínua da providência de Deus, que resulta na santificação progressiva de todo crente.[18] Deus não salva para então abandonar. Ele não adota para em seguida negligenciar.[19] Não é um Pai que desampara.[20] Não é artífice incapaz de terminar a obra iniciada.[21] Temos de nos lembrar sempre de que a salvação é vista em três tempos, e que Deus é autor e aperfeiçoador de cada um.[22] Ele nos salvou da condenação do pecado pela justificação, e atualmente está nos salvando

---

13 Mateus 7.20; Lucas 6.46.
14 Romanos 10.9.
15 Mateus 7.21.
16 João 3.3, 5; Efésios 2.8-9.
17 2Coríntios 5.17; Efésios 2.5.
18 Romanos 8.28–31; Filipenses 1.6.
19 Romanos 8.14–16; Gálatas 4.4–6.
20 Hebreus 12.5-8.
21 Efésios 2.10; Filipenses 1.6
22 Hebreus 12.2.

do poder do pecado pela santificação progressiva, e nos salvará dos efeitos e da presença do pecado pela nossa futura glorificação. Esta não é apenas uma possibilidade esperançosa na vida do crente, mas absoluta certeza. Por esta razão, o apóstolo Paulo escreveu em Romanos 8.28-31:

> Sabemos que todas as coisas cooperam para o bem daqueles que amam a Deus, daqueles que são chamados segundo o seu propósito. Porquanto aos que de antemão conheceu, também os predestinou para serem conformes à imagem de seu Filho, a fim de que ele seja o primogênito entre muitos irmãos. E aos que predestinou, a esses também chamou; e aos que chamou, a esses também justificou; e aos que justificou, a esses também glorificou. Que diremos, pois, à vista destas coisas? Se Deus é por nós, quem será contra nós?

A doutrina da perseverança dos santos não é licença para pecar ou meio de dar falsa segurança da salvação para o carnal e impiedoso. Sim, a doutrina afirma que Deus guarda aqueles a quem salva, mas afirma também que ele transforma aqueles que ele guarda. O crente autêntico tem segurança da salvação, não somente por ter feito uma profissão de fé no passado, mas também pela obra contínua de Deus em sua vida, a qual continua a transformá-lo à imagem de Cristo. A pessoa que professa ter fé em Cristo, mas não dá evidência dessa fé, da obra divina da regeneração ou da contínua obra da providência divina, terá pouca segurança de vida eterna. Isso não será por ela ter perdido a salvação que antes possuía, mas porque demonstrou que nunca possuiu essa salvação que reivindica.

Em 1João 2.19, o apóstolo escreve sobre um grupo de pessoas que outrora professou ter fé em Cristo, mas que agora demonstrava sua perdição ao se afastar das doutrinas fundamentais da fé cristã e da comunhão da igreja. Porém, deixa claro que eles não perderam a salvação. Sua "saída" provou que nunca foram realmente salvos. A sua linguagem é exata: "Eles saíram de nosso meio; entretanto, *não eram dos nossos*; porque, se tivessem sido dos nossos, teriam permanecido conosco; todavia, eles se foram para que ficasse manifesto que nenhum deles é dos nossos" (ênfase do autor).

Este texto nos oferece um correto equilíbrio bíblico quanto à segurança do crente e a possibilidade de apostasia. Por que esses indivíduos caíram? João deixa claro que embora fossem identificados com Cristo e sua igreja, jamais foram realmente *de* Cristo ou *do seu povo*. Como tantos através da história da igreja, eles tinham assumido as vestes e aprendido a linguagem do cristianismo, mas jamais experimentaram o seu poder.[23] Não retornavam ao que eram antes, mas demonstraram ser o que sempre foram. O cão que retorna ao próprio vômito mostra que nunca foi algo diferente de um cachorro, ainda que professasse ser outra coisa. A porca que volta a chafurdar na lama demonstra que qualquer banho que tenha recebido era somente externo. Embora aparentemente fosse limpa por fora, nunca teve senão a natureza de um suíno.[24] Aquele que professa a Cristo e comunga com seu povo para então permanentemente se desviar de ambos, não reverteu a ser a pessoa que era antigamente, mas simplesmente removeu sua roupa de ovelha para revelar a sua verdadeira natureza, a qual jamais foi transformada.

EXAME PESSOAL

Crentes autênticos não caem. Porém, muitos que confessam a Cristo e até mesmo se identificam com a igreja não são crentes autênticos. Acabam se desviando da igreja bíblica e demonstram sua verdadeira condição. Porém, nesta questão, a igreja evangélica tem falhado com a maioria de seus congregados. Quando a Palavra de Deus não é exposta de modo a afetar a consciência, e quando a igreja é organizada para satisfazer os desejos carnais do mundo, então os não convertidos não são compelidos a sair, mas permanecem confortavelmente na igreja enquanto continuam rumo ao inferno. Este é o triste estado do que acontece na chamada igreja evangélica. Em nome de tantas coisas mal interpretadas e mal aplicadas, tais como amor, aceitação e inofensividade, os não convertidos prosperam no meio da congregação. E o tempo todo, o profeta desencaminhado grita: "Paz, paz, quando não há paz" (Jeremias 6.14; 8.11).

Se for haver uma mudança, ela tem de começar com um reavivamento entre os pastores do povo de Deus. Pastores precisam pregar todo o conselho da Palavra

---
23 2Timóteo 3.5
24 2Pedro 2.22.

de Deus à consciência de seus ouvintes. Têm de tornar conhecido o evangelho em toda sua escandalosa glória, expondo a santidade de Deus, expondo a depravação do homem, apontando para a cruz do Calvário, e ordenando aos homens em todo lugar que se arrependam e creiam no evangelho. Têm de instar o povo de Deus a uma vida de santidade, desdém pelo mundo, desinteresse por si mesmo, serviço sacrificial, tendo sempre em vista a eternidade. Somente então é que os não convertidos entre nós serão despertados de seu sono. Sim, alguns acordarão com ódio do pregador e sua mensagem, mas outros despertarão quebrantados ante o pecado e tendo fé para a vida eterna.

Depois de tratar dos pastores, agora precisamos levar a atenção aos que se assentam diante deles a cada Dia do Senhor. Como é que responderíamos se nosso pastor se arrependesse de sua entrega infiel do ofício e começasse a pregar fielmente as Escrituras, no poder do Espírito Santo? Regozijaríamos ou lutaríamos contra ele até ganhar o caso e conseguir que ele fosse mandado embora? Ou, não encontrando uma maioria impiedosa que se posicionasse conosco, será que responderíamos como os homens de quem João escreve? Será que deixaríamos pastor e congregação em reforma e provaríamos assim que nunca fomos realmente parte da igreja e nunca realmente pertencemos a Cristo?

Estas são duras palavras que muitos pensam, mas poucos ousam falar. O que faríamos se a igreja não fosse mais focada em nós e nossas necessidades sentidas, mas na glória de Deus e de seu Cristo? Como responderíamos à pregação bíblica dirigida à nossa consciência? Qual seria nossa reação se a diversão fosse destronada, e a adoração simples e de coração fosse colocada em seu lugar? Como seria nosso voto se os programas fossem substituídos por reuniões de oração e cultos domésticos? O que faríamos se todos resolvessem que ser relevante e contextual não é tão importante quanto simplesmente agradar a Deus? Se renascesse um cristianismo bíblico e vibrante no meio de nossa congregação, para onde iríamos? O que faríamos? O apóstolo João nos diz neste texto que a nossa resposta seria grande indicador da autenticidade de nossa profissão.

CAPÍTULO 10

CONFESSAR CRISTO

Quem é o mentiroso, senão aquele que nega que Jesus é o Cristo? Este é o anticristo, o que nega o Pai e o Filho. Todo aquele que nega o Filho, esse não tem o Pai; aquele que confessa o Filho tem igualmente o Pai. Permaneça em vós o que ouvistes desde o princípio. Se em vós permanecer o que desde o princípio ouvistes, também permanecereis vós no Filho e no Pai. — 1João 2.22–24

Amados, não deis crédito a qualquer espírito; antes, provai os espíritos se procedem de Deus, porque muitos falsos profetas têm saído pelo mundo fora. Nisto reconheceis o Espírito de Deus: todo espírito que confessa que Jesus Cristo veio em carne é de Deus; e todo espírito que não confessa a Jesus não procede de Deus; pelo contrário, este é o espírito do anticristo, a respeito do qual tendes ouvido que vem e, presentemente, já está no mundo. — 1João 4.1–3

Nisto conhecemos que permanecemos nele, e ele, em nós: em que nos deu do seu Espírito. E nós temos visto e testemunhamos que o Pai enviou o seu Filho como Salvador do mundo. Aquele que confessar que Jesus é o Filho de Deus, Deus permanece nele, e ele, em Deus. — 1João 4.13–15

O propósito da primeira epístola de João é auxiliar os crentes a adquirir uma segurança bíblica com respeito a seu relacionamento com Deus, por meio de Cristo e seu estado eterno. Porém, ao lermos a carta, descobrimos também que falsos mestres haviam entrado na congregação e estavam criando dúvidas quanto a algumas das verdades fundamentais do Cristianismo. Dos textos de abertura deste capítulo, podemos discernir alguns desses erros que estavam sendo propagados:

- Negavam que Jesus fosse o Cristo.
- Negavam que Jesus Cristo tinha vindo em carne.
- Negavam que Jesus fosse o Filho de Deus.

Destas três negações, e de outras evidências nesta carta, parece que esses falsos mestres eram gnósticos, ou que pelo menos seus ensinamentos representavam os estágios iniciais da religião que acabou sendo conhecida como o gnosticismo. Tais títulos são derivados da palavra grega *gnosis*, que significa "conhecimento". Embora o conhecimento seja um aspecto essencial do cristianismo, os gnósticos alegavam possuir um conhecimento especial, que se originava fora das Escrituras e era contrário a elas. Seu ensinamento central era que o espírito era bom e a matéria era má. Desse dualismo nada bíblico, resultaram diversos erros fatais, tornando o gnosticismo uma das mais perigosas heresias que a igreja primitiva confrontava.[1] Primeiro, de acordo com os gnósticos, o corpo humano era material e portanto, mau. Em contraste, Deus era puro espírito e portanto, bom. Segundo, para ser salvo, a pessoa tinha de fugir do corpo, não pela fé em Cristo, mas por especial revelação que somente os gnósticos conheciam. Terceiro, como o corpo era mau, alguns gnósticos afirmavam que ele deveria ser privado por meio de um estilo de vida ascético. Porém, outros afirmavam que o corpo não era importante, e portanto, podiam ceder sem restrições a qualquer forma de imoralidade.

João trata muitas dessas heresias por toda a primeira epístola, assim como faz o apóstolo Paulo no livro de Colossenses. Embora seja além do âmbito de nosso estudo considerar cada detalhe, duas heresias são de interesse especial a nosso estudo. Cada um trata da natureza exata da pessoa de Jesus Cristo e o que devemos crer a respeito dele para que sejamos salvos.

A primeira heresia gnóstica é chamada de Docetismo. Esse nome é derivado do verbo grego *dokéo*, que significa "parecer", ou "ter aparência". Como os gnósticos acreditavam na maldade inerente do corpo material, era necessário que negassem a encarnação e ensinassem que o Cristo divino apenas "parecia" ou

---

1 Dualismo é a divisão conceitual de algo em dois aspectos opostos ou contrastados, ou o estado de ser assim dividido. Na filosofia, o dualismo se refere a qualquer sistema de pensamento que considere a realidade em termos de dois princípios independentes —material e imaterial, ou matéria e espírito.

"tinha aparência" de possuir um corpo. A segunda heresia é similar. É chamada de Cerintianismo, segundo o seu mais proeminente porta voz, Cerinto. Ele ensinava que o espírito do divino Cristo desceu do céu sobre o homem Jesus de Nazaré no momento de seu batismo e que o Cristo abandonou a Jesus e ascendeu ao céu antes de morrer no Calvário. Em suma, o ensino gnóstico negava a encarnação do eterno Filho de Deus e dizia que o homem Jesus e o Cristo eram dois entes separados, negando assim que Jesus fosse o Cristo, Filho de Deus.

A aplicação contemporânea de tudo isso que aprendemos é simplesmente esta: uma pessoa não é cristã a não ser que creia e confesse que Jesus de Nazaré é o eterno Filho de Deus; que ele deixou de lado sua glória celestial e foi concebido pelo Espírito Santo no ventre de uma virgem; que nasceu em Belém como Deus encarnado; que era plenamente Deus e plenamente homem. Que era o Cristo predito pela Lei e pelos Profetas; e que ele é o Salvador do mundo. Qualquer desvio dessas verdades essenciais quanto à pessoa de Jesus Cristo desqualifica qualquer confissão cristã assim chamada, não obstante sua aparente sinceridade e zelo por boas obras.

O QUE VOCÊ PENSA DE CRISTO?

John Newton escreveu o hino "O que pensais de Cristo?", enquanto pastoreava em Olney, Inglaterra, e tem uma aplicação particular a estas passagens de 1João 4:

> O que pensais de Cristo é o teste, que investiga tanto vosso estado quanto vosso esquema;
> Não podeis estar corretos no restante
> Até que pensais corretamente sobre ele.
> Como Jesus parece à vossa vista,
> Conforme ele é ou não amado,
> Assim Deus se dispõe a vós,
> E será vossa sina misericórdia ou ira.
> Alguns o julgam ser criatura,

> Homem ou no máximo um anjo,
>
> Mas tais não têm sentimentos como eu,
>
> Nem se conhecem desprezíveis e perdidos.
>
> Tão culpado, tão incapaz sou eu,
>
> Não ouso confiar em seu sangue,
>
> Nem depender de sua proteção
>
> A não ser que eu esteja certo de que ele é Deus.[2]

Começaremos com uma declaração que poderia ser considerada um tanto radical ou mesmo de vanguarda para muitos da comunidade evangélica — o *cristianismo trata da pessoa e obra de Jesus Cristo*. Se a igreja evangélica estivesse mais saudável, ou pelo menos mais focada nas Escrituras, essa declaração não seria necessária. Porém, é necessária, e deverá ser o tema constante de toda pessoa da igreja que deseja reforma e reavivamento. Deverá ser nossa máxima mais cara e mais frequentemente repetida: O cristianismo em sua forma mais verdadeira e mais primitiva é uma religião fundamentada e enfocada em Cristo: "Porque ninguém pode lançar outro fundamento, além do que foi posto, o qual é Jesus Cristo" (1Coríntios 3.11).

Hoje a igreja precisa atender os versos de John Newton; são necessários para nosso mal atual. Newton estava certo em tudo quanto à supremacia de Cristo. Ele é suprema revelação de Deus e o campeão de sua maior obra. Assim, nossa opinião sobre Cristo é o teste pelo qual a validade de nossa confissão cristã é provada. Nada em todas as nossas confissões, identificações ou obras terá algum valor ou utilidade se primeiramente nós não tivermos uma opinião correta a respeito de Cristo. De fato, toda a disposição de Deus para conosco é determinada pela nossa disposição para com seu Filho.

Dois aspectos da pessoa de Cristo são apresentados nas Escrituras com tamanha clareza que negá-los seria negar as Escrituras e tornar-se anticristo. Essas duas características são mais diferentes que dia e noite; são opostas, sem ligação entre elas, exceto quanto à pessoa de Cristo. Somente nele é que a divindade e a

---

[2] Todd Murray, "What Think You of Christ?" em *Beyond Amazing: The Forgotten Hymns of John Newton*, disco compacto. Todd Murray tem reproduzido cânticos seletos do *Olney Hymnal*, que foi publicado por John Newton em 1779.

humanidade habitam juntas e se interligam, sem confundir as duas naturezas ou também diminuir qualquer uma delas.

O Redentor tinha de ser homem, pois foi o homem que transgrediu a lei e, por isso, teria de morrer. Se todo animal limpo que tivesse nascido fosse sacrificado em seu estado imaculado, o sangue de todos eles não poderia vigorar contra nossa mancha: "porque é impossível que o sangue de touros e de bodes remova pecados" (Hebreus 10.4). Tivessem todos os anjos do céu tomado posição para entregar suas vidas livre e plenamente para nossa redenção, não teriam nenhum valor, pois o Redentor tinha de vir de nossa estirpe — carne da nossa carne e osso de nossos ossos. Para que Cristo fosse nosso parente redentor, tinha de ser da nossa espécie.[3]

Sendo assim, nosso Redentor foi plenamente homem, mas não somente um homem. Era necessário que ele fosse também Deus em todos os sentidos do termo, de todos os ângulos e pontos de vista, e em todas as categorias, sem exceção. Não podemos dar todas as razões para esta necessidade, mas poderemos considerar pelo menos três delas. Primeiro, somente Deus é Salvador, e ele não compartilha este título com mais ninguém. Deus reivindicou a redenção como sendo prerrogativa da divindade ao declarar por intermédio do profeta Isaías: "Eu, eu sou o SENHOR, e fora de mim não há salvador" (Isaías 43.11). Assim, se Cristo é nosso Redentor, ele tem de ser Deus. Se ele não for Deus, então ele não é o Redentor, e ainda estamos perdidos no pecado e somos os mais miseráveis entre os homens.[4]

Segundo, a magnitude da obra de redenção exigia a divindade. A criação do nada[5] requeria gênio e poder muito além de tudo que pudéssemos imaginar, contudo, era algo pequeno se comparado à nossa redenção. Não foi necessário qualquer esforço ou sacrifício da parte de Deus para criar um mundo do nada. Ele não gastou energia que exigisse recuperação, e não sentiu fraqueza quando a obra estava completa. O que ele fez, ele o fez sem nenhum esforço. Descansou

---

[3] Levíticos 25.25; Rute 2.1, 20.
[4] 1Coríntios 15.19.
[5] As Escrituras ensinam que Deus criou o mundo do nada (Hebreus 11.3). Ele não emprestou a matéria de alguma outra fonte para formar o mundo. Pelo contrário, ele falou e a matéria passou a existir.

no sétimo dia, não para recuperar algo perdido, mas para ter prazer em algo obtido — um novo mundo bom e belo tirado do nada por uma só palavra. Porém, na cruz, a Divindade fez seu maior sacrifício, e, no madeiro, o Criador envolto em carne foi gasto e desgastado. A Divindade foi forçada, coagida, e o céu foi a bancarrota para pagar o preço. Quem, senão Deus, poderia realizar tal obra? Quem, senão Deus, poderia pagar tal resgate? Nossa quebra da lei requeria pagamento além do valor combinado de um número infinito de mundos e tudo que eles pudessem conter. Até mesmo a morte de uma legião de serafins não teria melhorado nossa condição diante do tribunal da justiça divina. O sacrifício de uma pessoa de valor infinito foi requerido para nos redimir da maldição e penalidade da lei. Se Cristo não tivesse sido plenamente divino, não poderia ter pago tal preço.

Terceiro, nossa total depravação exigia que nosso Redentor fosse Deus. Isso prova que necessitamos mais que remédio humano ou guia moral. Precisamos de Deus! Qualquer que pense que possa ser salvo por alguém menor que Deus não tem entendimento da profundidade de sua própria depravação e quebra da lei. Está cego quanto à escura realidade do seu pecado e surdo ao que permanece de sua consciência. Terá de ser acordado a uma malignidade, que requer uma cura além de tudo e todos exceto Deus, para quem nada é impossível.[6]

Se fizermos uma avaliação honesta de nós mesmos — nossos pensamentos mais íntimos, escondidos, palavras proferidas em segredo — seríamos humilhados e envergonhados conforme convém. Se apenas reconhecêssemos que os nossos crimes não permitem nossa absolvição, mesmo perante um magistrado humano benigno ou um júri de amigos mais chegados, saberíamos o que é temor do evangelho. Se apenas parássemos de ignorar ou de fazer revisões da história tempo suficiente para considerar os pecados de nossos pais, descobriríamos que propagamos os seus pecados de forma modificada e mais sofisticada. Se parássemos com nossa obnóxia autoadulação, e com a nossa celebração contínua do potencial quase nunca realizado um do outro, veríamos que nosso otimismo foi construído sobre um fundamento tão etéreo quanto

---

6 Jeremias 32.27; Lucas 1.37.

uma teia de aranha. Se apenas reconhecêssemos que a morte e a sepultura virão a todos nós, saberíamos que necessitamos mais que ensinamentos morais de um sábio humano para nos salvar e endireitar nosso mundo. Precisamos do Deus contra o qual pecamos para pagar o preço por nossa redenção. O Deus que nos criou tem de ser o Deus que nos recria.

Ah, que o mundo inteiro pudesse ver a si mesmo pela lente da Escritura, adotando a antropologia de Newton e do apóstolo Paulo, os quais viam a si mesmos como moralmente miseráveis, não fosse a graça salvadora e transformadora de Deus![7] Então, as pessoas veriam que, a não ser que Cristo seja Deus no sentido mais pleno do termo, ele não possui suficiente mérito ou poder de resgatá-los.

QUEM VOCÊ DIZ QUE É ELE?

Em um ponto de virada no ministério de Jesus, ele perguntou aos discípulos: "Quem diz o povo ser o Filho do Homem?" Em resposta a essa pergunta, o apóstolo Pedro declarou: "Tu és o Cristo, o Filho do Deus vivo" (Mateus 16.13–17). Disso, entendemos que, embora seja essencial compreender corretamente e crer no que Jesus fez, também precisamos entender e crer corretamente em quem ele era e é. Tal verdade, combinada ao que juntamos de 1João 4, nos instrui que se cremos que o homem Jesus seja qualquer coisa menos que Cristo e Deus encarnado, não somos cristãos.

A igreja verdadeira está repleta de toda espécie de crentes: maduros e imaturos, acadêmicos e trabalhadores mais simples, mestres e estudantes. Admite-se que alguns são mais cultos que outros quanto às grandes verdades da pessoa de Cristo e mais hábeis na exposição das mesmas. No entanto, mesmo o mais destreinado entre o povo de Deus crê na verdade de que Jesus é *a única* pessoa da história, o Filho eterno de Deus, que se fez carne e habitou entre nós.[8] Por causa das promessas da nova aliança, e como resultado do novo nascimento, todo o povo de Deus, desde o menor até o maior, será ensinado por Deus e o conhecerá.[9]

---

[7] Newton deu sua opinião de si nas famosas palavras, "Surpreendente graça! Quão doce o som que salvou um desgraçado como eu!" O apóstolo Paulo pintou seu autorretrato em Romanos 7.24: "Miserável homem que sou! Quem me livrará desse corpo de morte?".
[8] João 1.14; Hebreus 2.14.
[9] João 6.45; Jeremias 3.34.

A marca distintiva de qualquer religião fora do cristianismo e de toda seita que diz se identificar com o cristianismo é a negação sobre alguma coisa a respeito da pessoa de Cristo. Porém, Deus fará com que essas heresias não prevaleçam entre seu povo. Mesmo aqueles crentes que se encontram nos lugares mais remotos do mundo têm um entendimento primitivo, mas certo, de que Cristo é ambos: Deus e homem. Embora eles talvez não consigam explicar como essas duas naturezas existam numa só pessoa sem confundir nem diminuir qualquer das duas, sabem que Jesus é divino e humano no senso mais completo dos termos, e recusam a ter comunhão com os que ensinam de outra maneira.

Fechando este estudo, voltamos nossa atenção a nós mesmos, fazendo uma aplicação apropriada: O que você pensa de Cristo e o que você diz a respeito dele? Você só pode ter segurança da salvação na medida em que reconhece a divindade e a humanidade de Cristo, e mantendo as duas coisas no mais alto valor. Não é possível pensar alto demais sobre Cristo ou louvá-lo além do que ele merece. Porém, muitos hoje que professam Cristo e se identificam como cristãos, são traídos por ideias baixas demais quanto a quem ele é. Embora confessem corretamente tanto sua divindade quanto sua humanidade, são demasiadamente indiferentes na atitude para com ele e frívolos quanto ao que dizem. Temos de ter cuidado para que Cristo não passe a ser comum demais para nós. Temos de nos preocupar por nossa alma se ele não inspira reverência e profundo respeito em nós.

Há pouca evidência de que uma pessoa tenha sido ensinada por Deus se ela pensa de Cristo de maneira contrária à Escritura. Há pouca evidência de que uma pessoa tenha sido regenerada pelo Espírito Santo se as grandes verdades a respeito de Cristo não inspiram maior amor, reverência e devoção prática. É uma declaração confiável, merecedora de plena aceitação, que a regeneração sempre conduzirá ao pensamento correto a respeito de Cristo e correspondente afeto por ele.

CAPÍTULO 11

PURIFICAR A SI MESMO

Vede que grande amor nos tem concedido o Pai, a ponto de sermos chamados filhos de Deus; e, de fato, somos filhos de Deus. Por essa razão, o mundo não nos conhece, porquanto não o conheceu a ele mesmo. Amados, agora, somos filhos de Deus, e ainda não se manifestou o que haveremos de ser. Sabemos que, quando ele se manifestar, seremos semelhantes a ele, porque haveremos de vê-lo como ele é. E a si mesmo se purifica todo o que nele tem esta esperança, assim como ele é puro.
– 1João 3.1–3

Neste texto, João volta a atenção para a grande importância da pureza moral na vida cristã. Suas palavras, cuidadosamente elaboradas, demonstram que a pureza não é apenas uma opção para o cristão, mas uma das maiores evidências da conversão. Sabemos que realmente fixamos nossa esperança para a salvação sobre Cristo, se nossas vidas forem marcadas por uma busca por santidade pessoal — se procuramos nos purificar como ele é puro.

Ao considerarmos este texto, devemos ter em mente que os falsos mestres que se infiltraram na igreja acreditavam que o corpo físico era mau e de pouca consequência nas questões religiosas. Assim, eles se entregavam aos desejos carnais e ensinavam outros a fazer o mesmo sem reservas. A vida deles era marcada por amor pelo mundo, "a concupiscência da carne, a concupiscência dos olhos, e a soberba da vida" (1João 2.15–16). Viravam sua suposta liberdade em oportunidade para a carne e desdenhavam aqueles que procuravam a santificação bíblica,[1] considerando-os não iniciados, não instruídos, e presos ao legalismo.

Não é exagero dizer que encontramos um paralelo a esse desdém pela santidade no evangelicalismo contemporâneo. Embora não estejamos infestados pelos gnósticos, contra os quais João escreveu esta epístola, estamos inundados pelo mundanismo, e muitos de nós parecem ter adquirido certo desdém por qualquer ensinamento que restrinja a carnalidade e promova a pureza moral.

Em nome da graça, algumas pessoas ignoram, reinterpretam ou negam de cara os mandados bíblicos quanto à santidade. Os que lutam por maior santidade ou pureza pessoal mais refinada, frequentemente são rotulados de fanáticos, legalistas, superespirituais, ou *mais-santo-que-Deus*.

Ao se contrapor a esse ensino herético, o apóstolo destaca a santidade como característica distintiva de Jesus Cristo e do verdadeiro cristão. De acordo com João, todo aquele que realmente fixa sua esperança sobre Cristo "purifica a si mesmo, assim como ele é puro" (1João 3.3). Embora a pureza pessoal nunca seja completa deste lado da glória, e embora este não seja um meio para obter uma boa situação diante de Deus, ela é grande evidência de que a pessoa conhece a Deus pela obra regeneradora do Espírito Santo e fé em Cristo. Os que foram salvos pela graça mediante a fé se tornaram feitura de Deus. Essa feitura é manifesta na conformidade do crente ao caráter de Deus, do qual a marca mais distinta é a santidade. "Porque escrito está: Sede santos, porque eu sou santo" (1Pedro 1.16).

Embora precisemos evitar o legalismo na igreja, temos de recuperar uma visão bíblica de pureza moral. Muitos descrentes rejeitaram a mensagem do evangelho ou não deram sequer ouvidos a ele devido ao testemunho arruinado daqueles que dizem tê-lo assumido. Além do mais, a igreja sofre de numerosos males que provêm da falta de santidade, tais como alienação de Deus, ausência da manifestação de sua presença e uma escassez de vida e poder espiritual. Finalmente, e mais tragicamente, numerosos indivíduos que têm confiança de possuírem vida eterna, mesmo que não tenham base bíblica para essa segurança, enchem os bancos de nossas igrejas. A procura da santidade e a ideia de se

---

1 Gálatas 5.13; Hebreus 12.14.

disciplinarem com o propósito da piedade são estranhas a eles.² Jamais foram advertidos ou instruídos na verdade de que uma das grandes marcas de conversão é um anseio por pureza pessoal, que conduz a uma busca autêntica e repetitiva por ela. São *desinstruídos*, e, portanto, inconscientes da verdade de que, sem a santidade, ninguém verá o Senhor.³

A VISÃO CRISTÃ DA PUREZA

Neste texto, as palavras "puro" e "purifica" derivam da mesma raiz grega. O adjetivo "puro" é traduzido da palavra grega *hagnos*, denotando que a pessoa ou coisa seja pura, santa, casta ou inocente. O verbo "purifica" é traduzido da palavra grega *hagnízo*, que significa tornar puro, purificar ou limpar. Embora o Novo Testamento use essa palavra com referência à purificação cerimonial,⁴ ela também denota uma limpeza interna e pessoal. Na sua carta aos crentes espalhados da igreja primitiva, Tiago conclama os pecadores a limpar as mãos e purificar os corações para que se acheguem a Deus.⁵ Na sua primeira epístola, o apóstolo Pedro descreve os cristãos como os que purificaram a alma em obediência à verdade.⁶ No texto que está diante de nós, o apóstolo João descreve o crente autêntico como quem purifica a si mesmo, assim como Cristo é puro.

Note que o verbo no grego traduzido "purifica" está no presente, indicando uma ação contínua. Assim, toda a frase pode ser traduzida: "E todos quantos têm essa esperança firmada sobre ele estão se purificando, assim como ele é puro". Daqui, aprendemos que o avanço do crente em pureza pessoal não é necessariamente ou mesmo primariamente o resultado de alguma experiência momentânea, mas um processo que continua desde o momento da conversão até glorificação final no céu. É por isso que os teólogos e expositores muitas vezes se referem ao crescimento do crente na pureza como *santificação progressiva*. É verdade que Deus pode usar acontecimentos em nossas vidas, experiências pessoais em oração, ou a obra incomum do reavivamento para nos fazer avançar a passos mais rápidos. Porém,

---

2 1Timóteo 4.7; 6.11; 2Timóteo 2.22.
3 Hebreus 12.14.
4 João 11.55; Atos 21.24, 26
5 Tiago 4.8.
6 1Pedro 1.22.

o crescimento em santidade do crente é, sobre tudo, resultado da obra da providência progressiva de Deus e a luta dia a dia do crente em busca de maior pureza mediante a Palavra de Deus, oração e separação do mundo para Deus.

Observe também que o verbo "purifica" é seguido pelo pronome reflexivo "a si mesmo", indicando que o sujeito age sobre si em vez de algo atuar sobre ele. Noutras palavras, aquele que está sendo purificado é quem está fazendo o trabalho de purificação. Isso não nega a participação de Deus em nossa santificação, mas é prova de que a santificação é *sinergística*, o que quer dizer que há uma interação ou cooperação entre dois ou mais agentes para produzir um efeito conjunto. Embora nossa regeneração seja *monergística*, ou obra somente de Deus, a nossa santificação é sinergística, o resultado da obra de Deus com a cooperação do crente. Esta verdade é apresentada de modo belo no encorajamento e exortação que Paulo faz à igreja de Filipos: "Assim, pois, amados meus, como sempre obedecestes, não só na minha presença, porém, muito mais agora, na minha ausência, *desenvolvei a vossa salvação* com temor e tremor; porque Deus é quem efetua em vós tanto o querer como o realizar, segundo a sua boa vontade" (Filipenses 2.12, ênfase acrescida).

Purificação, ou santificação, é um trabalho sinergístico, em que Deus e o crente participam ativamente para alcançar o alvo desejado: a conformidade do crente à imagem de Cristo. Deus predestinou e dirige o caminho desta obra pela habitação de seu Espírito e pelos multiformes atos de providência. A iniciativa e participação de Deus garantem ao crente avanço em santidade, e é a base para a ousada confiança de Paulo de que aquele que começou em nós a boa obra a aperfeiçoará até o dia de Cristo Jesus. Ao mesmo tempo, as Escrituras reconhecem que a santificação do crente depende também de sua participação pessoal. Conquanto Deus opere purificando de toda imundície e idolatria, o crente é também conclamado a purificar a si mesmo como Cristo é puro e limpar-se de toda imundície da carne e do espírito, aperfeiçoando sua santidade no temor de Deus.[7]

Reconhecendo o elemento humano de nossa santificação, o leitor contemporâneo poderá perguntar: "Isso não seria uma prova de que alguns crentes

---

7 Ezequiel 36.25; 2Coríntios 7.1.

autênticos passem sem a santificação ou que permaneçam carnais, com pouco progresso em santidade?" Novamente, esta pergunta mostra a ignorância da natureza da salvação. Primeiro, o desejo do crente por santidade é resultado do novo nascimento. Ele se tornou filho de Deus, uma nova criatura com novos afetos fixos na justiça. Ainda que haja grandes lutas contra a carne, o mundo e o adversário, esses novos afetos por Deus levarão todo crente a maior desdém pelo mundo e maior atração à santidade. Segundo, nunca podemos nos esquecer de que Deus está operando em todo crente, "porque Deus é quem efetua em vós tanto o querer como o realizar, segundo a sua boa vontade" (Filipenses 2.12-13). Ele conforma a vontade do crente à sua própria e ainda o fortalece para realizar essa vontade. Ele provê a inclinação como também o poder; ele guia e vivifica. Por fim, nunca devemos nos esquecer de que Deus prometeu sempre ser vigilante sobre seus filhos. Ele não os abandonará à impiedade nem será frouxo na sua disciplina amorosa e cheia de bons propósitos. Por esta razão, o autor de Hebreus escreve:

> Porque o Senhor corrige a quem ama e açoita a todo filho a quem recebe. É para disciplina que perseverais (Deus vos trata como filhos); pois que filho há que o pai não corrige? Mas, se estais sem correção, de que todos se têm tornado participantes, logo, sois bastardos e não filhos. Além disso, tínhamos os nossos pais segundo a carne, que nos corrigiam, e os respeitávamos; não havemos de estar em muito maior submissão ao Pai espiritual e, então, viveremos? Pois eles nos corrigiam por pouco tempo, segundo melhor lhes parecia; Deus, porém, nos disciplina para aproveitamento, a fim de sermos participantes da sua santidade. (12.6-10)

A santificação progressiva é uma característica encontrada na vida de todos que são verdadeiramente convertidos. Discutiremos isso mais detalhadamente na conclusão do capítulo, mas o leitor deverá agora mesmo manter em mente que o cristão autêntico será marcado não só pela submissão à obra de Deus de santificação em sua vida, mas que também participará ativamente nesta obra, mediante os recursos que as Escrituras providenciam a ele.

O MEIO CRISTÃO PARA A PUREZA

A direção de Deus e sua participação na santificação do crente não é base para ser negligente ou preguiçoso, mas um chamado e encorajamento ao dever. Como Deus opera em nós, temos a segurança de que nossa luta não será em vão. Não temos desculpas para a passividade, mas toda razão para uma busca zelosa por pureza. Temos de estar apaixonados, sérios e focados em nossa luta por santidade. Como o apóstolo Paulo encorajou a Timóteo, temos de nos disciplinar e exercitar fortemente com o propósito de piedade.[8]

De acordo com as Escrituras, Deus proveu ao crente diversos meios pelos quais se purificar. Embora esteja além dos limites do presente estudo considerá-los extensamente, a menção de quatro dos mais proeminentes é necessária. Primeiro, podemos dizer corretamente que a pureza começa com a separação do pecado. É impossível a purificação se primeiro não tivermos nos afastado daquilo que nos contamina. Pouco adianta nos esfregar com sabão se primeiro não sairmos do chuveiro da imundícia. Pouco adianta colocar vestes limpas enquanto permanecemos numa fossa ou chafurdamos na lama. Por esta razão é que o apóstolo Paulo exortou os crentes de Corinto: "Por isso, retirai-vos do meio deles, separai-vos, diz o Senhor; não toqueis em coisas impuras; e eu vos receberei" (2Coríntios 6.17).

Segundo, Deus nos deu as Escrituras como disciplina fundamental para uma vida de piedade. De acordo com o salmista, o jovem guarda puro o seu caminho somente ao atender a Palavra de Deus, e tem de guardar essa Palavra no coração para não pecar contra Deus.[9] O apóstolo Paulo ensinou que o crente tem de renovar sua mente, se quiser fugir da impiedosa impressão deste mundo e ser transformado em conformidade com a boa, agradável e perfeita vontade de Deus.[10] O apóstolo Pedro, no contexto da sua exortação quanto à santidade, encorajava os crentes a desejar o leite puro da Palavra, para que por ele crescessem quanto à salvação.[11]

Terceiro, um meio poderoso, no entanto muito negligenciado, de purificação é a disciplina da oração. O Senhor nos ordenou a orar para que não fôssemos

---

8 1Timóteo 4.7.
9 Salmo 119.9, 11.
10 Romanos 12.2.
11 1Pedro 2.2.

levados à tentação, mas libertos do mal.¹² No jardim de Getsêmane, na noite em que foi traído, Jesus deu uma ordem similar a seu círculo mais íntimo de discípulos: "Orai, para que não entreis em tentação" (Lucas 22.40). Em sua carta à igreja de Éfeso, o apóstolo Paulo, após tratar a questão de batalha espiritual, exorta os crentes a orar em todo o tempo, com toda oração, e a se manterem alertas, com toda perseverança e pedidos por todos os santos.¹³

Quarto, as Escrituras ensinam que o crente cresce em pureza e santidade no grau em que obtém vislumbres cada vez maiores de Cristo e seu evangelho. Embora esse quarto significado seja inseparável do estudo da Escritura e da oração, ele tem de ser tratado separadamente, para que entendamos que não somos transformados meramente pela aplicação da verdade proposicional ou pela imitação de princípios bíblicos, mas somos transformados pela revelação sempre crescente de Cristo por meio da Palavra. Nada purifica mais do que conhecer uma pessoa realmente piedosa, ou como Cristo. Quanto mais tempo passarmos na presença de uma pessoa assim, e quanto mais íntima nossa comunhão, maior o efeito exercido sobre nossa vida. Se essa máxima é verdadeira quanto à comunhão com outras pessoas, quanto mais será o efeito se gastarmos tempo com Cristo? Seu ensinamento é vida e espírito,¹⁴ Seu exemplo é impecável, e a glória de sua pessoa é transformadora. Por esta razão, o apóstolo Paulo escreve: "E todos nós, com o rosto desvendado, contemplando, como por espelho, a glória do Senhor, somos transformados, de glória em glória, na sua própria imagem, como pelo Senhor, o Espírito" (2Coríntios 3.18).

Mesmo que durante nossa peregrinação terrena possamos ver Cristo no máximo de modo ofuscado, o menor vislumbre é capaz de operar maior transformação, até mesmo ao menor de todos os santos.¹⁵ Quanto mais enxergarmos, experimentarmos e comungarmos com Cristo nas Escrituras e em oração, mais seremos transformados por sua glória e assumiremos a sua imagem — uma imagem livre até da menor partícula de contaminação moral. Como nos assegura o escritor

---

12 Mateus 6.13.
13 Efésios 6.18.
14 João 6.63.
15 Efésios 3.8.

de Hebreus, ele é santo, inocente, imaculado, separado dos pecadores e exaltado acima dos céus.[16]

Embora o uso dessas disciplinas espirituais não seja explicitamente relatado na Escritura como sendo evidência de conversão, elas podem servir como teste para provar a verdadeira espiritualidade da pessoa que diz ter fé em Cristo. Os crentes mais maduros e dedicados, às vezes, são dolorosamente negligentes nas disciplinas espirituais que promovem pureza moral e conformidade a Cristo. Porém, seria difícil provarmos a conversão de uma pessoa cuja vida estivesse vazia do uso de tais meios — que se importasse tão pouco em melhorar quanto à pureza que permanecesse apática de coração e passiva quanto à ação.

PUREZA COMO EVIDÊNCIA DE CONVERSÃO

O final deste texto é poderoso e carregado de verdade. Não podemos nos enganar por sua brevidade, pois contém uma máxima que curaria muitos dos males enfrentados pelo evangelicalismo contemporâneo: "E a si mesmo se purifica todo o que nele tem esta esperança, assim como ele é puro" (1João 3.3).

A primeira coisa que devemos notar é a referência de João a "todo", como incluindo todos que acreditam verdadeiramente no Senhor Jesus Cristo para a salvação. O propósito de João é claro: Todo verdadeiro cristão será marcado por um esforço pessoal e prático por santidade. A procura pela pureza não é algo confinado a um punhado de santos superespirituais, mas característica de todo aquele que verdadeiramente tem fixado sua esperança em Cristo. Um *ranking* de três tipos de indivíduos dentro da comunidade evangélica tem existido por muito tempo: o descrente, o cristão carnal e o cristão espiritual. Tal classificação tem permitido que a igreja permaneça cheia de homens, mulheres e jovens que possuem a forma da piedade, mas negam o poder que ela tem; que professam a Deus, mas o negam com seus feitos; e que enfaticamente confessam o Senhorio de Cristo, mas não fazem a vontade do Pai.[17] Conquanto seja verdade que os cristãos ainda lutem com o pecado, e até mesmo o mais forte entre os santos tenha batalhar contra a ameaça sempre presente da apatia, não existe base para

---
16 Hebreus 7.26.
17 Mateus 7.21; 2Timóteo 3.5; Tito 1.16.

o que hoje se chama popularmente de cristão carnal. Não existe cristão que viva em contínuo estado de carnalidade; não existe cristão em que Deus não esteja operando efetivamente.

As Escrituras testificam que Deus está operando na vida de todo crente sem exceção, tanto o querer quanto o realizar, para seu bom prazer.[18] Somos sua feitura, criados em Cristo Jesus para as boas obras.[19] Ele é o Deus que opera todas as coisas segundo o conselho da sua vontade e que faz aquilo que lhe agrada nos céus, na terra, nos mares e em todas as suas profundezas.[20] É impossível que o Deus que governa a criação possa estabelecer seu propósito ou realizar sua boa vontade em seus filhos?[21] As Escrituras ensinam que os nomes dos filhos de Deus foram inscritos na palma de suas mãos.[22] Por acaso elas escaparam desapercebidos de alguma maneira ou fugiram de seu cuidado paternal? O Deus que comandou os homens para que criassem seus filhos no temor e na admoestação do Senhor poderia ter abandonados seus próprios filhos, em um estado de negligência?[23] Requereria ele presbíteros que governassem bem as próprias casas enquanto a sua casa está em desordem?[24] Sabemos as respostas por termos considerado Hebreus 12.6-8: Deus trata seu povo como filhos e disciplina aqueles a quem ama.

Deus é implacável no cuidado e disciplina de seus filhos. O fato de que muitas pessoas dentro da comunidade evangélica se degenerem não é uma negação das promessas de Deus, mas prova da ilegitimidade deles. Deus não os tem negligenciado. O fato aterrador é que simplesmente não são seus filhos. Se assim o fossem, Hebreus nos diz, Deus os castigaria, e eles permaneceriam.

Encontramos uma grande verdade nessas passagens de 1João e Hebreus: nossa santificação é obra tanto do crente como do Deus que o chamou. O crente que verdadeiramente fixou sua esperança sobre Cristo para a salvação se purifica, assim como Cristo é puro, e, aquele que adotou o cristão como filho, toma

---

18 Filipenses 2.13.
19 Efésios 2.10.
20 Salmo 115.3; 135.6; Efésios 1.11.
21 Isaías 46.9–10.
22 Isaías 49.15–16.
23 Efésios 6.4.
24 1Timóteo 3.4–5.

grande cuidado para conforma-lo à sua vontade. Deus não descansará, mesmo que a maior das provações[25] de disciplina seja requerida.

Novamente, o crente continuará a lutar contra o pecado, a carne, e o mundo. Ele falhará. Além do mais, haverá aparentes calmarias na obra santificadora de Deus e tempos quando parecerá que pouco está sendo realizado na vida do crente. Com frequência, a maior poda e preparação está sendo realizada quando há maior ausência de frutos visíveis. Isso significa que aqueles que professam confiar em Cristo para a salvação e futura glorificação na sua segunda vinda evidenciarão tal confiança pela busca da pureza, por um esforço pela santidade e por um desejo genuíno e observável pela conformidade com a imagem de Cristo. No grau em que essas coisas são evidentes e crescem, podemos crescer na segurança de que verdadeiramente o conhecemos. No grau que essas coisas estão ausentes em nossa vida, teremos de nos preocupar.

As Escrituras ensinam claramente que sem a santificação ninguém verá o Senhor.[26] Isso não significa que devamos nos esforçar para sermos puro o bastante para entrarmos no reino, pois isso seria salvação pelas obras e não pela graça: "Se for pelas obras, não é mais pela graça" (Romanos 6.11). Santidade pessoal não nos assegura um privilégio diante de Deus ou a salvação eterna, mas é a evidência do que temos recebido pela graça mediante a fé. Esta verdade manteve um lugar proeminente na pregação do evangelho a presente era, mas agora é desconhecida de muitos cristãos contemporâneos. Frequentemente não é exposta apropriadamente ou inculcada na consciência daqueles que professam fé em Cristo. Assim, alguns crentes verdadeiros não estão seguros como poderiam, e alguns falsos convertidos estão confiantes, embora não tenham razão para estar.

Os cristãos não ficam meramente esperando que sejam feitos puros na vinda de Cristo, mas buscam a purificação pessoal através do uso cheio de fé da separação, do estudo da Palavra de Deus e da oração. O crente verdadeiro possui uma ânsia interna de ser como seu Salvador, o que é visto na busca em primeiro lugar pelo reino de Deus e sua justiça, e na disciplina pessoal para o propósito da

---

25 É difícil exagerar a severidade do verbo "açoita" de Hebreus 12.6. É traduzido do grego *mastigoó* que quer dizer "bater com um chicote".
26 Hebreus 12.14

piedade.²⁷ Se essas coisas forem estranhas a nós, deveríamos nos exercitar com toda a diligência, examinando a nós mesmos para vermos se estamos na fé e se estamos fazendo certos o nosso chamado e eleição.²⁸

ENCORAJAMENTO PARA OS CRISTÃOS

Não fomos chamados para embarcar sozinhos em uma jornada com fim incerto. Foi-nos prometido que Deus operará em nós, e aquele que começou boa obra a aperfeiçoará. Embora João nos fale que não sabemos ao certo como seremos quando a obra de Deus estiver completa em nós, nós sabemos que seremos como ele.²⁹ Não falta a nós conhecimento quanto a como seremos por que o resultado é incerto, mas devido à grandeza do mesmo. O final do crente é tão ilustre que temos de dizer que nem olhos viram nem ouvidos ouviram, nem entrou no coração do mais entendido entre os homens tudo que Deus tem preparado para aqueles que o amam.³⁰ Embora hoje o melhor dos cristãos ainda lamente seu pecado e fracasso, sua fraqueza e dúvida, a graça futura aguarda aos mais frágeis e desprezíveis entre nós. Ainda que tarde, ela virá com Cristo e sua grande aparição para o mundo. Então, não apenas Cristo será vindicado e glorificado, mas também as pessoas desprezadas e repreendidas serão vindicadas, transformadas e glorificadas com ele. Esta será uma confirmação final e inequívoca de nossa filiação. A grande esperança, firmada sobre o decreto divino e confirmada pelo sangue do Calvário enche o crente com "alegria indizível e cheia de glória" e o conduz à pureza, ao desejo de "Sede santos, porque eu sou santo" (1Pedro 1.7–8, 16).

---

27 Mateus 6.33; 1Timóteo 4.7.
28 2Coríntios 13.5; 2Pedro 1.10.
29 1João 3.2.
30 1Coríntios 2.9.

CAPÍTULO 12

PRATICAR A JUSTIÇA

Filhinhos, agora, pois, permanecei nele, para que, quando ele se manifestar, tenhamos confiança e dele não nos afastemos envergonhados na sua vinda. Se sabeis que ele é justo, reconhecei também que todo aquele que pratica a justiça é nascido dele. — 1João 2.28–29

Todo aquele que pratica o pecado também transgride a lei, porque o pecado é a transgressão da lei. Sabeis também que ele se manifestou para tirar os pecados, e nele não existe pecado. Todo aquele que permanece nele não vive pecando; todo aquele que vive pecando não o viu, nem o conheceu. Filhinhos, não vos deixeis enganar por ninguém; aquele que pratica a justiça é justo, assim como ele é justo. Aquele que pratica o pecado procede do diabo, porque o diabo vive pecando desde o princípio. Para isto se manifestou o Filho de Deus: para destruir as obras do diabo. Todo aquele que é nascido de Deus não vive na prática de pecado; pois o que permanece nele é a divina semente; ora, esse não pode viver pecando, porque é nascido de Deus. Nisto são manifestos os filhos de Deus e os filhos do diabo: todo aquele que não pratica justiça não procede de Deus, nem aquele que não ama a seu irmão. — 1João 3.4–10

No capítulo anterior, aprendemos que a marca do verdadeiro crente é uma crescente conformidade com Cristo quanto à santidade. João escreveu: "E a si mesmo se purifica todo o que nele tem esta esperança, assim como ele é puro". (1João 3.3). Nas duas passagens que temos diante de nós, aprendemos que a marca do verdadeiro crente será conformidade com Cristo quanto à prática da justiça. As semelhanças entre as duas provas são visíveis:

- O crente purifica a si mesmo assim como Cristo é puro.[1]
- O crente pratica a justiça assim como Cristo é justo.[2]

Existe um sentido em que essas duas características do cristão genuíno são imagens espelhadas. Embora distinções possam e devam ser feitas entre a santidade e a justiça, uma não existe sem a outra dentro de uma mesma pessoa. Uma pessoa marcada por uma será igualmente marcada pela outra. No mesmo grau em que purificamos a nós mesmos, também cresceremos em justiça.

Noutro sentido, o termo *justiça* acrescenta clareza ao que significa ser puro ou santo. Isso prova que a verdadeira santidade ou pureza moral não é validada por um sentimento ou por algum estado de êxtase espiritual, mas pela prática da justiça. "Justiça" é traduzida da palavra grega *dikaiosúne* e denota o estado de alguma coisa ou de alguém que está certo diante de Deus, ou aprovado por Deus. Quando o termo é empregado com respeito à justiça posicional do crente, se refere à sua posição legal, forense ou correta diante de Deus, pela fé na pessoa e obra de Cristo. Quando o termo é empregado com respeito à justiça pessoal do crente, se refere à sua conformidade com a natureza e vontade de Deus, conforme revelada em toda a Escritura e, acima de tudo, na pessoa de Jesus Cristo. É importante notar que mesmo não havendo contradição entre Cristo e a lei, Cristo é a maior revelação de todas as coisas concernentes a Deus e à sua vontade. Faremos bem em reconhecer que João estima a Cristo como padrão máximo de pureza e justiça.[3] Esta é uma verdade poderosa e transformadora, que permite que a moralidade e a ética do crente sejam verdadeiramente centradas em Cristo.

A palavra "prática" vem do verbo grego *poiéo*, que quer dizer fazer, causar, realizar, desempenhar, praticar, manter e trabalhar. A razão dessa longa lista de termos é demonstrar que a palavra *poiéo* denota atividade e que a justiça sobre a qual João escreve é ativa, prática e observável. Não é a justiça dos que são meramente ouvintes da palavra, mas daqueles que realmente a praticam: "Tornai-vos, pois, praticantes da palavra e não somente ouvintes, enganando-vos a vós mesmos"

---

[1] 1João 3.3.
[2] 1João 2.29.
[3] 1João 3.3, 7.

(Tiago 1.22). Também não é uma justiça apenas de místicos ou daqueles que excedem no conhecimento, mas falham na ação; pelo contrário, é a justiça da simples obediência, observável conformidade à lei de Deus, e imitação de Cristo.

É importante notar que o verbo *poiéo* está no tempo presente, denotando ação contínua, estilo de vida ou prática resolvida. Embora a vida cristã inclua grandes lutas com o pecado e recorrentes fracassos, será marcada por buscar conformidade à vontade de Deus, crescimento em submissão a ela e maior quebrantamento pessoal quando essa vontade for violada.

UMA ADVERTÊNCIA MUITO NECESSÁRIA

Não devemos nos surpreender que a obediência prática e discernível seja uma prova de conversão. Já encontramos essa verdade duas vezes. Na primeira prova, de 1João 1.5–7, aprendemos que o cristão autêntico anda na luz — seu estilo de vida se conforma à revelação que Deus faz de sua pessoa e vontade. Na terceira prova, em 1João 2.3–5, descobrimos que aqueles que são realmente convertidos guardam os mandamentos de Deus. Agora, em 1João 2.29, é-nos dito que todo aquele que pratica a justiça, conformando sua vida e obras ao padrão da lei de Deus, é verdadeiramente nascido de Deus. Esses textos se destacam com muitos outros por todo o Novo Testamento, demonstrando que a salvação pela graça mediante a fé é evidenciada pelas obras;[4] que a justificação é provada pela santificação;[5] que a justiça posicional é validada pela justiça pessoal;[6] que a confissão que a pessoa faz de Cristo como Senhor é testada pela obediência prática;[7] e que, se alguém estiver em Cristo é nova criatura, para quem as coisas antigas já passaram e todas as coisas se fizeram novas.[8]

Embora tais declarações sejam completamente bíblicas, promulgadas por homens proeminentes e pelas mais coerentes confissões da história da igreja, estão quase completamente esquecidas entre os evangélicos contemporâneos. Sugerir que a salvação tenha provas práticas ou que aqueles que são grosseiramente

---
4 Tiago 2.14–26.
5 Filipenses 1.6; 2.12–13; Hebreus 12.14.
6 Tito 1.16.
7 Mateus 7.21.
8 2Coríntios 5.17.

propensos ao mundanismo não sejam realmente convertidos causa grande ofensa, resultando em severa repreensão pela maioria da comunidade evangélica. É por essa razão que precisamos desesperadamente prestar atenção à advertência de João: "Filhinhos, não vos deixeis enganar por ninguém; aquele que pratica a justiça é justo, assim como ele é justo" (3.7). "Nisto são manifestos os filhos de Deus e os filhos do diabo: todo aquele que não pratica justiça não procede de Deus, nem aquele que não ama a seu irmão" (3.10).

Devemos notar que não estamos lendo as palavras de um homem legalista, cheio de amargura e críticas. João, o ancião, fala a seus leitores como filhos, com um duplo propósito: primeiro, para comunicar seu amor paternal por eles como apóstolo e pastor do rebanho de Cristo; e segundo, para lembrar-lhes de que, como criancinhas, são propensos a ser enganados e são "como meninos, agitados de um lado para outro e levados ao redor por todo vento de doutrina, pela artimanha dos homens, pela astúcia com que induzem ao erro" (Efésios 4.14). Isso é especialmente verdadeiro com respeito à ética ou moral cristã.

A igreja cristã caminha numa estrada estreita, com ciladas mortais de ambos os lados. De um lado está o legalismo: uma religião de regras e recompensas, de exaltação do desempenho do homem e, consequentemente, de diminuição da pessoa e obra de Cristo. O homem triunfa e Deus se torna devedor, obrigado a recompensá-lo por sua piedade e nobres realizações. O legalismo produz fariseus que amam as regras mais do que Deus, e que consideram a graça como uma necessidade apenas para gente inferior.[9] Tal religião aponta para as manchinhas e ignora as traves, peneira os mosquitos e engole camelos.[10] Está constantemente medindo, comparado e competindo.[11] Trata totalmente de classificação, hierarquias sociais e submissão.[12] Geralmente acaba num frenesi de comer, morder, devorar e consumir.[13]

Do outro lado do caminho perigosamente estreito do cristianismo está a cilada do antinomianismo,[14] ou "sem lei". Embora seja tão mortífera quanto o lega-

---

9 Lucas 18.11.
10 Mateus 7.3–5; 23.24.
11 Mateus 7.1–2; 2 Coríntios 10.12
12 Mateus 23.5–7; Marcos 12.38–39; Lucas 11.43; 20.45.
13 Gálatas 5.15.
14 Antinomianismo é a doutrina de que a graça livra o cristão das restrições morais da lei, resultando na prática, sem censura, da imoralidade.

lismo, é mais destacada no cristianismo contemporâneo, e, portanto, merece nossa atenção com maiores detalhes. O antinomianismo é uma doutrina venenosa que transforma a graça de Deus em licenciosidade[15] e se gaba de um lema terrível — "Permaneceremos no pecado, para que seja a graça mais abundante?" (Romanos 6.1; cf. 3.8). Na sua mais extrema forma, ela é facilmente reconhecida e rejeitada. Porém, quando é camuflada pela capa da "mente aberta", compaixão e caridade cristã, se torna enganosa e mortal.

Temos de reconhecer que vivemos em uma era de relativismo, onde os absolutos morais são negados. Este mal penetrou a igreja, e os resultados são devastadores. Tem derrubado o padrão de retidão da lei de Deus, negado que exista um modo especificamente cristão de se viver, fazendo com que seja impossível definir o caminho estreito. Assim, muitos enxergam com suspeita qualquer pregação que determine sobre nós um absoluto moral. No momento em que qualquer lei ou verdade é pressionada em nossa consciência, depreciamos o pregador como legalista e o seu ensinamento como escravidão. Como nos convencemos de que a verdade sobre nosso comportamento não pode mais ser conhecida, somos deixados à única outra opção possível: o governo de si mesmo, em que toda pessoa faz o que parece certo a seus próprios olhos.[16] Isto foi feito muitas vezes antes, mas sempre com as mesmas consequências devastadoras, pois, onde não há visão ou revelação da lei, as pessoas não têm restrições e acabam perecendo: "Não havendo profecia, o povo se corrompe; mas o que guarda a lei, esse é feliz" (Provérbios 29.18).[17]

Vivemos numa era de humanismo e individualismo, em que o homem é o centro e fim de todas as coisas, e o indivíduo solitário exige autonomia irrestrita de expressão, sem a mínima censura. Sendo que não há mais um padrão divino a ser conhecido e obedecido, ficam apenas as opiniões das pessoas. Assim, se uma pessoa censura a outra, pode ser descartada como ignorante e arrogante, alguém que simplesmente procura exaltar suas opiniões sobre as de todas as outras

---

15 Judas v. 4. "Licenciosidade" é traduzido da palavra grega *asélgeia*, que denota luxúria desenfreada, excesso, libertinagem, sensualidade, impudência, insolência.
16 Juízes 17.6; 21.25.
17 A segunda frase deste versículo define a primeira, deixando claro que a visão é uma revelação da lei de Deus.

pessoas. Já que não acreditamos mais que possamos discernir aquilo que Deus e aplicar suas verdades de modo específico, podemos agora justificar o ouvido surdo para a exposição mais acurada da Escritura, e denunciar como perigoso fanático qualquer que diga: "Assim diz o Senhor!" Deixamos de perceber que estamos nas garras do maligno cada vez que repetimos o seu mantra — "É assim que Deus disse?" (Gênesis 3.1).

Finalmente, vivemos em meio de um romantismo distorcido, onde a piedade foi redefinida como mente aberta a tudo, e a tolerância é a suprema manifestação do amor. Assim, qualquer forma de repreensão é considerada o maior ato de imoralidade. Devido a isso, grande parte da terminologia do cristianismo foi redefinida, quando não totalmente removida. Dizer "Eu errei" é autodestrutivo; dizer "Você está errado" é criminoso. Assim, os profetas são exilados e os *treinadores de vida espiritual* são colocados no lugar deles; ensinamento bíblico em que haja reprovação, correção e treinamento em justiça é trocado por princípios motivacionais que conduzam à autorrealização;[18] ferro afiando ferro torna-se um exercício de afirmação mútua;[19] e a disciplina na igreja é denunciada como uma monstruosidade igual à da caça às bruxas de Salem. Parece que nosso amor ficou tão refinado e elevado que não suportamos mais os mandamentos primitivos de Cristo.

Assim, em nome de nossa ignorância autoimposta, suposta estima pelo indivíduo, mente aberta e tolerância, temos efetivamente derrubado todo padrão e nos tornamos antinomianos na prática, povo sem lei, sem sabedoria ou princípios. Vivemos no mundo e parecemos com o mundo. Ignoramos ou enterramos debaixo da retórica todo marcador bíblico que nos direcione ao caminho estreito. Foi-nos dito que não podemos saber a verdade, e, acreditando nessa mentira, temos nos condenado a andar nas trevas.

Se o cristianismo contemporâneo quiser recuperar sua saúde e força, tem de dar fim ao engano que recaiu sobre nós. Temos de reconhecer que a fé salvadora e a conversão autêntica são demonstradas por crescimento gradual, prático e observável em santidade e justiça. Temos de voltar à instrução simples, de bom senso, exposta pelo apóstolo João. A verdade apresentada em 1João 3.7 e 10 é que

---

18 2Timóteo 3.16.
19 Provérbios 27.17.

a pessoa que confessa a Cristo pode ter segurança da salvação no grau em que possuir um desejo de justiça, que praticar essa justiça de fato, e for quebrantada por suas falhas pessoais.

O reino animal é separado de acordo com *genus* e espécies, baseado em características e comportamentos observáveis. O homem é diferenciado dos animais inferiores pelo que diz e faz. Jamais confundiríamos um cavalo com um peixe ou um primata com um besouro devido às suas características observáveis. Porém, na confusa mistura de animais diferentes do cristianismo contemporâneo, não somente pensamos ser impossível discernir as distinções entre os filhos de Deus e os filhos do Diabo, como também achamos incompreensível pensar que haja tais distinções.

Nós não temos o poder último para confirmar ou negar a conversão de outra pessoa, e temos de cuidar até mesmo quando julgarmos a nós mesmos. É necessário equilíbrio, e temos de nos esforçar por evitar os perigos gêmeos de indulgência por um lado e da severidade por outro. Porém, embora não possamos declarar a segurança de salvação nem removê-la de ninguém, podemos e devemos avisar às pessoas que examinem a si mesmas quanto à pureza e prática da justiça.[20] Se, à luz da Escritura, elas se encontram apáticas quanto à justiça, praticantes do pecado, sem remorso ou melhoria, sem lei, imorais e mundanas, deverão ser admoestadas de que essas são marcas dos não convertidos. Deverão ser conclamados a "Buscar o SENHOR enquanto se pode achar, invocá-lo enquanto está perto" (Isaías 55.6). Se, porém, à luz da Escritura, encontram-se buscando primeiro o reino de Deus e sua justiça,[21] progredindo em conformidade com Cristo, lamentando aquilo que permanece não transformado,[22] e de espírito contrito quando seus pecados lhes são revelados,[23] deverão ser encorajados por possuírem as marcas dos filhos de Deus.

DISCERNIR TENDÊNCIAS DA FAMÍLIA

Nos poucos primeiros versículos do capítulo 3, João, o apóstolo, apresenta longo contraste entre os filhos de Deus e os filhos do Diabo. Embora tais divisões

---

20 2Coríntios 13.5
21 Mateus 6.33.
22 Mateus 5.4.
23 Salmo 51.17; Isaías 66.2.

da humanidade possam ser perturbadoras para nossa cultura hipersensível, temos de nos lembrar de que isso é prática comum da Escritura, a qual muitas vezes divide o mundo em categorias mutuamente exclusivas: judeu e gentio, crente e incrédulo, igreja e o mundo.

Por mais ofensivo que alguém acredite que sejam essas classificações, nenhuma é mais radical ou abrasiva quanto as duas deste texto. Será que o mundo realmente pode ser dividido em filhos de Deus e filhos do Diabo? Não existe categoria mediana para aqueles dentro do mundo descrente que não fizeram acordo com Satanás nem cometeram as atrocidades de um Hitler? Essa linguagem parece ofensiva demais. Contudo, essa é a linguagem do Novo Testamento. De acordo com João — e Cristo — o mundo se divide entre o cristão, cujo parentesco espiritual vem de Deus por meio de Cristo, e o incrédulo, que é identificado com o Diabo por meio de Adão e sua própria desobediência.

À luz dessas verdades bíblicas, começamos a entender por que João termina esta secção da primeira carta (3.10) com a afirmação de que existem diferenças discerníveis entre o crente e o incrédulo; que a confissão de fé da pessoa pode e deverá ser testada; que a segurança da salvação não é apenas baseada naquilo que a pessoa diz e sente, mas nas evidências práticas de uma vida transformada e transformadora.[24] Neste versículo, João afirma que as diferenças entre crente e incrédulo são "manifestas", ou óbvias. A palavra é traduzida do adjetivo grego *phanerós*, que significa aparente, manifesto, evidente, claramente reconhecido ou conhecido. Marcos emprega a mesma raiz e palavra ao documentar os ensinamentos de Jesus, declarando: "Pois nada está oculto, senão *para ser manifesto*; e nada se faz escondido, senão para ser *revelado*" (4.22, ênfase acrescida).

A evidência de nossa conversão não é misteriosa nem é segredo indiscernível, mas é revelada por nosso modo de viver. As diferenças entre crente e descrente são óbvias e facilmente reconhecidas. João resume essas evidências com

---

24 A frase "uma vida transformada e transformadora" é importante, pois demonstra tanto o poder inicial da regeneração quanto a obra contínua de santificação na vida do crente. Estas duas realidades têm de estar em equilíbrio. Em sentido real o crente foi mudado mediante a regeneração, mas em outro sentido igualmente real, o crente continua a ser mudado pela obra progressiva da santificação, obra que continua até a glorificação final do crente no céu.

surpreendente clareza: "O incrédulo pratica o pecado e não pratica a justiça" (3.8–10) e "O crente pratica justiça e não vive na prática do pecado" (3.7–9).

De acordo com João, o descrente é destacado por duas realidades ominosas: o que faz e o que não faz. Pratica o pecado e não pratica a justiça. Embora tais características sejam mencionadas separadamente, elas basicamente se referem à mesma coisa — desobediência, errar o alvo da vontade de Deus ou desviar-se do seu padrão. Assim, o descrente é exposto por sua contínua negligência de praticar a justiça de Deus, conforme revelada nos mandamentos, e por sua contínua participação nas coisas que Deus proibiu. Fica provado que está associado ao Diabo por participar nas obras que Cristo veio destruir. Ele pratica os pecados pelos quais Cristo morreu.[25]

Conforme já explicamos brevemente, para que uma pessoa se alinhe com o Diabo, não é preciso que esteja envolvida em alguma seita tenebrosa, tais como bruxaria ou satanismo. Nem isso requer que seja um "grande" pecador, que expresse abertamente sua hostilidade para com Deus e se entregue a toda forma de imoralidade. De fato, muitos que se identificam com o cristianismo e a fé evangélica são igualmente culpados disso. Mesmo que reivindiquem aliança com Cristo, todas as suas ações provam a falsidade dessa aliança. Eles fizeram a oração do pecador, frequentam um culto semanal e exibem uma moralidade, um passo acima dos vícios da era presente. No entanto, estão absortos nas ocupações e afazeres deste mundo. Demonstram pouco interesse por entender as Escrituras e não têm consciência da vontade de Deus. Consequentemente, exibem uma surpreendente falta de discernimento bíblico, sendo capazes de participar livremente do pecado sem a mínima ofensa à consciência. Nas palavras do apóstolo Paulo, eles "têm forma de piedade, mas negam seu poder" (2Timóteo 3.5).

Não podemos nos enganar, pensando que apatia diante da piedade e negligência da lei de Deus sejam crimes menores do que rebeldia aberta. De acordo com 1João 3.4, todo pecado é ilegalidade, é um ato de traição para com Deus, e declaração de guerra contra seu trono. Os que se identificam com Cristo, mas exibem contínuo desinteresse por sua Palavra estão em perigo tão grande quanto aqueles

---

25 1João 3.5, 8

que vivem desafiando a Deus abertamente, sacudindo o punho cerrado na cara do Senhor. Essa é a essência da admoestação de Cristo no final do Sermão do Monte contra aqueles que professavam-se discípulos: "eu lhes direi explicitamente: nunca vos conheci. Apartai-vos de mim, os que praticais a iniquidade" (Mateus. 7.23).

Nesta advertência, Cristo emprega a mesma palavra que João usa em nosso texto: iniquidade. Como João, ele está nos dizendo que aqueles que chamam o Senhor, mas continuam vivendo uma lei para si mesmo serão condenados no dia do juízo. Novamente, aqui, nem Cristo nem João está ensinando justificação por meio da lei ou da perseverança por meio das obras. Somos salvos somente pela graça, mediante a fé somente, não por nós, para que ninguém se glorie. Porém, a verdadeira graça jamais conduz ao antinomianismo ou à falta de lei, mas à piedade, conformidade a Cristo e verdadeira consagração. O apóstolo Paulo confirma esta verdade em sua carta a Tito: "Porquanto a graça de Deus se manifestou salvadora a todos os homens, educando-nos para que, *renegadas a impiedade e as paixões mundanas, vivamos, no presente século, sensata, justa e piedosamente*" (2.11-12, ênfase acrescida).

A graça não nos livra da justiça de Deus para que apresentemos nossos membros para o pecado, como instrumentos de injustiça.[26] Ela não invalida as eternas verdades do Antigo Testamento que foram escritas para nossa instrução,[27] nem destrona a Cristo, tornando-o apenas um representante sem autoridade legal, sem vontade soberana ou comando.[28] O desprezo da justiça e a promoção da impiedade nunca foram intenção da graça, contudo, parece ser essa a opinião que prevalece em nossos dias. Dentro da comunidade evangélica, poucos parecem cuidar de ordenar suas vidas de acordo com os ditames da Escritura, e qualquer menção de moralidade certa e especificamente definida pelas Escrituras é imediatamente rotulada de legalista. Evangélicos em demasia parecem contentar-se por serem ignorantes dos ensinos da Escritura, livres de qualquer reprovação, intocados por sua correção, não moldados por seu treinamento.[29] Muitos evangélicos

---

26 Romanos 6.12-13.
27 Romanos 15.4.
28 Lucas 6.46.
29 2Timóteo 3.16.

agem como se não houvesse rei em Israel e como se todos tivessem liberdade de fazer o que parecer bem aos próprios olhos. Assim, a igreja é inundada por pessoas que clamam que Cristo é seu Salvador e que se agarram à esperança da vida eterna, mas cujos membros são marcados por apatia diante da vontade revelada de Deus, o que conduz a uma vida de ilegalidade. É trágico isso, porque leva a uma falsa segurança que culmina em juízo final e irrevogável.

Como o descrente, o cristão autêntico também se distingue por duas realidades: o que faz e o que não faz. Porém, é aqui que as semelhanças entre o crente e o descrente terminam, e é aqui onde começa o grande contraste, pois o cristão pratica a justiça que é desprezada pelo descrente, e despreza o pecado que o incrédulo continua praticando.[30] Para João, a razão desse inegável contraste no comportamento está clara: aqueles que foram genuinamente convertidos não podem se entregar à prática habitual do pecado, porque nasceram de Deus e a semente divina habita neles.[31]

A palavra "semente" é traduzida do grego *spérma*. Ela pode se referir literalmente à semente de onde uma planta e germinada ou ao sêmen que resulta na concepção da vida humana. Aqui, parece-nos melhor entender metaforicamente a palavra como a vida divina do Espírito Santo que opera na alma do crente, pela qual ele foi regenerado e está sendo progressivamente santificado. A referência de João à divina semente e ao novo nascimento tem a intenção de enfatizar que a conversão é obra sobrenatural de Deus, e que o cristão é uma nova criatura, com nova natureza refeita à semelhança de Deus, em justiça e santidade.[32] Como escreve o apóstolo Pedro, o cristão tornou-se participante da natureza divina e objeto do poder divino, resultando tanto na vida quanto na piedade.[33]

É devido a esse trabalho extraordinário de Deus na vida de todo crente que João pode escrever com maior confiança que "Todo aquele que é nascido de Deus não vive na prática de pecado; pois o que permanece nele é a divina semente; ora, esse não pode viver pecando, porque é nascido de Deus" (3.9).

---

30 1João 3.7, 9–10.
31 1João 3.9.
32 2Coríntios 5.17; Efésios 4.24
33 2Pedro 1.3–4.

Não significa que um crente não tenha pecado, que seja imune à tentação ou que esteja livre das lutas contra a carne. Nem mesmo que esteja sem possibilidade de cometer falhas morais. O que quer dizer é que a pessoa regenerada pelo Espírito de Deus não pode viver na prática habitual do pecado, assim como um peixe não pode viver muito tempo fora da água. Essa incapacidade não é devida à força de vontade do crente, mas à obra de Deus que foi feita e está sendo realizada nele. Deus fez dele uma nova criatura, que simplesmente não tolera o pecado e a injustiça na qual outrora se deleitava. Ele não vive na prática do pecado sem que experimente maior aflição de consciência e náusea de seu aviltamento. Isso, junto com a obra contínua da providência de Deus, manifestada pela disciplina, assegura que o crente que caiu em pecado se retirará logo do mesmo em arrependimento, procurando purificação e restauração.[34]

O Novo Testamento não deixa espaço para a opinião evangélica popular de que uma pessoa pode ser verdadeiramente nascida de novo e continuar apática quanto à justiça, vivendo uma vida descarada de pecado e rebeldia. Aqueles que professam a fé em Cristo e vivem dessa forma deverão estar muito preocupados com sua condição eterna. Não deverão ser enganados, mas prestar atenção à prova simples que João dá: "aquele que pratica a justiça é justo, assim como ele é justo. Aquele que pratica o pecado procede do diabo, porque o diabo vive pecando desde o princípio".[35]

---

34   1João 1.8–10.
35   1João 3.7, 10.

CAPÍTULO 13

VENCER O MUNDO

Porque todo o que é nascido de Deus vence o mundo; e esta é a vitória que vence o mundo: a nossa fé. Quem é o que vence o mundo, senão aquele que crê ser Jesus o Filho de Deus? — 1João 5.4–5

Filhinhos, vós sois de Deus e tendes vencido os falsos profetas, porque maior é aquele que está em vós do que aquele que está no mundo. Eles procedem do mundo; por essa razão, falam da parte do mundo, e o mundo os ouve. Nós somos de Deus; aquele que conhece a Deus nos ouve; aquele que não é da parte de Deus não nos ouve. Nisto reconhecemos o espírito da verdade e o espírito do erro. — 1João 4.4-6

Em certo sentido, os seres humanos têm apenas dois problemas: a condenação pelo pecado e o poder do pecado,[1] ambos os quais resolvidos na pessoa e obra de Jesus Cristo. Mediante a fé nele, somos justificados, de modo que a condenação por causa do pecado é cancelada: "Agora, pois, já nenhuma condenação há para os que estão em Cristo Jesus" (Romanos 8.1). Pela obra regeneradora do Espírito Santo, nascemos de novo e somos fortalecidos para andar em novidade de vida, de forma que é quebrado o poder do pecado.[2] O crente não é vitorioso por sua força de vontade ou devoção pessoal, mas por aquilo que foi feito por Cristo na cruz, que está sendo realizado nele pelo Espírito e pelas fiéis obras da providência de Deus Pai.

No ensino do Novo Testamento, o filho de Deus enfrenta muitas lutas por dentro e por fora. Às vezes é vencido e fica até mesmo atordoado. Porém, um ar e

---

1 O pastor Charles Leiter, em conversa com o autor sobre Romanos 6
2 Romanos 6.4–6.

uma aura de verdadeira vitória percorre o curso de sua vida. Ainda que caia sete vezes, ele se levanta cada vez.[3] Embora ande por muitos vales escuros, a sua peregrinação o leva a alturas cada vez maiores. Mesmo que experimente fracassos intermitentes, o fracasso não tem a palavra final. Embora passe por derrotas, o cristão não é derrotado no final. Essa é a natureza da salvação, pois o Deus que começou a boa obra há de completá-la. A Confissão de Fé Batista de Londres, de 1689, no capítulo 17, afirma da seguinte forma:

> Aqueles a quem Deus aceitou no amado, efetivamente chamou e santificou por seu Espírito, e deu a preciosa fé de seus eleitos, não podem, nem totalmente nem finalmente, cair do estado de graça, mas com certeza perseveram nela até o fim, e são eternamente salvos, vendo os dons e a vocação de Deus como irrevogáveis, dos quais ele ainda gera e nutre neles a fé, arrependimento, amor, alegria, e todas as graças do Espírito para a imortalidade, e embora muitas tempestades e inundações surjam e fustiguem suas vidas, eles nunca serão retirados desse fundamento e rocha em que, pela fé, se firmaram; não obstante a incredulidade e as tentações de Satanás, provoquem que a visão sensível da luz e do amor de Deus seja, por um tempo, anuviada e obscurecida deles, ainda assim ele é o mesmo, e eles serão guardados seguros pelo poder de Deus para a salvação, onde gozarão sua possessão comprada, sendo inscritos na palma de suas mãos, e seus nomes estando escritos no livro da vida por toda a eternidade.

Nesta prova de salvação, aprendemos que uma das grandes marcas da verdadeira conversão é que o mundo não vence o cristão a ponto dele negar Cristo e voltar para o mundo. Nem mesmo o mundo provará sucesso em impedir a obra de Deus na vida do crente a ponto dele tornar-se infrutífero. Sabemos que conhecemos a Deus e somos realmente nascidos de novo porque, através de inúmeras batalhas que rugem por dentro e por fora e frequentes falhas e quedas, Deus nos sustém e continua a trabalhar em nós para nosso bem e sua glória.

---
3 Provérbios 24.16.

O MUNDO *VERSUS* O CRISTÃO

Conforme aprendemos em um capítulo anterior, o mundo representa tudo que é hostil a Deus e se firma em oposição ao cristão, que procura andar pelo caminho estreito, conforme os mandamentos de Cristo. John Bunyan ilustra bem essa batalha épica em *O Peregrino,* que traça os acontecimentos na vida do cristão, enquanto ele viaja na longa estrada da Cidade da Destruição até a Cidade Celestial. Ele encontra tudo que o mundo consegue jogar contra ele em sua jornada: inúmeras tentações, homens e demônios enganosos, acontecimentos decepcionantes, difamação maldosa, acusações sem misericórdia, aflições, perseguições e inúmeras oportunidades de retornar ao mundo. Porém, apesar de todos os tropeços e em meio à adversidades e fracassos, Cristão vence pelo "sangue do cordeiro" (Apocalipse 12.11), pela "palavra de Deus" (1João 2.14) e pela providência daquele que disse: "De maneira alguma te deixarei, nunca jamais te abandonarei" (Hebreus 13.5).

Como cristãos, jamais devemos nos surpreender ou abalar pela hostilidade do mundo para conosco nem pela extensão em que ele procura impedir nosso progresso em Cristo. Por esta razão, o apóstolo Paulo nos informa que "todos quantos querem viver piedosamente em Cristo Jesus serão perseguidos" (2Timóteo 3.12). E o apóstolo Pedro admoesta-nos a nunca nos surpreender pelas impetuosas provações pelas quais teremos de passar, como se algo estranho nos estivesse acontecendo.[4] O crente e o mundo são diferentes e opostos assim como a justiça e impiedade, o dia e a noite, Cristo e Belial, o Deus vivo e os ídolos mudos.[5] Assim, a oposição e o antagonismo sempre existirão entre os dois, sem a mínima possibilidade de trégua. Como a batalha contra o mundo nunca será resolvida, o cristão tem de esperar em Deus, olhar para Cristo e lutar o bom combate da fé. Deve ser forte no Senhor e na força de seu poder, e revestir-se de toda a armadura de Deus para que possa ficar firme contra as ciladas do Diabo e dos homens.[6]

Nunca uma batalha foi travada sobre esta terra que exigisse mais força e perseverança do que a guerra diária contra o cristão. Nunca um exército foi ordenado

---

4 1Pedro 4.12.
5 2Coríntios 6.14–16.
6 Efésios 6.10–11.

sobre esta terra que pudesse comparar em força e astúcia quanto aquele enfrentado pelo crente. Estamos por trás das linhas inimigas num mundo hostil, que se opõe à nossa doutrina e moral. Estamos cercados de enganadores humanos e também demoníacos. Somos criticados severamente por nosso fanatismo religioso e encorajados a considerar os benefícios de transigência. Somos tragados por vozes que nos tentam a negar nosso Senhor, abandonar nosso chamado e voltar à Cidade da Destruição

A CERTEZA DA VITÓRIA

À luz dessa oposição tão inexorável do mundo, temos de nos perguntar como podemos ter algum grau de segurança de que o cristão vencerá e não cairá. A resposta é simples: nossa esperança não está firmada sobre nossa própria força moral, devoção religiosa ou piedade pessoal, mas sobre a grandeza de nosso Salvador e na natureza da salvação que é nossa. Nas palavras do apóstolo Paulo, "somos mais que vencedores, por meio daquele que nos amou" (Romanos 8.37).

Em 1João 5.4–5, a vitória certa do cristão é atribuída a três importantes realidades. Ele vence pelo novo nascimento, pela fé na pessoa e obra de Cristo e pela grandeza daquele que nele habita.[7] Noutras palavras, nossa é vitória é certa porque é a vitória dele, realizada na força de Deus, feita por seu prazer e para a sua glória. A batalha do cristão é real. Ele é chamado a contender,[8] manter firmeza[9] e lutar[10] com a maior diligência e zelo.[11] No entanto, quando a poeira tiver parado e todo inimigo estiver vencido, o cristão admitirá que a batalha, bem como a vitória, foi do Senhor.[12] Se cremos, a vitória veio pela fé que ele nos deu.[13] Se não caímos em tentação, foi porque ele nos livrou.[14] Se passamos incólumes pelos escuros labirintos da dúvida e do desalento, foi porque ele era nosso guia.[15] Se na batalha

---

7 1João 4.4; 5.4–5.
8 Lucas 13.24; Romanos 15.30
9 1Coríntios 15.2; 1Tessalonicenses 5.21; Hebreus 3.6, 14; 4.14; 10.23; Apocalipse 2.25; 3.11.
10 Efésios 6.12; 1Timóteo 1.18; 6.12
11 Romanos 12.11; Hebreus 6.11; 2Pedro 1.5.
12 1Samuel 17.47; 2Crônicas 20.15; Zacarias 4.6.
13 Marcos 9.24.
14 Mateus 6.13; 1Coríntios 10.13; 2Pedro 2.9.
15 Salmo 5.8; 31.3; 43.3; 48.14; 139.10.

demonstramos maior caráter, foi o caráter que ele criou em nós.[16] Se ficamos de pé, foi porque ele nos colocou em pé.[17] Se labutamos com maior diligência e sacrifício, foi somente por sua graça.[18] Nenhum cristão que tenha conhecido tamanha graça argumentaria contra ela. Não acharia que tinha sido dado crédito demais a Deus nem procuraria angariar maior crédito para si mesmo. Em vez disso, exclamariam com o Rei Davi e o apóstolo Paulo: "Não a nós, SENHOR, não a nós, mas ao teu nome dá glória, por amor da tua misericórdia e da tua fidelidade" (Salmo 115.1). "Aquele que se gloria, glorie-se no Senhor" (1Coríntios 1.31).

De acordo com João, a primeira realidade que assegura a vitória do cristão é o novo nascimento: "porque todo o que é nascido de Deus vence o mundo; e esta é a vitória que vence o mundo: a nossa fé" (1João 5.4). Por meio deste trabalho, temos voltado a essa doutrina muitas vezes. A doutrina da regeneração é a magnífica obra de Deus pela qual um ser humano radicalmente depravado, que é hostil para com Deus e não consegue submeter-se à sua vontade,[19] é transformado em nova criatura que o ama, se deleita em fazer sua vontade, e busca a sua glória. Isso explica como aqueles que estavam mortos em suas transgressões e pecados são vivificados em Deus.[20] Responde a pergunta feita a muito tempo: "poderão reviver estes ossos?" (Ezequiel 37.3).

A doutrina da regeneração bem que poderia ser chamada de "a doutrina perdida pelo evangelicalismo contemporâneo". A falha em entender ou pregá-la resultou em diversas consequências. A glória da conversão foi diminuída para nada mais que uma decisão humana de seguir a Cristo, com quase nada dito a respeito do milagre necessário para que isso aconteça. O cristão é visto como nada mais que uma pessoa que tomou uma decisão. Se ele cresce, produz fruto ou continua firme, depende apenas de decisões pessoais futuras. Assim, ele obtete a vida eterna por uma decisão acertada por Cristo, mas poderá continuar em sua vida de carnalidade, mundanismo e imoralidade se decidir não ir além disso. Tal opinião revela ignorância da natureza da conversão e torna todo

---

16 Ezequiel 36.26; 2Coríntios 5.17.
17 Salmo 18.33; 66.9; Ezequiel 37.10; Romanos 14.4
18 1Coríntios 15.10; Efésios 3.7
19 Romanos 8.7.
20 Efésios 2.1–5.

o curso[21] da salvação dependente da volição de uma pessoa cuja natureza teve pouca ou nenhuma transformação.

Porém, na regeneração e conversão, quando entendidas corretamente, a pessoa se arrepende e crê como resultado de uma obra sobrenatural de Deus que transforma sua natureza, seus afetos e sua vontade. Ela é nova criatura que ama a Deus, deseja agradá-lo e anseia conformar-se à sua imagem. Agora toma a decisão certa porque possui os afetos certos — sua natureza foi renovada à semelhança de Deus em verdadeira justiça e santidade. Sendo assim, ela vence em virtude daquilo que se tornou mediante a miraculosa obra divina da regeneração.

Em segundo lugar, 1João 5.4 atribui a vitória certa do cristão à fé na pessoa e obra de Cristo. A justiça posicional do crente diante de Deus somente pela fé é o fundamento do cristianismo. À parte da realidade desta verdade na vida do crente, não existe fundamento certo sobre o qual construir, e não pode haver paz ou força para resistir aos ataques de dentro e de fora. Sem a doutrina da justificação pela fé, a vitória será impossível.

Para ser convertida, uma pessoa tem de possuir pelo menos algum conhecimento sobre a severidade do padrão de justiça de Deus e sobre sua falha em se conformar a este padrão. Ao crescer no conhecimento das Escrituras, ela se torna ainda mais convicta da grande distinção entre o caráter de Deus e do seu próprio caráter, entre o que Deus requer e aquilo que ela consegue fazer. Tal conhecimento levaria o crente à beira do desespero e da derrota, não fosse o fato de ser assegurado da certa, impecável e imutável justiça que foi imputada a ele mediante a fé em Cristo. Ele pode vencer toda tentação de desespero, somente porque sabe que foi justificado pela fé; que foi revestido na justiça de Cristo; e que sua posição certa diante de Deus não está fundamentada em sua própria virtude ou merecimento, mas sobre a virtude e os méritos daquele que é sem defeito e infalível. Permanece vitorioso, mesmo em meio às suas fraquezas e falhas, porque confia na palavra certa do evangelho: "Justificados, pois, mediante a fé, temos paz com Deus por meio de nosso Senhor Jesus Cristo" (Romanos 5.1). "Agora, pois, já nenhuma condenação há para os que estão em Cristo Jesus" (Romanos 8.1).

---

21 Todo o curso da salvação se refere à salvação em sua totalidade, nos três tempos — justificação no passado, santificação no presente e glorificação futura.

Os obstáculos do crente incluem suas falhas, a dúvida e o desespero que surgem de dentro dele. Ele também é confrontado com as grosseiras acusações do acusador dos irmãos, a antiga serpente chamada de Diabo e Satanás, que engana todo o mundo, que está cheio de fúria porque sabe que seu tempo é curto e que anda em derredor como um leão que ruge, buscando a quem devorar.[22] Ele é um inimigo cruel e sem misericórdia, que odeia cruelmente o povo de Deus, com ódio inimaginável. Ele procura a sua destruição com paixão inflamada pelo inferno.

Embora o Diabo tenha grande arsenal de onde tirar, uma de suas maiores táticas é apontar o fracasso do crente e argumentar que ele está além da graça de Deus. Com um lado da espada ele fere o crente, e, com o outro, corta fora a esperança de cura. Ele faz isso exagerando o fracasso do crente e diminuindo a natureza incondicional do amor de Deus para com seus filhos.

Se o cristianismo fosse religião de obras ou propagasse alguma forma de doutrina complementar que exigisse até mesmo a mais mínima justiça pessoal de nossa parte, seríamos levados ao desespero. Abandonaríamos a fé cristã como condenados, e trataríamos seus ensinamentos como um embuste divino que exige algo muito maior do que conseguimos atender. Seria mais cruel que a pior prosa da mitologia grega, onde os deuses brincam com a sorte dos homens e se deleitam nas suas angústias. E é exatamente isso que o Diabo quer que nós acreditemos!

Mas o cristianismo se coloca o mais longe possível de uma religião baseada em obras. Na verdade, é graça não diminuída e não misturada. Uma pessoa não é justificada pela força combinada de fé mais obras, mas somente pela graça mediante a fé somente. As obras do crente não complementam nem acrescentam à obra perfeita de Cristo, mas fluem dela. Aqueles que foram justificados pela fé foram também regenerados pelo Espírito; foram feitos novas criaturas, com novos afetos, firmados sobre fazer a vontade de Deus. Onde o cristianismo é encontrado em sua forma mais pura, a salvação é declarada como sendo pela fé, mas as obras fluem dessa salvação e são evidência dela.

O Diabo quer que torçamos a ordem dessa linda doutrina, misturando as obras com a fé, para que acreditemos que as obras sejam um meio em vez

---

22 1Pedro 5.8; Apocalipse 12.9-10; 12.

de um resultado da obra salvadora de Deus. Tal mistura das espécies é uma perversão das Escrituras, que sempre trata a graça e as obras como sendo mutuamente exclusivas em termos da causa da salvação. Como Paulo escreve à igreja em Roma: "E, se é pela graça, já não é pelas obras; do contrário, a graça já não é graça" (Romanos 11.6). Novamente afirmamos que isso não é uma contradição de Tiago, que escreve que a fé sem obras é morta. Somos justificados somente pela graça mediante somente a fé, mas a evidência da justificação e da regeneração são as obras.

A fé é o meio pelo qual o crente vence o mundo e não cede ao convite de suas tentações ou ataques brutais. Em meio a batalhas de dentro e de fora, em face de inimigos e fracassos, o cristão repousa sobre o fundamento inabalável de Cristo somente. Ele se gloria em Cristo Jesus e "não confiamos na carne" (Filipenses 3.3). Quando surgem as dúvidas e quando os ataques do inimigo são febris, o crente não olha para dentro de si para encontrar virtude ou força pessoal; pelo contrário, ele rejeita as acusações brutais do inimigo, desviando os olhos de si mesmo, e apontando-os para Deus, em Cristo, clamando vitoriosamente: "Quem intentará acusação contra os eleitos de Deus? É Deus quem os justifica. Quem os condenará? É Cristo Jesus quem morreu ou, antes, quem ressuscitou, o qual está à direita de Deus e também intercede por nós" (Romanos 8.33–34).

Pela fé, o crente vence as acusações do próprio coração, bem como aquelas feitas pelo inimigo. Até mesmo a realidade de seu fracasso pessoal não tem o poder de escravizá-lo pelo medo ou mantê-lo cativo pelo desespero. Ele continua com inexpugnável confiança em sua posição certa diante de Deus, porque essa certeza está fundamentada sobre a pessoa e obra de Cristo, seu Salvador. O compositor de hinos Horatio Spafford resume de maneira belíssima esta verdade:

> Embora me assalte o cruel Satanás,
> e ataque com vis tentações,
> Oh! certo eu estou, apesar de aflições,
> que feliz eu serei com Jesus.

Meu triste pecado, por meu Salvador,

foi pago de um modo cabal!

Valeu-me o Senhor! Oh! Mercê sem igual!

Sou feliz, graças dou, a Jesus![23] [Hinário Novo Cântico, # 108]

Por último, a vitória certa do cristão é atribuída à grandeza daquele que nele habita. João escreve: "maior é aquele que está em vós do que aquele que está no mundo" (4.4). A grande verdade que temos de aprender é que Deus não está somente conosco, mas também habita em nós mediante o Espírito Santo. Mesmo o mais piedoso entre nós não entende completamente a comunhão íntima que é comunicada por esta verdade.[24] Porque somos filhos, Deus enviou o Espírito de seu Filho aos nossos corações, clamando: "Abba, Pai!" Ele é o selo e a prova de que não somos mais escravos, mas filhos e herdeiros de Deus.[25] Ele nos assegura de nossa adoção ao testificar com nosso espírito que somos filhos de Deus.[26] Ele é o depósito que garante nossa herança até que a nossa futura redenção esteja completa.[27]

Conforme nossa necessidade, o Espírito que habita em nós ministra para que o grande propósito de Deus seja cumprido em nós. Ele nos capacita a compreender algo do que Deus fez por nós e nos deu em Cristo.[28] Ele nos auxilia em guardar as doutrinas do evangelho que nos foram confiadas, para que não nos afastemos de sua verdade nem nos desviemos para pessoas com outro evangelho.[29] Ele guerreia contra nossa carne e nos auxilia no grande conflito contra ela.[30] Ele nos fortalece com poder no homem interior para que conheçamos o amor de Cristo e sejamos cheios de toda a plenitude de Deus.[31] Ele nos protege do engano, produz seu fruto em nossas vidas, nos conduz e nos dá poder para

---

23 Horatio Spafford, "It Is Well with My Soul".
24 2Coríntios 13.14; Filipenses 2.1.
25 Gálatas 4.6–7.
26 Romanos 8.16.
27 2Coríntios 1.22; 5.5; Efésios 1.13–14; 4.30.
28 1Coríntios 2.12; 1João 2.20, 27.
29 1Timóteo 6.20; 2Timóteo 1.14; Gálatas 1.6–7.
30 Gálatas 5.17.
31 Efésios 3.16–19.

o ministério.³² Ele também "Nos assiste em nossa fraqueza, porque não sabemos orar como convém, mas o mesmo Espírito intercede por nós sobremaneira, com gemidos inexprimíveis" (Romanos 8.26). Como não triunfarmos sobre o mundo, a carne e mesmo todo o inferno, quando tal paracleto,³³ é dado assim livremente a nós em Cristo?

Outra grande verdade aprendida deste texto é que o Deus que habita em nós é infinitamente maior do que todos os nossos inimigos juntos. Todo o universo de homens e demônios, atacando coletivamente o trono de Deus teriam menos efeito que um pequenino mosquito batendo a cabeça contra um mundo de granito. As nações são uma gota no balde diante dele. Deus considera toda a força deles como menos que nada e insignificante. Ele estende os céus como uma cortina, reduz os governos a nada e torna insignificantes os juízes da terra.³⁴ Ele faz "de acordo com sua vontade no exército do céu e entre os habitantes da terra", e ninguém detém a sua mão nem pode questioná-lo quanto ao que ele faz (Daniel 4.35). Contra ele não há sabedoria, entendimento ou conselho.³⁵

Este é o Deus que habita no cristão. Ele não é um Deus fiel e incapaz nem é Deus capaz e infiel. Pelo contrário, ele é o Deus fiel, que cumpre suas promessas. Aquilo que prometeu ele é capaz de realizar.³⁶ Aquele que começou boa obra em nós a aperfeiçoará. Ele pode nos guardar de tropeços e fazer-nos ficar em pé na presença da sua glória, inculpáveis e com grande alegria.³⁷ Assim, o menor e mais franco entre nós pode exclamar com o apóstolo Paulo:

Em todas estas coisas, porém, somos mais que vencedores, por meio daquele que nos amou. Porque eu estou bem certo de que nem a morte, nem a vida, nem os anjos, nem os principados, nem as coisas do presente, nem do porvir, nem os poderes, nem a altura, nem a profundidade, nem qualquer outra criatura poderá separar-nos do amor de Deus, que está em Cristo Jesus, nosso Senhor. (Romanos 8.37–39).

---

32 Atos 1.8; Romanos 8.14; Gálatas 5.18, 22–23; 1João 2.26–27.
33 O título "Paracleto" vem da palavra grega *paraklétos*, que se refere a alguém chamado para acompanhar e auxiliar, um conselheiro ou advogado. João usa esse título frequentemente em referência ao Espírito Santo (João 14.16, 26; 15.26; 1João 2.1).
34 Isaías 40.15–23.
35 Provérbios 21.30.
36 Deuteronômio 7.9; Romanos 4.21.
37 Judas 24.

A QUESTÃO DA VITÓRIA

O cristão vence o mundo em virtude do novo nascimento, pela fé na pessoa e obra de Cristo e pela grandeza daquele que habita nele.[38] Porém, devemos estar certos de que tenhamos noção correta quanto ao meio pelo qual o cristão vence. Primeiro, não quer dizer que ele vencerá a carne de uma vez para sempre e nunca mais será perturbado por ela. A luta contra a carne às vezes será gigantesca até na vida do crente mais maduro e santificado.[39] Segundo, não significa que o verdadeiro crente vencerá o pecado nesta vida e conseguirá andar em curso ininterrupto de perfeição, sem pecar. Tiago, conhecido entre os apóstolos por sua piedade, incluiu a si mesmo quando escreveu: "Porque todos tropeçamos em muitas coisas" (3.2). E o amado apóstolo João é ainda mais severo ao escrever: "Se dissermos que não temos pecado nenhum, a nós mesmos nos enganamos, e a verdade não está em nós" (1João 1.8).

A vida cristã vitoriosa não quer dizer que fomos erguidos acima de todo conflito nem mesmo de perdas em batalhas. A vida cristã vitoriosa é encontrada em perseverança e paciência. Vencer significa que, apesar de nossas falhas, continuamos em frente. Nossa jornada poderá ser série constante de dois passos para frente e um passo para trás, mas continuamos crendo, nos arrependendo e seguindo. Não podemos negar mais a Cristo, assim como não podemos negar nossa própria realidade.[40] Não podemos voltar para o mundo porque sabemos que só ele tem as palavras da vida eterna.[41] Seguramos tenazmente ao evangelho e forçamos nossa entrada no reino,[42] não por alguma força de vontade interior ou mesmo alguma piedade excepcional, mas por completo desespero. Estamos totalmente convencidos de nossa incapacidade e temos de nos agarrar a Cristo, como o homem que está se afogando se agarra a uma corda de segurança ou um alpinista prestes a cair se agarra a seus pitons[43] e corda. Vencer significa simplesmente que continuamos com Cristo, perseverando na fé até o final.[44]

---

38 1João 5.4–5.
39 Gálatas 5.17.
40 Pastor Charles Leiter, conversa com o autor.
41 João 6.68.
42 Lucas 16.16.
43 Um *piton* é a estaca que se finca na rocha para sustentar o alpinista
44 Mateus 24.13.

Porém, se nos encontrarmos em estado fixo de incredulidade, comprometimento e mundanismo, temos razão para temer. Se estivermos continuamente acossados pelo pecado, sem evidência de santificação, temos base para dúvidas.[45] Se nos afastamos dos mandamentos de Deus e rejeitamos a disciplina, estaremos corretos pelo menos em questionar a legitimidade de nosso nascimento.[46] Se nos encontrarmos em sono infindo de apatia para com Deus, seu Cristo e seu evangelho, devemos nos examinar à luz da Escritura para verificar se estamos na fé.[47] Como na parábola do semeador, a questão de nossa salvação não é decidida por como começamos com o evangelho, mas como terminamos.[48] Aqueles que parecem ter um bom início, mas finalmente são vencidos, caem à beira do caminho e tornam-se infrutíferos, dando forte evidência de que era falsa a sua fé desde o começo da corrida.

---

45 Hebreus 12.14.
46 Hebreus 12.8.
47 2Coríntios 13.5.
48 Mateus 13.3–9, 18–23.

CAPÍTULO 14

CRER EM JESUS

> *Se admitimos o testemunho dos homens, o testemunho de Deus é maior; ora, este é o testemunho de Deus, que ele dá acerca do seu Filho. Aquele que crê no Filho de Deus tem, em si, o testemunho. Aquele que não dá crédito a Deus o faz mentiroso, porque não crê no testemunho que Deus dá acerca do seu Filho. E o testemunho é este: que Deus nos deu a vida eterna; e esta vida está no seu Filho. Aquele que tem o Filho tem a vida; aquele que não tem o Filho de Deus não tem a vida. –*
> 1João 5.9-12

Geralmente o melhor item em uma série é deixado por último. Este é o caso diante de nós agora, quando consideramos o teste final da conversão: fé pessoal no testemunho de Deus concernente a seu Filho. De acordo com João, sabemos que nos tornamos filhos de Deus porque cremos nas coisas que Deus revelou sobre Jesus Cristo de Nazaré, seu Filho. Tomando a palavra do apóstolo Paulo, somos marcados como cristãos porque nos gloriamos somente em Cristo e não depositamos nossa esperança na carne![1]

DEPRECIAÇÃO E MAU DIRECIONAMENTO DA FÉ

Antes de tratar o texto que está diante de nós, temos de confrontar duas opiniões populares, mas errôneas, com respeito à fé salvadora. O primeiro erro tem a ver com a natureza da fé e nossa apreciação da mesma. Em grande parte do evangelismo dos dias atuais, a fé salvadora foi reduzida a nada mais que uma concordância mental, muitas vezes superficial, com alguns princípios ou leis espirituais. Na mente de muitos, a fé se tornou apenas uma decisão da nossa vontade

---
[1] Filipenses 3.3.

de aceitar a Cristo, através de uma oração decorada. Embora muitos que se alegam cristãos possam viver o resto de sua vida sem pensar muito em Cristo, são assegurados de sua salvação ao olharem aquele momento no tempo quando fizeram a decisão certa, quando fizeram o que era certo. Assim, a fé salvadora não é vista como toda uma vida olhando para Cristo, ou como confiança perseverante nas promessas de Deus, mas como uma decisão feita uma vez e depois esquecida.

As Escrituras e as grandes confissões da igreja consideram a fé salvadora entre as "coisas profundas" de Deus, uma doutrina de insondável penetração, que deve ser examinada e contemplada com o maior interesse e cuidado. Porém, na tentativa de simplificar o evangelho, minimizamos a fé salvadora a pouco mais que um ritual despojado de sua significância e grandeza. Reduzimos este universo de glória a uma pequena parcela de terra, que pode ser atravessada em poucos minutos. Em seu estado redefinido e reduzido, o evangelho agora é tratado como leite para que bebês em Cristo o assimilem rapidamente, e um caminho de questões mais carnudas da doutrina cristã é deixado de lado. Novamente, essa depreciação da fé salvadora dos dias modernos é contrária às Escrituras, que assegura seu lugar de maior importância e vai a grandes e profundos esforços para defender e explaná-la.[2] Se quisermos restaurar o evangelho ao seu esplendor e poder original, temos de recuperar um entendimento bíblico do que significa crer no testemunho de Deus concernente a seu Filho amado. Temos de renunciar as metodologias dos dias atuais, as quais levam as pessoas a confiar numa oração do pecador e trazê-las a um perseverante "olhando para Cristo" pela fé.

A segunda opinião errada quanto à fé tem a ver com sua direção ou fim principal. O evangelicalismo contemporâneo está cheio de igrejas da fé, movimentos de fé, conferências e livros a respeito da fé. Porém, essa intensa preocupação trata principalmente com a espécie de fé que obtém bênçãos temporais da parte de Deus e demonstra pouco interesse na espécie de fé que conduz à justificação

---

2 O escritor de Hebreus identifica "fé para com Deus" como parte dos "ensinos elementares" sobre Cristo (6.1). A primeira vista, poderíamos pensar que ele estivesse classificando a fé salvadora entre as doutrinas rudimentares da fé cristã. Porém, não é este o caso. A palavra "elementar" é traduzida do grego *arché*, que significa começo, origem, o primeiro de uma série. Assim, a ideia transmitida é que a fé salvadora está entre as primeiras e fundamentais doutrinas do cristianismo. Embora ela possa ser corretamente chamada de primeiro passo da vida cristã, é também o último. De fato, toda a vida cristã deve ser descrita como um andar em fé. Pois a justiça de Deus é revelada mediante o evangelho de fé em fé.

eterna. As livrarias cristãs estão abarrotadas de instruções sobre fé para obter vitória, prosperidade e poder, no entanto, são praticamente estéreis quanto à exposição bíblica sobre a natureza e evidência da autêntica fé salvadora. Se esta ênfase em materialismo temporal acima da redenção eterna, e prosperidade pessoal acima do conhecimento de Deus, for alguma indicação do coração e alma do evangelicalismo, estamos em um estado lastimável.

Se quisermos restaurar o evangelho a seu esplendor e poder originais, temos de renunciar essa perturbadora preocupação com o temporal e voltar nossa atenção ao que é eterno. Temos de reajustar nossa balança a fim de dar uma leitura honesta, para que, quando o eterno e o temporário estiverem nos lados opostos, a balança incline a favor da eternidade. O apóstolo Pedro foi rápido em nos lembrar de que o alvo de nossa fé é a salvação de nossas almas, não qualquer lucro temporal: "o fim [resultado, efeito ou *telós* no grego] da vossa fé — a salvação da vossa alma" (1Pedro 1.9). Portanto, o *telós*, ou grande finalidade de nossa fé, olha para além dessa vida mortal e diz respeito ao resgate da condenação eterna de nossa alma, visando um relacionamento restaurado com Deus e a esperança futura de glória. Embora devamos crer em

Deus tanto para o temporal quanto para o eterno, colocar o primeiro acima do segundo é ajuntar escória e abandonar o ouro para trás.

A NATUREZA DA FÉ

Nosso texto trata primariamente de fé no testemunho de Deus quanto a seu Filho. Este tema parece simples, mas a quantidade de confusão que cerca a natureza exata da fé é esmagadora. Muitos evangélicos dizem possuir uma fé que salva, mas essa fé tem pouquíssimo impacto real sobre suas vidas no dia a dia. Este mal nos leva a algumas perguntas muito importantes: O que significa crer no testemunho de Deus quanto a seu Filho? O que significa ter fé? O autor de Hebreus nos diz: "Ora, a fé é a certeza de coisas que se esperam, a convicção de fatos que se não veem" (11.1).

De acordo com o escritor de Hebreus, a fé é a convicção que a pessoa possui quanto à realidade de algo por que espera, ainda que não tenha sido vista ou realizada. Esta definição nos leva a perguntas bastante importantes: Como uma pessoa razoável pode fazer isto? Como é que a fé é diferente do pensamento desejoso ou da procura insana por ilusões pessoais? Temos a resposta na integridade da pessoa de Deus e na confiabilidade de sua revelação. Uma pessoa pode ter segurança daquilo que espera e pode ser convencida daquilo que ainda não viu, somente porque Deus lhe deu testemunho disso. A vida de Noé claramente ilustra esta verdade, e o escritor de Hebreus cita, com respeito a ele: "Pela fé, Noé, divinamente instruído acerca de acontecimentos que ainda não se viam e sendo temente a Deus, aparelhou uma arca para a salvação de sua casa; pela qual condenou o mundo e se tornou herdeiro da justiça que vem da fé" (11.17).

Noé construiu a arca porque creu que o mundo logo seria destruído por um dilúvio. Não existiam relatos históricos de dilúvios globais anteriores sobre os quais basear sua convicção, nem evidência presente de que tal evento estivesse prestes a acontecer. Ele tinha a segurança de que um dilúvio estava para acontecer e dedicou sua vida inteira à construção de uma arca, simplesmente porque havia sido "avisado por Deus quanto a coisas ainda não vistas". Noé acreditou numa inundação global, e agiu com base nessa crença, porque Deus havia dado testemunho sobre um dilúvio prestes a vir.

A vida de Abraão apresenta-nos outra ilustração de fé. Quanto a ele, o apóstolo Paulo escreve o seguinte comentário: "E, sem enfraquecer na fé, embora levasse em conta o seu próprio corpo amortecido, sendo já de cem anos, e a idade avançada de Sara, não duvidou, por incredulidade, da promessa de Deus; mas, pela fé, se fortaleceu, dando glória a Deus, estando plenamente convicto de que ele era poderoso para cumprir o que prometera" (Romanos 4.19–21).

De acordo com isto, Abraão estava "plenamente convencido" que teria um filho através de sua esposa, Sara. Porém, sua maior segurança não era fundamentada sobre qualquer coisa visível, porque tanto ele quanto Sara estavam muito além da idade de ter filhos. Ele esperava contra a esperança e não vacilou em incredulidade, mas estava plenamente convicto de que um filho ainda seria concebido, simplesmente em razão do testemunho de Deus quanto a essa questão. Sua segurança estava fundada sobre o fato de que aquilo que Deus promete, ele tem o poder de realizar.

À luz desses versículos, podemos concluir que a fé genuína é segurança pessoal do que esperamos, e a convicção do que não vimos, simplesmente porque Deus deu testemunho disso. Isto é especialmente verdadeiro com respeito ao Filho de Deus, sobre o qual Deus deu o maior testemunho.

O TESTEMUNHO DE DEUS

O tema principal de 1João 5.9–12 é o testemunho de Deus quanto a seu Filho, Jesus Cristo de Nazaré. A palavra "testemunho", que é traduzida do grego *marturía,* é usada 113 vezes no Novo Testamento. Dessas ocorrências, sessenta e quatro estão nos escritos de João. No evangelho de João, o testemunho sobre Jesus é dado por João Batista,[3] o apóstolo João,[4] Deus Pai,[5] o Espírito Santo,[6] as Escrituras,[7] as obras de Jesus,[8] e o próprio Jesus.[9] Na primeira epístola de João é dado testemunho pelo apóstolo João;[10] o Espírito, a água e o sangue;[11] e finalmente, por Deus Pai.[12] No evangelho de João, o propósito do testemunho era que todos cressem que Jesus é o Cristo, Filho de Deus, e que crendo, fossem salvos.[13] Na primeira epístola de João, o propósito do testemunho era confirmar a verdade a respeito de Jesus Cristo e seu evangelho, e dar segurança aos crentes verdadeiros que haviam sido abalados na fé por falsos mestres.[14]

João inicia dando poderoso argumento quanto à confiabilidade de Deus e razoabilidade de crermos nele. Ele faz um contraste entre os homens e Deus e arrazoa a partir do menor para o maior. Se recebermos o testemunho menor dos homens, quanto mais devemos nos inclinar para receber o testemunho muito

---

3 João 1.6–8, 15; 3.26, 32–33; 5.32–34.
4 João 19.35; 21.24.
5 João 5.37; 8.18.
6 João 15.26.
7 João 5.39.
8 João 5.36; 10.25.
9 João 3.11, 32–33; 8.14, 18; 18.37.
10 1João 1.2; 4.14.
11 1João 5.6–8. A referência a "água e sangue" é provavelmente referência ao batismo e à crucificação de Jesus. Tanto o seu batismo quanto sua sangrenta crucificação testificam que ele é o Cristo, Filho de Deus e Salvador do mundo.
12 1João 5.9–11.
13 João 20.31.
14 Para uma explanação mais completa deste texto, dirigimos o leitor a *Letters of John,* por Colin G. Kruse, páginas 179–84.

maior de Deus?[15] Neste mundo, todos somos conclamados a confiar em muitas espécies de testemunho, desde os razoavelmente críveis até os mais falazes. De fato, se não confiássemos em alguém, logo seria impossível funcionarmos como indivíduos ou sociedades. Acreditamos nas pessoas, apesar de tudo que sabemos sobre elas, especialmente a tendência que possuem de distorcer a verdade.[16] Portanto, se consideramos razoável acreditar em homens propensos a mentira, quanto mais devemos crer no Deus da verdade, de quem as Escrituras testificam que não pode mentir?[17] De fato, as perfeições da sua natureza fazem que seja impossível que ele minta.[18] O profeta Samuel declarou: "Também a Glória de Israel não mente, nem se arrepende, porquanto não é homem, para que se arrependa" (1Samuel 15.29). Até mesmo o transviado Balaão foi forçado a fazer a seguinte recomendação: "Deus não é homem, para que minta; nem filho de homem, para que se arrependa. Porventura, tendo ele prometido, não o fará? Ou, tendo falado, não o cumprirá?!" (Números 23.19).

Crer no menor (homens) e desacreditar no testemunho do maior (Deus) não é apenas irracional, como também revela uma desconfiança no caráter de Deus. Mesmo dentro do contexto de relações humanas, duvidar da palavra de alguém é denegrir o seu caráter. O que fizermos com as palavras de alguém revela nosso pensamento quanto ao caráter dessa pessoa. Se isso é verdade quanto a homens, ainda mais em relação a Deus, cujo caráter está tão intimamente ligado à sua Palavra.[19] Por esta razão, as Escrituras enxergam a incredulidade do homem em relação à Palavra de Deus como crime hediondo, um ataque indesculpável sobre seu caráter, e ofensa a ser tratada. Nas palavras de João neste texto: "Aquele que não dá crédito a Deus o faz mentiroso, porque não crê no testemunho que Deus dá acerca do seu Filho" (5.10).

Tendo argumentado pela veracidade de Deus e pela confiabilidade de seu testemunho, João revela agora o assunto do testemunho de Deus: seu Filho. No versículo nove João declara: "este é o testemunho de Deus, que ele dá acerca do

---

15 1João 5.9.
16 Salmo 116.11; Romanos 3.4.
17 Salmo 31.5; Isaías 65.16; Tito 1.2.
18 Hebreus 6.18.
19 Salmo 138.2.

seu Filho". O uso desse tempo verbal denota a posição irrevogável e imutável de Deus com respeito a seu Filho. Ele dá testemunho concernente a Jesus e não mudará. D. Edmund Hiebert afirma: "Deus se colocou permanentemente como quem dá testemunho quanto a seu Filho".[20] Ele o fez por meio dos profetas do Antigo Testamento,[21] João Batista,[22] pelas obras do Espírito,[23] por sua voz audível,[24] pelos acontecimentos sobrenaturais e cataclísmicos em volta da crucificação,[25] ressurreição,[26] derramamento do Espírito no dia de Pentecostes,[27] e pelo contínuo testemunho do Espírito por toda a igreja.

À luz de testemunho tão sobrepujante quanto ao Filho, a incredulidade não é uma opção. As Escrituras nunca amimam o descrente nem provisionam as suas exigências por mais informações ou provas. A incredulidade nunca é desculpada nem considerada de pouco caso; pelo contrário, é resultado da obstinada negação dos fatos pelo pecador, simplesmente porque se recusa a submeter-se à justiça de Deus. A natureza séria e temível da incredulidade é revelada na advertência de Cristo: "Quem nele crê não é julgado; o que não crê já está julgado, porquanto não crê no nome do unigênito Filho de Deus" (João 3.18).

O SIGNIFICADO DA VIDA ETERNA

Até este ponto, João se esforçava para provar que Deus dera testemunho claro e certo sobre Jesus de Nazaré como Filho de Deus encarnado, crucificado pelos pecados do seu povo. Também argumentou a razoabilidade de crer neste testemunho e o crime de rejeitá-lo: "Aquele que não dá crédito a Deus o faz mentiroso, porque não crê no testemunho que Deus dá acerca do seu Filho" (5.10). Portanto, tendo estabelecido seu argumento, João nos diz agora sobre a natureza exata do testemunho de Deus acerca de seu Filho: "E o testemunho é este: que Deus nos deu a vida eterna; e esta vida está no seu Filho" (1João 5.11). Não é

---

20 Hiebert, *Epistles of John*, 241.
21 Lucas 24.44–47; João 5.39.
22 João 1.6–8, 15; 3.26, 32–33; 5.32–34
23 João 5.36; 10.25.
24 Deus falou audivelmente do céu no batismo de Cristo (Mateus 3.16–17; Marcos 1.10–11); em sua transfiguração (Mateus. 17.5; Marcos 9.7; Lucas 9.35); e perante a multidão durante a Páscoa (João 12.27–39).
25 Mateus 27.50–53.
26 Romanos 1.4; 4.25.
27 Atos 2.1–36.

exagero dizer que nestas poucas palavras encontramos a soma e a substância do evangelho. Porém, para entender este texto plenamente, temos de responder duas perguntas importantes: O que é a vida eterna? Qual o significado e implicações da frase "em seu Filho"?

Muita confusão tem origem em mau entendimento do tempo como também da natureza da vida eterna. Quanto ao tempo, muitos parecem ver a vida eterna exclusivamente como uma esperança futura, considerando-a sinônima à glorificação ou à vida futura no céu. Tal ponto de vista contraria o ensino das Escrituras de que a vida eterna começa no momento da regeneração e continua por toda a eternidade. Entendemos pelo evangelho de João que "quem crê no Filho tem a vida eterna; o que, todavia, se mantém rebelde contra o Filho não verá a vida, mas sobre ele permanece a ira de Deus" (3.36). O verbo "tem" é traduzido do tempo presente no grego, demonstrando que a vida eterna é uma realidade presente para os que realmente creem. Em 1João 5.11, João declara que "Deus nos deu a vida eterna". A frase "nos deu" (ou tem-nos dado) é traduzida do tempo *aoristo* do grego, demonstrando que a vida eterna já foi dada aos que creram no Filho. Disto concluímos que, embora a vida eterna seja uma esperança futura, é também uma realidade presente. Começa no primeiro momento de fé em Cristo, e nunca acabará pelas incontáveis eras da eternidade.

O primeiro erro, e mais comum, é achar que vida eterna seja meramente uma quantia de tempo em vez de qualidade de vida, ignorando sua natureza. Embora a vida eterna nunca acabe, a grande ênfase está sobre a *nova espécie* de vida que o crente recebeu em Cristo. No Discurso do Cenáculo, o Senhor Jesus Cristo descreve a vida eterna da seguinte maneira: "E a vida eterna é esta: que te conheçam a ti, o único Deus verdadeiro, e a Jesus Cristo, a quem enviaste" (João 17.3).

Jesus não está considerando a vida eterna como quantia de tempo, mas como uma qualidade de vida em comunhão com Deus e com seu Filho. Para entender o significado dessa verdade, precisamos compreender o significado da palavra "conhecer". Ela é traduzida do verbo no grego *ginósko*, sendo frequentemente usada para transmitir a ideia hebraica de conhecimento dentro do contexto de um relacionamento pessoal. Nas Escrituras, muitas vezes ela é usada para descrever a intimidade pessoal e até mesmo física entre um homem e uma mulher. Aqui é empregado para descrever vida eterna como sendo uma vida de íntima comunhão com Deus. João confirma ainda esse entendimento do texto através dos seus comentários finais em sua primeira epístola: "Também sabemos que o Filho de Deus é vindo e nos tem dado entendimento para reconhecermos o verdadeiro; e estamos no verdadeiro, em seu Filho, Jesus Cristo. Este é o verdadeiro Deus e a vida eterna." (5.20).

Mais uma vez, vida eterna é igualada ao conhecimento de Deus, por meio do Filho, no contexto de um relacionamento pessoal e íntimo. A ordem lógica é como segue: Mediante a pregação do evangelho e a obra regeneradora e iluminadora do Espírito que habita em nós, Deus dá vida, entendimento e coração disposto a seu povo. O resultado é que entram em nova vida de fé, comunhão, louvor e serviço a Deus. Isto é vida eterna — não apenas um alongamento de dias ou esperança futura do céu, mas uma nova vida em Cristo. Vida eterna não é uma postura indetectável diante de Deus ou mera conjectura teológica. É uma realidade presente, experimental e discernível na peregrinação terrena do crente. É tão real para ele quanto a recuperação da visão para o cego, da audição para o surdo e a restauração da vida para o que estava morto. Embora a realidade experimental desta vida varie em grau de um a outro crente e de um dia para outro dia, ela ainda é real.

VIDA NO FILHO

Passamos a atenção agora à inexaurível verdade de que esta vida está "em seu Filho" (1João 5.11). Essas três palavras são traduzidas da frase grega *en to huio*, e revelam uma das mais belas verdades de toda Escritura. No grego, a preposição ajuda a entender que o substantivo está em um caso que indica a esfera em que se encontra a vida eterna. Ela se encontra exclusivamente *no Filho*! Isto é prova de que Jesus não é meramente tudo de que necessitamos, como também é tudo que temos! Sem ele não temos parte com Deus. Nele, possuímos toda bênção de Deus ao homem. Fora dele nada temos. Sou "infeliz, sim, miserável, pobre, cego e nu" (Apocalipse 3.17). Somente Cristo é o fundamento sobre o qual se constrói qualquer coisa que possa ser edificada. Ele é a dobradiça sobre a qual tudo gira. É o fator determinante em tudo a respeito de ter uma posição e um relacionamento certo com Deus. Essa inexaurível verdade e suas implicações não podem ser inteiramente entendidas, nem poderão ser exageradas.

Entre as verdades maiores, mais fundamentais, do cristianismo encontramos esta: a vida eterna e todas as demais bênçãos espirituais estão exclusivamente no Filho. Jesus testificou de si: "Eu sou o caminho, e a verdade e a vida; ninguém vem ao Pai senão por mim" (João 14.6). Pedro se colocou diante dos governantes de Israel e declarou: "E não há salvação em nenhum outro; porque abaixo do céu não existe nenhum outro nome, dado entre os homens, pelo qual importa que sejamos salvos" (Atos 4.12). O apóstolo Paulo escreveu ao jovem Timóteo: "Porquanto há um só Deus e um só Mediador entre Deus e os homens, Cristo Jesus, homem" (1Timóteo 2.5). A verdade de que a vida eterna está exclusivamente *no Filho* não pode ser descartada. De fato, o cristianismo é encontrado em seu estado mais puro quando reconhece que, sem o Filho, somos "separados da comunidade de Israel e estranhos às alianças da promessa, não tendo esperança e sem Deus no mundo" (Efésios 2.12).

Em Efésios capítulo um, a singularidade, essencialidade e exclusividade de Cristo é apresentada indubitavelmente. Nos primeiros catorze versículos Paulo usa a frase "em Cristo" ou alguma equivalente onze vezes. *No Filho,* somos abençoados com toda bênção espiritual. *No Filho,* fomos escolhidos antes da fundação do mundo. *No Filho,* Deus concede livremente sua graça sobre nós. *No Filho,* temos a redenção e o perdão das transgressões. *No Filho,* Deus tornou conhecido a nós os mistérios da sua vontade. *No Filho,* Deus uniu todas as coisas no céu e na terra. *No Filho,* fomos selados pelo Espírito Santo da promessa.[28] Toda bênção espiritual que possuímos, incluindo a vida eterna, é devido ao amado Filho de Deus e sua obra em nosso favor! Por esta razão é que João conclui com uma das mais poderosas declarações das Escrituras com respeito à singularidade, supremacia e centralidade de Cristo na salvação: "Aquele que tem o Filho tem a vida; aquele que não tem o Filho de Deus não tem a vida" (1João 5.12).

Para o crente, esta verdade é mais que preciosa, pois deposita toda esperança do céu sobre Cristo e reconhece o valor infinito de sua pessoa e obra. O

---

28 Efésios 1.3–4, 6–7, 9–10, 13.

coração humano que foi verdadeiramente regenerado pelo Espírito Santo e justificado pela fé no sangue de Cristo não se ofenderá quando toda honra for dada ao Filho. Pelo contrário, se alegrará em todo pensamento ou palavra que dê a Cristo a glória e o enalteça acima de tudo. Além do mais, o cristão se deleita em conhecer e proclamar que Cristo é tudo em sua salvação. Ele se gloria em uma redenção recebida sem sua própria contribuição e uma justificação concedida à parte de sua própria virtude ou mérito. Ele até mesmo exultará por ter seu pecado pintado sobre o céu se sobre tal tenebrosidade surgir mais gloriosa a Estrela da Manhã.[29] Se formos realmente cristãos, nos deleitaremos em atribuir todo o crédito pela nossa salvação ao Filho, e ficaríamos consternados se até a menor medida de crédito fosse a nós atribuída.

Nas Escrituras, a representação de Cristo como único salvador e exclusivo mediador entre Deus e o homem é uma verdade preciosa para o cristão. Porém, para o descrente é maior escândalo, pedra de tropeço e rocha de ofensa.[30] Os descrentes depreciam tal posição como sendo arrogante fanatismo porque ela separa o cristianismo como religião exclusiva, que recusa acolher qualquer esperança de salvação fora de Cristo. Para o homem pós-moderno, cuja injustiça coage a própria mente a se curvar diante da hipótese absurda de que todas as religiões são igualmente verdadeiras, este é o único pecado imperdoável. É esta a razão pela qual os primeiros cristãos foram rotulados de ateus e queimados sobre cruzes, e é a razão pela qual toda forma de cristianismo bíblico e histórico é desdenhada nos dias atuais. Se a igreja apenas abrisse mão ou mesmo diminuísse a força desta declaração, ela conseguiria fazer a paz com o mundo e se reunir ao resto da humanidade. Porém, ao fazê-lo, estaria traindo a Cristo e negando sua paz e união com Deus.

O TESTEMUNHO INTERNO

Conforme o apóstolo João, o testemunho de Deus é este: Deus nos deu a vida eterna, e esta vida está em seu Filho. Além do mais, João declara que todos aqueles que realmente creem no Filho têm em si mesmos esse testemunho.[31]

---

29 Uma referência ao Messias. Números 24.17; 2Pedro 1.19; Apocalipse 22.16.
30 Romanos 9.32–33; 1Pedro 2.8.
31 1João 1.10.

Essa notável verdade é muito mais difícil de interpretar do que poderíamos achar de primeira mão. Mesmo entre estudiosos dentro da tradição conservadora e Reformada, vários pontos de vista têm sido expostos. Estaria João dizendo que quem crê aceitou e internalizou o testemunho que Deus deu quanto a seu Filho? Estaria João aludindo ao testemunho interno do Espírito, que habita o crente? Ou, estaria se referindo ao testemunho experimental de vida eterna que o crente agora possui, a realidade de uma nova espécie de vida, centrada em íntima comunhão com o Pai e do Filho? Pode ser que o significado seja amplo bastante para incluir todas essas ideias.

A primeira marca de que fomos verdadeiramente convertidos é que aceitamos o testemunho de Deus, que foi primeiramente comunicado através de testemunhas oculares como os apóstolos,[32] e desde então tem sido transmitido a cada sucessiva geração pela fiel pregação do evangelho. Sabemos que somos cristãos porque nos atemos e confiamos no evangelho de Jesus Cristo, o qual foi "entregue uma vez por todas aos santos" (Judas 3). Firmamo-nos sobre as Escrituras e dentro da corrente do evangelho do cristianismo histórico. Não nos desviamos da esperança do evangelho, mas continuamos firmes na fé estabelecida e bem firmada.[33]

É importante observar que a aceitação autêntica do testemunho de Deus resultante na salvação não é superficial ou banal; o resultado é que aos poucos o assimilamos a todos os aspectos de nossa vida. Para o verdadeiro convertido, Cristo se torna nossa comida e bebida: Jesus lhes disse: "Em verdade, em verdade vos digo: se não comerdes a carne do Filho do Homem e não beberdes o seu sangue, não tendes vida em vós mesmos" (João 6.53).[34] Suas palavras são fundamento, modelo e alvo da vida. O evangelho torna-se parte de nós e marca distintiva de quem somos; ele nos define como também indica nossa direção. Está dentro de nós e faz parte de nosso ser. Não poderíamos nos separar do evangelho, assim como não podemos dividir nosso ser e espalhá-lo aos quatro cantos da terra. Das profundezas de nosso homem interior concordamos com o evangelho, nos deleitamos em sua

---

32 1João 1.1–4.
33 Colossenses 1.23.
34 A frase "nossa carne e bebida" vem de *Olney Hymns*, de John Newton, "What Think Ye of Christ," [O que pensais de Cristo?] no. 89: "Se perguntásseis o que penso de Jesus? Ainda que meus melhores ensinamentos sejam mui pobres; Digo eu: ele é minha comida e bebida, minha força e garantia".

beleza e desejamos ser conformados a seus preceitos. Toda proclamação fiel do evangelho que ouvimos ou lemos é maior confirmação ao coração de que Cristo é tudo e que a vida eterna é e está somente *no Filho*!

A segunda marca de que somos verdadeiramente cristãos está no testemunho interno do Espírito que habita em nós. Do evangelho de João, aprendemos que o Espírito Santo foi enviado para testificar de Cristo, habitar o crente e conduzi-lo a toda verdade.[35] Na primeira epístola de João, aprendemos que o Espírito também trabalha dentro do crente, confirmando e fortalecendo a sua segurança de filiação. Sabemos que somos filhos de Deus e temos um relacionamento constante com Cristo pelo Espírito, que ele nos deu.[36] O Espírito de Deus testifica a encarnação e obra expiatória de Cristo, e confirma sua realidade dentro de nosso coração.[37]

Observe que este ensinamento sobre o testemunho interno do Espírito Santo não ocorre somente nos escritos de João, mas também é essencial à visão de Paulo do que seja a vida cristã. O Espírito Santo e a vida que dele flui foram dados a todo crente como uma espécie de primícias e penhor da vida que será revelada em nossa glorificação final.[38] Pelo Espírito Santo, o amor de Deus é derramado em nossos corações em uma real e discernível experiência.[39] O Espírito Santo remove o temor escravizador da condenação e o substitui por forte segurança de filiação, por meio do qual clamamos "Aba, Pai".[40] O Espírito também nos conduz de acordo com a vontade de Deus e nos sustenta em meio a nossa fraqueza.[41] Finalmente, o Espírito Santo dá testemunho de que somos filhos de Deus mediante seu trabalho contínuo de santificação, conformando-nos à imagem de Cristo e produzindo a vida frutífera de Cristo em nós.[42]

---

35 João 14.16; 15.26; 16.13.
36 1João 3.24; 4.13.
37 1João 4.2; 5.6–8.
38 Romanos 8.23; Efésios 1.13–14
39 Romanos 5.5. O leitor não deve concluir que tais manifestações de amor divino devam ser experimentadas continuamente ou sempre com a mesma intensidade. Embora o amor de Deus o substitua com forte segurança de filiação, que nos leva a clamar: "Abba Pai".
40 Romanos 8.15; Gálatas 4.6. Novamente, é necessário que se reconheça que a segurança de filiação do crente pode variar de força e intensidade. Embora nossa forte segurança de salvação seja da vontade do Pai, até mesmo o santo mais maduro pode lutar com dúvidas enquanto batalha os inimigos que se formam contra ele — a carne, o mundo, e o Diabo.
41 Romanos 8.14, 26.
42 Romanos 8.16; 15.13; Gálatas 5.22–23. O testemunho do Espírito certamente não se limita às emoções ou ao místico. Ele testifica também sobre a nossa filiação mediante evidências práticas e discerníveis de uma vida piedosa e

Conforme João e Paulo, esta obra interior do Espírito será realidade na vida de todo filho de Deus. Suas manifestações variam de um para outro crente. Mesmo no santo mais maduro, haverá tempos de poda, aparente infertilidade, e diminuição ou ausência de manifestação da presença de Deus.[43] No entanto, a vida de todo crente demonstrará manifestações práticas e discerníveis da obra do Espírito. Este é direito de nascença dos filhos de Deus e um dos meios pelos quais somos assegurados de que o conhecemos.

Uma terceira marca de que verdadeiramente cremos para a salvação é o testemunho da realidade da vida eterna em nosso interior. Para entendermos esta declaração, precisamos lembrar a verdadeira natureza da vida eterna. Não é meramente um comprimento infinito de dias, mas uma qualidade de vida fundamentada em Deus e fluindo de um conhecimento íntimo com Deus e comunhão com ele e seu Cristo.[44] Se a vida eterna se refere a nada mais que uma vida sem fim ou realidade futura no céu, então até mesmo a pessoa mais carnal e mundana pode afirmar possuí-la, e ninguém a poderá refutar. Porém, se a vida eterna é uma nova espécie de vida que se manifesta em verdadeiro conhecimento de Deus e comunhão com ele, a confiança da pessoa carnal e mundana fica exposta como sendo no mínimo tênue e totalmente falsa, em seu pior estado.

Uma máxima popular que é também bíblica dentro do cristianismo evangélico é: "Sabemos que temos a vida eterna porque cremos". Podemos também reverter a ordem das palavras e criar outra declaração igualmente verdadeira: "Sabemos em quem temos crido porque temos a vida eterna". Noutras palavras, sabemos que realmente cremos em Cristo e fomos justificados por essa fé devido à discernível e constante realidade na vida dentro de nós, que teve início com nossa conversão. Sabemos que cremos para a salvação porque entramos em comunhão real, vital e permanente com o único Deus verdadeiro e Jesus Cristo a quem ele enviou.[45] Esta é a vida eterna! Isto é verdade em nós?

---

semelhante a Cristo.
43 Embora Deus seja onipresente, ele nem sempre manifesta sua presença, nem sempre ela é discernível ao crente. Mesmo o cristão mais maduro e piedoso poderá passar por tempos em que há pouco senso da presença de Deus em sua vida. Tais ocasiões servem para ensinar o crente a andar pela fé e confiar em Deus mesmo na escuridão.
44 João 17.3.
45 João 17.3; 1João 5.20.

RESUMINDO

Concluindo nosso estudo, consideraremos rapidamente as características do verdadeiro filho de Deus apresentadas em 1João. É nossa esperança que o crente cresça em sua segurança da salvação, e que os não convertidos venham ao reconhecimento de que ainda precisam conhecer a Cristo.

Prova 1: Sabemos que somos cristãos porque andamos na luz (1João 1.4–7). Nosso estilo de vida está aos poucos se conformando ao que Deus nos revelou sobre sua natureza e vontade.

Prova 2: Sabemos que somos cristãos porque nossa vida é marcada por sensibilidade ao pecado, arrependimento e confissão (1João 1.8–10).

Prova 3: Sabemos que somos cristãos porque guardamos os mandamentos de Deus (1João 2.3–4). Desejamos conhecer a vontade de Deus, nos esforçamos por obedecê-la e lamentamos quando somos desobedientes.

Prova 4: Sabemos que somos cristãos porque andamos conforme Cristo andou (1João 2.5–6). Desejamos imitar a Cristo e crescer em conformidade a ele.

Prova 5: Sabemos que somos cristãos porque amamos os outros cristãos, desejamos comunhão com eles e procuramos servi-los em atos e em verdade (1João 2.7–11).

Prova 6: Sabemos que somos cristãos porque temos desdém cada vez maior pelo mundo rejeitamos tudo que contradiz e se opõe à natureza e vontade de Deus (1João 2.15–17).

Prova 7: Sabemos que somos cristãos porque continuamos nas doutrinas históricas e práticas da fé cristã, permanecendo dentro da comunhão com outros que fazem o mesmo (1João 2.18–19).

Prova 8: Sabemos que somos cristãos porque professamos que Cristo é Deus e o consideramos em mais alta estima (1João 2.22–24; 4.1–3, 13–15).

Prova 9: Sabemos que somos cristãos porque nossa vida é marcada por anseio e busca prática de santidade pessoal (1João 3.1–3).

Prova 10: Sabemos que somos cristãos porque praticamos a justiça (1João 2.28–29; 3.4–10). Fazemos as coisas que se conformam ao padrão da justiça de Deus.

Prova 11: Sabemos que somos cristãos porque vencemos o mundo (1João 4.4-6; 5.4-5). Embora muitas vezes sejamos pressionados e cansados, vamos em frente pela fé. Continuamos seguindo a Cristo e não voltamos para trás.

Prova 12: Sabemos que somos cristãos porque cremos naquilo que Deus revela sobre seu Filho, Jesus Cristo. Temos a vida eterna somente nele (1João 5.9-12).

Se temos essas qualidades, e admitimos que elas estão aumentando em nós, temos a evidência de que conhecemos a Deus e produzimos o fruto de um filho de Deus. Porém, se tais qualidades estão ausentes em nossa vida, devemos nos preocupar grandemente por nossas almas. Temos de ser diligentes em buscar a Deus com respeito à nossa salvação. Temos de examinar-nos novamente para ver se estamos na fé. Temos de ser diligentes e tornar seguros nosso chamado e nossa eleição.[46]

---

46 2Coríntios 13.5; 2Pedro 1.8-11.

PARTE 2

ADVERTÊNCIAS DO EVANGELHO OU ADVERTÊNCIAS A CONFISSÕES VAZIAS

Crês, tu, que Deus é um só? Fazes bem. Até os demônios creem e tremem! — Tiago 2.19

Entrai pela porta estreita (larga é a porta, e espaçoso, o caminho que conduz para a perdição, e são muitos os que entram por ela), porque estreita é a porta, e apertado, o caminho que conduz para a vida, e são poucos os que acertam com ela. — Mateus 7.13–14

CAPÍTULO 15

REDUCIONISMO EVANGÉLICO

Crês, tu, que Deus é um só? Fazes bem. Até os demônios creem e tremem! — Tiago 2.19

Duas coisas vistas separadamente poderão parecer quase idênticas até que sejam colocadas lado a lado. Aquilo que parecia ser apenas uma pequena diferença ou um desvio menor se torna em berrante contraste. Fazer comparações e contrastes, o que tem se provado benéfico em quase toda disciplina de descobrimento, é também de grande ajuda no estudo da Escritura e na formação da teologia sistemática. A igreja, e os crentes como indivíduos, sempre se beneficiaram ao comparar e contrastar suas crenças e práticas com o grande padrão da Escritura e com o padrão menor, mas ainda útil, da história da igreja. Atualmente, a comunidade evangélica faria bem em seguir esse curso, não importa quão doloroso seja o processo ou aquilo que venha a ser revelado. A descoberta da mais terrível doença não será uma má notícia se ainda houver tempo para cura.

Até mesmo a menor análise do pensamento cristão histórico, desde os reformadores até o presente, revela grande contraste entre o evangelho do cristianismo contemporâneo e o de nossos antepassados. Esse contraste não se limita às comunidades liberais, que negam os principais dogmas da ortodoxia, mas se encontram até mesmo nas igrejas evangélicas mais conservadoras. Temos tomado o "glorioso evangelho do Deus bendito" e o reduzido a um credo raso (1Timóteo 1.11). Qualquer um que professe esse credo é declarado nascido de novo e totalmente cristão.

RESPOSTAS CERTAS A PERGUNTAS ERRADAS

O apóstolo Tiago parecia comovido por uma enorme preocupação: a apresentação da "religião pura e sem mácula" diante de Deus (1.27). Por esta razão, a sua carta geral é extremamente direta e muitas vezes severa. Ele pinta com traços largos e tem pouco uso de nuances. Diz claramente que não se impressiona por nossas afirmações de fé e reivindicações de piedade. Ele exige maiores evidências e quer ver nossa fé provada pela ação.

No texto que estamos considerando, Tiago ataca o coração de seus irmãos judeus que professaram ter fé em Cristo somente por palavras. Eles haviam caído no fosso mortal da crendice vazia. Haviam dado alguma forma de consentimento mental às grandes doutrinas da fé cristã, mas ainda não eram convertidos. Para remediar a situação, Tiago lembra a maior confissão doutrinária de Israel, o *Shemáh*: "Ouve, Israel, o SENHOR, nosso Deus, é o único SENHOR" (Deuteronômio 6.4).[1] Então, com sarcasmo mordaz, ele argumenta que concordar e fazer confissão do maior de todos os credos não tem nenhum valor se isso não for acompanhado de fé autêntica, que resulta em comportamento correspondente. Uma pessoa que crê na existência de um só Deus verdadeiro faz bem. Porém, se sua crença resultar em nada mais que uma confissão verbal, ele está em situação pior que os demônios, pois essas criaturas malignas e condenadas também creem a mesma verdade, e, ao tremer, demonstram maior reverência do que aquele que confessa a fé e permanece não movido por ela.

De Tiago aprendemos que nossa confissão pública de fé em Cristo e nossa aquiescência verbal a declarações doutrinárias imaculadas não são evidência conclusiva de salvação. Os demônios creem em toda espécie de coisas certas sobre Deus, e as Escrituras até mesmo relatam uma correta declaração pública a respeito de Cristo feita por eles: "Também os espíritos imundos, quando o viam, prostravam-se diante dele e exclamavam: Tu és o Filho de Deus" (Marcos 3.11).

---

1 *Shemáh* é derivado da palavra hebraica para "ouvir".

Contudo, esses demônios não foram redimidos. Embora cressem em grandes verdades, demonstrando discernimento de grandes doutrinas, e professando grandes coisas, eram ainda espíritos demoníacos propensos para o mal, opositores da justiça e inimigos de Deus. Da mesma forma, ainda que a pessoa creia coisas certas sobre Deus e as professe publicamente, pode não estar em melhor situação que um demônio.

O que Tiago combatia há quase dois mil anos continua vivo e ativo no cristianismo contemporâneo. Os judeus tinham reduzido a antiga fé de Israel a uma pública profissão de fé no monoteísmo. Temos reduzido a fé cristã a nada mais que uma resposta positiva a algumas perguntas simples. Uma apresentação moderna do evangelho frequentemente começa com essa pergunta: Você sabe que é pecador? Se a pessoa responde que sim, uma segunda pergunta é feita: Você quer ir para o céu? Se essa pessoa der uma segunda resposta positiva é encorajada a fazer uma oração, pedindo que Jesus entre em seu coração. Se ela ora e é convencida de sua sinceridade, é-lhe assegurado de sua salvação e concedida boas-vindas à família de Deus.

Neste capítulo, olharemos mais de perto esse método popular de evangelismo e descobriremos que ele não somente é inadequado, como também extremamente perigoso. Milhões de pessoas se assentam nos bancos das igrejas, não convertidos, mas assegurados da sua salvação porque em algum tempo deram respostas certas a perguntas erradas.

VOCÊ É PECADOR?

O nosso mundo é caído e nós somos raça caída. De acordo com as Escrituras, a imagem de Deus no homem foi seriamente desfigurada e a corrupção moral poluiu todo seu ser: corpo,[2] razão,[3] emoções[4] e vontade.[5] Como pode a pessoa, sem as Escrituras e a obra do Espírito, sequer entender quando lhe perguntam se é pecador? Se simplesmente diz que sim, o que isso quer dizer? O que aprendemos

---

2 Romanos 6.6, 12; 7.24; 8.10, 13.
3 Romanos 1.21; 2Coríntios 3.14–15; 4.4; Efésios 4.17–19
4 Romanos 1.26–27; Gálatas 5.24; 2Timóteo 3.2–4.
5 Romanos 6.17; 7.14–15.

a respeito dela? Nossa cultura "bebe a iniquidade como a água!" (Jó 15.16). O pecado é apreciado, estimado, promovido e propagado. Não somente pecamos como também nos gabamos da extensão de nosso pecado e nossa falta de vergonha. Assim, quando uma pessoa meramente concorda que é pecadora, isso significa muito pouco. O Diabo nos diria que ele é grande pecador, mas a sua profissão não o levaria mais perto de Deus nem provaria que Deus estivesse operando em seu coração. Podemos dizer o mesmo do homem.

Sabedores disso, faríamos bem em reconhecer que a pergunta certa não é se a pessoa sabe ser pecadora, mas, se Deus tem operado no seu coração, através da pregação do evangelho, para que sua visão e disposição quanto ao pecado mude. Ela já começou a ver o pecado como Deus o vê e da maneira como as Escrituras descrevem? Ela agora se considera totalmente sem mérito e digna somente do juízo de Deus? O seu amor por si mesmo e pelo pecado tem sido substituído por aversão e vergonha diante do mesmo? Ela anseia ser perdoada, liberta e purificada?

Uma coisa é a pessoa dizer que é pecadora, ou até mesmo protestar contra o pecado, mas é outra bem diferente odiar seu pecado e se envergonhar dele. De acordo com as Escrituras, a prova de que Deus realizou a obra da salvação no coração de uma pessoa não é uma declaração pública sobre o fato de ser pecador, mas uma transformação interior do coração em relação ao pecado.

O Peregrino de Bunyan nos oferece excelente exemplo da diferença entre a pessoa que meramente reconhece que é pecadora e aquela cuja disposição virou contra o seu pecado. Vemos isso numa conversa entre o verdadeiro crente Fiel e o falso convertido Tagarela:

> *Tagarela:* Percebo que nossa conversa deve versar sobre o poder das coisas. Bom, eis aí uma pergunta muito boa, e certamente é de bom grado que a respondo. E aqui vai a minha resposta, em breves palavras: Primeiro, se a graça de Deus está no coração, lá ele provoca um grande clamor contra o pecado. Em segundo lugar...
>
> *Fiel:* Espere, por favor: ponderemos um argumento por vez. Acho que seria melhor dizer que ela se revela, inclinando a alma a detestar o pecado.
>
> *Tagarela:* Ora, que diferença há entre clamar contra e detestar o pecado?

> *Fiel:* Ah, existe uma grande diferença. O homem pode clamar contra o pecado ou a astúcia, mas não pode detestá-lo, senão em face de uma piedosa antipatia diante dele.[6]

O pobre e enganado Tagarela sabia todas as coisas certas a dizer, mas nada disso era realidade em seu coração. Sabia ser correto a pessoa reconhecer o pecado em sua vida e até mesmo falar conta ele, mas em seu coração não havia verdadeiro ódio ao pecado nem vergonha por sua participação nele.

Deste breve intercâmbio entre Tagarela e Fiel, aprendemos que não devemos tratar superficialmente a respeito do pecado na pregação do evangelho nem ao aconselhar os que estão em busca do conhecimento da verdade. Não basta perguntar se são pecadores, baseado em suas definições do termo ou em suas opiniões sobre eles mesmos. Temos de exaurir todo recurso das Escrituras, até que obtenham entendimento bíblico do pecado, compreendam algo de sua própria pecaminosidade, e mostrem evidência de uma nova disposição diante disso. Somente então poderemos deixar para trás a discussão sobre pecado e avançar para outras questões do evangelho.

VOCÊ QUER IR PARA O CÉU?

Muitas vezes, com os métodos evangelísticos contemporâneos, se uma pessoa responde de maneira positiva à primeira pergunta sobre seu pecado, ela é confrontada com uma segunda pergunta: Você quer ir para o céu? Neste ponto, mais uma vez temos de nos fazer uma pergunta muito importante: se essa pessoa responde negativamente ou positivamente, será que essa resposta nos diz qualquer coisa a respeito da verdadeira condição de seu coração? Se uma pessoa simplesmente escolhesse o inferno em vez do céu, significaria uma de duas coisas: ou ela não entende os terrores do inferno ou é lunática. No entanto, se declara a sua preferência pelo céu, isso prova que Deus está operando, que existe arrependimento ou que ela possui fé salvadora? As pessoas podem desejar o céu por um número

---

6 John Bunyan, *O Peregrino*, traduzido por Eduardo Pereira e Ferreira. São Paulo: Mundo Cristão, 1999. p. 111.

quase infinito de razões, a maioria das quais egoístas.

Primeiro, podem desejar o céu por amor do céu. O humanismo secular e suas reformas sociais nos ensinaram que todos os homens possuem um desejo nato por uma utopia, um lugar ideal e perfeito. Quem senão os loucos ou criminalmente insanos desejaria caos acima do paraíso? Todas as pessoas querem um mundo perfeito onde tudo é lindo, não existe medo, a morte foi vencida e todos os sonhos se realizam. Porém, será que tal desejo indica a obra de conversão no coração da pessoa? Um desejo pelo céu "por amor do céu" não significa nada.

Segundo, as pessoas podem desejar o céu porque a única outra alternativa seria o inferno. Em certas épocas do ano, nas matas do norte do Peru, os fazendeiros ateiam fogo aos arrozais a fim de queimar a debulha. As chamas são intensas e o mundo parece mergulhado em fumaça e fuligem. Se olharmos de perto, veremos toda espécie de víbora e bichos daninhos fugindo das chamas. Mesmo que impelidos apenas pelo instinto, eles possuem um senso de autopreservação. Rastejam e serpenteiam, saindo do campo tão rápido quanto possível, mas quando chegam a um lugar seguro, continuam sendo cobras e bichos selvagens. Não são novas criaturas. O seu desejo não mudou. Ainda almejam o pântano escuro e sombrio de onde fugiram e não têm o mínimo desejo de permanecer no terreno alto a que acorreram. Só quiseram deixar um lugar e alcançar o outro para preservar a si mesmos.

De maneira semelhante, um desejo pelo céu que nasceu do medo do inferno não diz nada a respeito de ter havido mudança operada por Deus no coração do homem. Embora o medo do inferno seja uma motivação bíblica para a salvação, jamais pode ser motivação exclusiva ou primária. João Batista advertiu os homens a fugir da ira vindoura.[7] Jesus disse às pessoas que temessem aquele que é capaz de destruir o corpo e a alma no inferno.[8] No dia de Pentecostes, o apóstolo Pedro clamou a seus ouvintes que fossem salvos de uma geração perversa.[9] Até mesmo no *Peregrino*, Cristão fugiu para a Cidade Celestial porque viu a destruição que estava vindo à sua habitação presente. Porém, na verdadeira conversão, o medo

---

7 Mateus 3.7.
8 Mateus 10.28.
9 Atos 2.40.

do inferno e o senso de autopreservação de uma pessoa é logo ofuscado por seu amor a Deus e pelo seu desejo de justiça. Na verdadeira conversão, as pessoas não fogem simplesmente de algo que temem, mas fogem para algo que desejam: uma pérola de grande preço,[10] o reino de Deus e sua justiça.[11] Elas temem estar perdidas porque têm medo de perder a Jesus![12] Porém, o desejo singular e sincero da pessoa de salvar a própria pele não prova a obra da conversão no coração.

Terceiro, as pessoas podem desejar um céu sem Deus. Conforme já dissemos, a maioria das pessoas quer o céu, mas discordam quanto a como este deve ser e quanto ao seu governo. Muitas pessoas acreditam que o céu é lugar onde todo mundo consegue exatamente aquilo que quer. Porém, com tantas ideias e desejos conflitantes entre os seus habitantes, como poderia existir tal lugar? Isso exigiria que todo indivíduo ganhasse seu céu particular, onde fizesse suas próprias regras e governasse com soberania absoluta. Será que o Deus da Escritura caberia em um esquema desses? Temos de reconhecer que quando a grande maioria afirma o desejo do céu, na verdade não estão pensando em um lugar onde Deus é epicentro de todo pensamento, prazer e adoração. Um reino onde somente Deus é absoluto soberano e sua vontade é a única regra não é apenas estranha para seus pensamentos, mas também muito desagradável.

Um filme intitulado "Amor além da vida" trata de um médico agnóstico que morre e vai para o céu. Enquanto está de pé ali, atônito diante da realidade da vida após a morte, um anjo se aproxima dele. Na conversa que segue, o bom médico raciocina: "Se existe um céu, Deus também existe?" O anjo responde afirmativamente, e o bom médico pergunta: "Onde ele está?" O anjo aponta para cima e diz: "Lá em cima".

Esse simples diálogo fala muito sobre o homem e sua inimizade contra Deus. Achando impossível negar a existência de Deus, o homem faz de tudo que pode para suprimir o que sabe ser verdade sobre ele.[13]

Em décadas passadas, o homem procurou remover Deus de todo aspecto da

---

10 Mateus 13.45–46.
11 Mateus 6.33.
12 Pensamento do pastor Charles Leiter.
13 Romanos 1.18.

vida sobre a terra (cultura, governo, educação, até mesmo religião), e convenientemente relegá-lo ao céu, onde Deus permanece invisível e alienado. Ora, parece que o homem rompeu as linhas inimigas de forma monumental em sua guerra contra Deus, removendo-o do céu e relegando-o a um plano ainda mais alto. Como um professor que permite que o aluno passe só para se livrar desse estudante, a humanidade colocou Deus em plano mais alto simplesmente para se livrar dele. Isso demonstra uma verdade poderosa e irrefutável: todo mundo quer ir para o céu, mas a maioria não quer que Deus esteja lá.

Mais uma prova de que muitas pessoas desejam um céu sem Deus é que os desejos e ambições da maioria das pessoas que estão aqui na terra são totalmente contrários aos do céu. Por que uma pessoa que não tem o mínimo desejo de adorar na terra iria querer estar num céu onde tudo é adoração? Por que aqueles que amam o pecado desejariam um lugar onde não existe pecado? Por que alguém apático quanto à justiça desejaria um lugar onde habita a perfeita justiça? Por que alguém que não se importa com a vontade de Deus desejaria um lugar onde a vontade de Deus é tudo?

Todos os homens querem ir ao céu, mas o céu que querem é diferente daquele revelado nas Escrituras. Sendo assim, a questão de se uma pessoa deseja ir ao céu seria melhor dita da seguinte forma: Tem Deus operado em seu coração por meio do evangelho que você ouviu, fazendo com que agora exista um anseio real e verdadeiro por ele? O Deus pelo qual antigamente você não tinha o mínimo interesse ou desejo tem se tornado objeto dos seus desejos? O amor a Deus foi despertado em seu coração? Há novos afetos atraindo-o irresistivelmente a Deus? A pergunta não é se a pessoa que ir ao céu, mas se ela deseja a Deus. Como Jesus declarou: "E a vida eterna é esta: que te conheçam a ti, o único Deus verdadeiro, e a Jesus Cristo, a quem enviaste" (João 17.3).

VOCÊ QUER ORAR?

Em grande parte do evangelismo dos dias modernos, se uma pessoa responde positivamente à primeira pergunta sobre seu pecado e à segunda pergunta quanto ao céu, ela é confrontada com uma terceira e última pergunta: Quer fazer uma oração convidando Jesus para entrar em seu coração? Se a pessoa hesita em fazer ela mesma essa oração, é levada a repetir a oração do pecador, muitas vezes encontrada na conclusão dos folhetos evangelísticos. Depois dessa oração, é assegurado a essa pessoa que se ela fez a oração sinceramente, então Deus a salvou e Jesus entrou em seu coração.

Embora este tenha se tornado *o* método evangelístico do cristianismo contemporâneo, ainda temos de nos perguntar o seguinte: Existe precedente bíblico para esse método? Ele é encontrado nos ensinos e no exemplo de Cristo o de seus apóstolos? Embora as Escrituras ensinem que os homens precisam receber a Cristo como Salvador e Senhor,[14] erra quem acha que essa exigência bíblica é cumprida apenas por alguém tomar uma decisão por Cristo ou fazer a oração do pecador, especialmente porque Cristo e seus apóstolos nunca fizeram um convite assim. De fato, sua maneira de convidar as pessoas a serem salvas era bem diferente dos convites que hoje se fazem: "Depois de João ter sido preso, foi Jesus para a Galileia, pregando o evangelho de Deus, dizendo: O tempo está cumprido, e o reino de Deus está próximo; arrependei-vos e crede no evangelho" (Marcos 1.14–15). "Jamais deixando de vos anunciar coisa alguma proveitosa e de vo-la ensinar publicamente e também de casa em casa, testificando tanto a judeus como a gregos o arrependimento para com Deus e a fé em nosso Senhor Jesus Cristo" (Atos 20.20-21).

É digno de nota que em nenhum lugar da Escritura vemos Cristo, os apóstolos, ou qualquer outro, conclamando as pessoas a repetir uma oração do pecador ou a abrir seu coração pedindo que Jesus entre nele. Em vez disso, vemos repetidas vezes um chamado ao arrependimento e fé autêntica em Jesus Cristo. A questão, portanto, não é se a pessoa quer fazer uma oração e pedir que Jesus entre em seu coração, mas se Deus operou de tal forma em seu coração, mediante a pregação do evangelho, que ele agora se arrepende do pecado e crê em Jesus Cristo para a salvação de sua alma.

Se uma pessoa professa ter fé em Cristo, é certo que nos regozijemos com ela, mas não a deixemos sem mais admoestações e avisos. Ela tem de ser encorajada pela verdade de que, se ela realmente se arrependeu e creu, é salva. Porém,

---
14 João 1.12.

também tem de ser instruída de que, se sua conversão for genuína, ela será validada pela continuidade nas coisas de Deus. O novo convertido tem de saber que a salvação não é uma vacina tomada uma única vez e que não requer mais atenção. Se a pessoa realmente se arrependeu para a salvação, ela continua se arrependendo e crescendo em arrependimento cada vez mais profundo durante toda sua vida. Se verdadeiramente creu para a salvação, ela continuará crendo e crescendo em dependência de Deus. Noutras palavras, a evidência de que Deus realmente começou boa obra na vida de alguém, mediante a conversão, é que continua trabalhando nele por toda a sua vida. Se, após uma suposta experiência de conversão, uma pessoa volta à apatia com respeito às coisas de Deus, não progride na piedade e abandona a comunidade da fé, ela não tem base bíblica para confiar que sua experiência de conversão seja verdadeira ou que seja filho de Deus. É erro grande e perigoso mandar um novo convertido embora sem tal admoestação.

PERGUNTAS ERRADAS E CONFIANÇA MAL COLOCADA

Ninguém argumenta que numerosos indivíduos nas ruas e nos bancos de igreja tenham reconhecido seu pecado, tomado uma decisão e orado para receber Cristo, mas mostram pouco, se não nenhum, fruto de conversão autêntica. Embora as Escrituras ensinem que existam falsas profissões de fé, mesmo sob a melhor da pregação,[15] o grande número de cristãos que continuam sendo carnais, ainda que professem crer é absolutamente esmagador. Qual seria a razão desse mal?

Ao olhar a vasta expansão do cristianismo evangélico e fazer escrutínio das mais populares metodologias de evangelismo pessoal e de massa, temos de concluir que estamos apenas colhendo um evangelho superficial e um convite aos pecadores para que venham a Cristo ainda mais superficial. O resultado é que a maioria dos que levantaram suas mãos, foram à frente, fizeram decisões e repetiram a oração do pecador, na verdade, nunca se converteram realmente. Apenas deram as respostas certas a todas as perguntas erradas e foi-lhes dada falsa segurança pelos mordomos do evangelho que deviam saber agir de maneira diferente.

---

15 Mateus 13.3–23.

Seu fundamento é areia e seu fim será a destruição. Temos de adverti-los de que as pessoas não são salvas apenas por tomar uma decisão e fazer uma oração, mas por olhar para Cristo. Temos de advertir que a evidência de uma conversão passada está na continuidade da obra de conversão no presente: o Deus que salva é também o Deus que santifica. Se a sua decisão passada não continua a impactar a vida presente, é provável que essa sua esperança seja vã!

CAPÍTULO 16

A PORTA ESTREITA

Entrai pela porta estreita (larga é a porta, e espaçoso, o caminho que conduz para a perdição, e são muitos os que entram por ela), porque estreita é a porta, e apertado, o caminho que conduz para a vida, e são poucos os que acertam com ela. — Mateus 7.13–14

Muitos consideram o Sermão do Monte *o* manifesto cristão. Nele se encontram alguns dos mais belos ensinos de Cristo, as mais altas virtudes da fé cristã e as mais radicais exigências do discipulado cristão. É um sermão singular, de maior peso do que qualquer um de nós poderia jamais compreender em todo o tempo de vida cristã.

O começo do fim deste magnífico sermão é marcado por Mateus 7.13–14. É uma conclusão propícia — uma advertência clara, sem rodeios, até mesmo lancinante sobre a seriedade das palavras de Cristo e suas implicações eternas. É prova de que este sermão não trata de trivialidades, mas das questões de maior peso da existência humana. A eternidade é impressa sobre toda palavra quando Cristo vem ao pódio e trata das questões de céu e inferno, da vida eterna e da destruição eterna. Ele fala com terrível solenidade, como quem tem maior autoridade para tratar desses assuntos eternos.[1] Ao lermos, somos surpreendidos[2] e convencidos de que nunca existirá melhor tempo para que atendamos ao

---
1 Mateus 7.29.
2 Mateus 7.28.

testemunho do Pai concernente a seu Filho: "Este é o meu Filho amado; a ele ouvi" (Marcos 9.7).

Neste texto e naqueles que seguem em Mateus 7, somos confrontados com uma série de contrastes. Descobrimos que há duas portas e dois caminhos: um conduz à vida e o outro à destruição. Vemos dois tipos de pregadores: o que alimenta as ovelhas e o outro que as destrói (15). Chegamos a dois tipos de árvore: a árvore boa que produz bons frutos e recebe a poda, e a árvore má, que produz maus frutos, é cortada e lançada no fogo (16–20). Somos apresentados a dois tipos de pessoas que professam ser cristãs: uma que reconhece o senhorio de Cristo e entra no reino do céu, e outra que confessa o mesmo Senhor, mas sua entrada é barrada e ele é lançado no inferno (21–23). Finalmente, encontramos dois construtores: um que edifica sobre a rocha e é salvo do dilúvio da ira de Deus, e outro que constrói sobre a areia e é engolfado por juízo final e irrevogável.

CRISTO É A PORTA

Nosso texto começa com a firme e solene exortação "entrai pela porta estreita". Há somente quatro palavras nesta ordem, mas elas são mais pesadas do que podemos estimar e exigem toda atenção. Ao ouvi-las, encontramo-nos sob foco de luz, sem oportunidade de escapar. Estamos na encruzilhada, em ponto de decisão. Não podemos fingir que não ouvimos, nem atrasar a escolha ou relegá-la à autoridade de outro. Com grande determinação, temos de escolher entre vida e morte, céu e inferno, Cristo e toda suposta porta de retorno a Deus. Quando nos encontramos nesse "vale de decisão", somos cercados por incontáveis portões, cada qual com seus mascates, competindo por nossa atenção. No entanto, através do barulho, ouvimos a única grande voz de Cristo (Joel 3.14). Ele nos dirige de volta a ele mesmo, a única porta, a única brecha no muro da prisão pela qual podemos passar para a liberdade. Foi ele quem fez a brecha, ele é a brecha, a porta por onde podemos entrar e ser salvos.[3] Temos de tomar uma decisão. A quem escutaremos? Em quem creremos? Novamente, as palavras de Deus Pai ressoam em nossos ouvidos: "A ele ouvi!" (Mateus 17.5).

---
3 João 10.9.

Se há uma verdade inegável, acima de todo debate no Novo Testamento, é que Jesus Cristo de Nazaré é "o caminho, e a verdade, e a vida; ninguém vem ao Pai senão por mim" (João 14.6). "Há um só Deus e um só Mediador entre Deus e os homens, Cristo Jesus, homem" (1 Timóteo 2.5). "E não há salvação em nenhum outro; porque abaixo do céu não existe nenhum outro nome, dado entre os homens, pelo qual importa que sejamos salvos" (Atos 4.12). Esta é a grande verdade e o escândalo de Cristo e do cristianismo. Jesus de Nazaré está de pé diante do mundo inteiro e clama: "Eu, eu sou o SENHOR, e fora de mim não há salvador" (Isaías 43.11). Pouco importa que o mundo cubra os ouvidos, rasgue suas vestes e rilhe os dentes. Deus resolveu a questão há muito tempo, em seus eternos e secretos conselhos.

O cristianismo precisa apenas se afastar alguns centímetros em direção a uma posição mais ecumênica para tornar-se uma das religiões mais amadas sobre a face da terra. Só requer uma pequena alteração para acabar com a guerra entre o cristianismo e o pensamento moderno, abrindo alas para uma bendita era de coexistência e afirmação mútua: mudaríamos o artigo definido *o* para artigo indefinido *um*, proclamando Cristo como um salvador do mundo em vez de *o* Salvador, acabando com a exclusão de todos os outros. Se cedêssemos nessa única questão Cristo teria um auditório muito maior, e nós nos tornaríamos deleite daqueles que hoje nos opõem e repreendem por sermos tacanhos, intolerantes e inimigos públicos da comunidade global. Se fizéssemos essa única, aparentemente pequena concessão, poderíamos até mesmo supor que o mundo permitiria que Jesus se assentasse à cabeça de seu panteão de salvadores e nos fizesse membros importantes de seu gabinete. Por que então os cristãos não concedem nessa única questão aparentemente tão banal? Por que eles escolhem a alienação social, perseguição e morte, em vez de se afastar dessa sua exclusividade? Isso basta para confundir e enraivecer as mais tolerantes mentes pós-modernas.

A resposta é simples: o cristianismo é religião de tudo ou nada. O homem Jesus ou era Filho de Deus ou um blasfemador; a maior revelação da verdade ou o mais odiento mentiroso que teria andado sobre este planeta; o Salvador do mundo ou um charlatão sem-vergonha. Diferente das outras, o cristianismo não é primariamente uma religião que gira em torno de ensinamentos ou códigos éticos que podem ser seguidos por seus discípulos em parte ou por inteiro. Em vez disso, é uma religião fundada sobre uma pessoa que é ou não é quem diz ser. No hoje famoso trilema de C. S. Lewis, Jesus de Nazaré é lunático, mentiroso ou Senhor. Não existe espaço para tratar a sua pessoa com paternalismo ou achar um terreno mediano entre o que dizem as Escrituras e qualquer outro ponto de vista, não importa quão pequeno seja o desvio.[4] Para ser cristão, temos de nos firmar neste ponto. Nem a pessoa de Cristo nem os seus ensinos permitem concessões ou comprometimento. Se ansiamos pela aprovação do mundo, teremos de perder a aprovação de Cristo. Se procurarmos ganhar a vida nesta era, teremos de abrir mão dela na próxima.[5]

Se realmente nos tornamos cristãos, reconhecemos o perigo de ceder a qualquer exigência que o mundo queira nos fazer quanto à singularidade da pessoa e obra de Cristo. Além do mais, reconhecemos que não existe razão que obrigue a fazê-lo sem ser por nosso desejo de autopreservação ou pelo desejo de sermos mais aceitáveis para essa era maléfica.[6] O Cristo que conhecemos e servimos não precisa fazer um acordo com o mundo nem tentar negociar uma posição entre os chamados salvadores e senhores. Ele é Salvador do mundo e Senhor de todos.[7] Das Escrituras, sabemos que Deus fez desse Jesus, a quem nós crucificamos, ambos, Senhor e Cristo; ele o assentou à sua destra, acima de todo governo, autoridade, poder, domínio e todo nome que é dado, não somente nesta era mas também no porvir; ele declarou que todo joelho se dobrará e toda língua confessará que Jesus de Nazaré é Senhor.[8] Ainda que o mundo inteiro ruja contra esta verdade, o decre-

---

4   C. S. Lewis escreveu: "Aqui procuro evitar que alguém diga a besteira que as pessoas frequentemente dizem a respeito dele: 'Estou pronto a aceitar Jesus como grande mestre da moral, mas não aceito que ele diga ser Deus'. É só isso que não podemos dizer. Um homem que fosse meramente homem, e ainda assim dissesse a espécie de coisa que Jesus afirmou, não seria um grande mestre da moral. Ou seria lunático — no mesmo nível do homem que afirma que ele é um ovo escalfado, ou ele é o Demônio do inferno. Você deve fazer uma escolha: ou este homem era, e é Filho de Deus: ou um louco ou algo pior.... Você pode fazê-lo calar dizendo que é louco, pode cuspir nele e matá-lo como se fosse demônio; ou pode cair a seus pés e chamá-lo de meu Senhor e meu Deus. Mas não apareçam com essa bobagem condescendente dele ter sido apenas um grande mestre. Ele não nos deixa essa opção. Nunca teve tal intenção". *Mere Christianity* (Westwood, N.J.: Barbour and Company, 1943), 45.
5   Mateus 10.33, 39; 2Timóteo 2.12.
6   Gálatas 1.4.
7   João 4.42; Atos 10.36; Romanos 10.12.
8   Atos 2.36; Efésios 1.20–22; Filipenses 2.10–11.

to de Deus permanece inalterado. Deus declarou a filiação de Cristo por palavra e poder.[9] Ele o firmou como Salvador e rei em Sião, e lhe deu as nações como herança e os confins da terra como sua possessão.[10]

A comunidade evangélica ainda tem muita razão para regozijar-se com a proclamação de Cristo como a porta estreita para a salvação. A maioria dos que confessam ser evangélicos se atêm a uma das maiores e mais essenciais colunas da fé cristã: *solus Christus*, ou seja, somente Cristo. Embora os evangélicos estejam frequentemente discordes uns com os outros sobre tantas coisas, algumas triviais e outras de excruciante importância, podemos nos alegrar porque grande maioria está convicta e disposta a sofrer por esta única grande verdade: a singularidade da pessoa e do ofício de Cristo. Cristo é o Senhor, e não existe salvação em nenhum outro.[11]

Porém, temos de sempre ser vigilantes, pois algumas marcas de erosão indicam um comprometimento, mesmo entre os que se professam evangélicos. Para a mente contemporânea pós-moderna, nada é mais brutalmente escandaloso que fazer uma afirmativa de verdade que exclua quaisquer outras. Todo âmbito de cultura, educação, política, economia, e até mesmo a maioria das religiões agora passam a crer que uma existência pacífica só será possível em uma sociedade onde todo mundo concorda, ou pelo menos ninguém está errado. Portanto, qualquer indivíduo ou comunidade que se atenha a um padrão absoluto de verdade e procure apontar outros a esse padrão é intolerante, discriminatório, merecedor de ridicularização e censura. Não podemos subestimar o poder desse novo espírito da época. À medida que cresce, ele não somente deturpa e marginaliza os que pregam somente a Cristo, como procura coagir e censurar a ponto de silenciá-los.

Como cristãos, temos de reconhecer que o reino do céu tem a ver com a mente, o coração e a consciência. Nunca devemos nos opor à nossa cultura hostil com qualquer coisa que não seja a verdade do evangelho, o poder da oração e a influência de uma vida piedosa. Ao mesmo tempo, não podemos ceder à crescente oposição nem à tentação da autopreservação. Além do mais, não podemos crer na

---

9 Salmo 2.7; Mateus 3.17; 17.5; Romanos 1.4.
10 Salmo 2.6, 8.
11 Isaías 43.11.

mentira que prevalece entre evangélicos de que é possível fazer uma nova apresentação do evangelho, menos ofensiva, sem perder seu conteúdo essencial. Este é um grande engano, apresentado por pessoas de teologia fraca, que não ensinam a temer a Deus ou à admoestação: "Mas, ainda que nós ou mesmo um anjo vindo do céu vos pregue evangelho que vá além do que vos temos pregado, seja anátema" (Gálatas 1.8). Embora a nossa posição seja intolerável para uma cultura que se orgulha de sua tolerância, embora isso crie para nós as maiores dificuldades, nos expondo à repreensão da maioria, temos de ir em frente contra a corrente. Como os santos fiéis que vieram antes de nós, não podemos submeter nossa proclamação ao conselho de uma cultura sem Deus. Temos de nos firmar sobre a Escritura. Temos de estar de pé por Cristo. Não podemos retratar e não o faremos.[12] Diminuir a supremacia e singularidade de Cristo seria negá-lo.

UMA ENTRADA INTENSA

Cristo é a porta estreita e única que conduz à salvação, e temos de considerar nossa resposta a esta verdade. Somos ordenados a entrar por ele. A ordem é traduzida da palavra grega *eisérchomai*, que denota o ato de entrar em alguma coisa. O verbo é uma ordem que requer obediência por parte do ouvinte. Também é encontrado no tempo aoristo, o que denota ação singular e não contínua. A ideia é que os ouvintes devem tomar uma decisão ou agir de modo decisivo em resposta ao ensino de Cristo. Faremos bem em lembrar que Cristo não é filósofo sobre quem ponderar, mas é o Senhor encarnado, que exige ser ouvido e obedecido. Há somente uma porta que conduz à salvação e ela se abriu para a humanidade por tempo limitado. Portanto, as pessoas são advertidas a entrar com maior senso de urgência e diligência. Se pudermos imaginar a diligência — até mesmo violenta — com a qual as pessoas teriam lutado para entrar na arca se acreditassem na mensagem de Noé, teríamos ideia da urgência com a qual as pessoas deveriam procurar entrada pela porta estreita!

---

12 Da famosa declaração de Martinho Lutero na Dieta de Worms, em 1521: "Não posso submeter minha fé ao Papa nem aos Concílios, porque está tão claro quanto o dia que eles frequentemente têm errado e contradizem uns aos outros... Portanto, a não ser que eu seja convencido pelo testemunho da Escritura... não posso me retratar, nem me retratarei... Aqui eu me firmo... Não posso fazer outra coisa. Assim me ajude Deus, amém!"

Esse senso de urgência e diligência do nosso texto torna-se ainda mais visível à luz de semelhante admoestação dada por Jesus no evangelho de Lucas. As Escrituras dizem que enquanto Jesus ensinava pelos vilarejos, alguém lhe perguntou: "Senhor, são poucos os que são salvos?" (Lucas 13.22). Ele respondeu com uma afirmação indireta, mas inegável: "Esforçai-vos por entrar pela porta estreita, pois eu vos digo que muitos procurarão entrar e não poderão" (Lucas 13.24).

As palavras de Jesus são de admoestação e também de advertência. Primeiro, somos admoestados: "Esforçai-vos por entrar pela porta estreita". "Esforçar" é traduzido do verbo grego *agonízomai*, de onde derivamos a palavra *agonizar*, e significa lutar por, brigar, laborar com fervor ou empenhar-se a fazer algo com zelo vigoroso. Originalmente, significava entrar em concurso ou contender em jogos ginásticos, e era muitas vezes usada com respeito a brigar contra adversários ou lutar contra dificuldades e perigos. Um termo correlato, *agonía*, é empregado para descrever a luta de Cristo no jardim de Getsêmane.[13] Daí, podemos concluir corretamente que entrar pela porta estreita, que é Cristo, não será nada fácil. Embora entremos por arrependimento e fé, será uma luta e envolverá grande esforço.

Segundo, Jesus não somente nos admoesta a entrar com grande empenho como também avisa que "muitos procurarão entrar e não poderão". Esta é importante verdade, que muitas vezes tem sido grosseiramente mal entendida. Jesus não está ensinando que muitos desejarão ser salvos, mas não serão suficientemente bons. Pelo contrário, ele explica que embora muitos desejem as promessas e benefícios do reino, serão impedidos de atender ao chamado para a salvação devido à sua apatia, dureza de coração, desejo de autopreservação e amor pelo mundo. A autonegação requerida e as provações, perseguições e dificuldades ligadas ao reino deterão a todos, exceto os mais desesperados, de entrar verdadeiramente. John MacArthur assimila algo do significado das palavras de Cristo ao escrever:

> Cristo não sugere que qualquer um mereceria o céu se esforçando por isso. Não importa o quanto se esforcem, os pecadores jamais poderiam se salvar. A salvação

---

13 Lucas 22.44

é somente pela graça, não por obras. Mas entrar pela porta estreita é difícil, porque custa muito em termos de orgulho humano, devido ao amor natural do pecador pelo pecado e devido à oposição do mundo e de Satanás à verdade.[14]

A ideia de que seja fácil ser salvo é totalmente estranha às Escrituras e aos teólogos e ministros da história da igreja mais respeitados. William Hendriksen escreve:

> Portanto, fica claro, que nosso Senhor não segue o método empregado por certos avivalistas autointitulados, que falam como se "ser salvo" fosse uma das coisas mais fáceis de conseguir neste mundo. Jesus, pelo contrário, apresenta a entrada no reino como sendo, por um lado, muito desejável, no entanto, por outro lado, nada fácil. A porta de entrada é estreita. Tem de ser "encontrada". E a estrada à qual está ligada é muito "restrita". [...] Não é verdade que os evangelistas realmente grandes — pense em Whitefield, Spurgeon, e seus dignos seguidores dos dias atuais — enfatizaram e estão enfatizando essa mesma verdade?[15]

Não apenas *não é* fácil obter a salvação, como é também absolutamente impossível, fora do poder de Deus. De fato, é mais fácil um camelo passar pelo buraco da agulha do que um homem ser convertido.[16] Embora todas as experiências de conversão sejam distintas e variadas em grau de luta pessoal, as Escrituras mostram-na como algo difícil, que requer grande determinação e decisão por parte daquele que a procura. Os seguintes textos são especialmente de ajuda para ilustrar esta verdade: "Desde os dias de João Batista até agora, o reino dos céus é tomado por esforço, e os que se esforçam se apoderam dele" (Mateus 11.12).[17] "A Lei e os Profetas vigoraram até João; desde esse tempo, vem sendo anunciado o evangelho do reino de Deus, e todo homem se esforça por entrar nele" (Lucas 16.16).

---

14 John MacArthur, *MacArthur Study Bible*, 1542.
15 William Hendriksen, *New Testament Commentary: Exposition of the Gospel According to Matthew* (Grand Rapids: Baker, 1973), 367.
16 Mateus 19.24; Marcos 10.25; Lucas 18.25
17 O debate continua com respeito ao exato significado do que Cristo disse aqui e em Lucas 16.16. Embora uma variedade de interpretações tenha sido levada adiante, a que mais prevalece é a aplicada aqui: que aquele que realmente entrar no reino é marcado por seriedade, determinação e zelo, todos nascidos do desespero de ser salvo.

Com o avanço do reino do céu por todo o mundo e em cada sucessiva geração, algumas pessoas procuram fortemente suprimi-lo, e outros procuram entrar nele com igual, se não maior, força. A verdade que devemos entender é que o reino do céu não pertence a quem é passivo, apático ou despreocupado, mas àqueles que sincera e decisivamente agem, entrando nele pela fé. Isso não significa que as pessoas obtenham o reino por força de vontade ou resistência da autodisciplina e determinação. Jesus não está ensinando que seu reino pertence somente aos fortes; de fato, ele ensina exatamente o contrário. A urgência, sinceridade e força pela qual as pessoas entram no reino é resultado de uma dupla obra do Espírito de Deus.

Primeiro, o Espírito desperta a pessoa à sua total incapacidade de salvar a si mesma, criando assim um forte desespero por obter somente aquele que o poderá salvar: Jesus Cristo. Sob circunstâncias normais, um homem de porte pequeno e fisicamente fraco apresenta pouco perigo a três atletas fortes e altamente treinados. Porém, se esse homem estivesse se afogando no mar e descendo pela terceira vez, ele apresentaria maior perigo a todos os três. Por puro desespero, à luz de sua iminente perdição, o *fraco* teria força e determinação para se agarrar a qualquer um que estivesse ao alcance de seu braço. Impelido pelo medo, ele agarraria com tal força, que o homem mais forte não poderia vencer. Sua implacável tenacidade não seria resultado de alguma característica física ou virtude em seu caráter, mas da necessidade. Em meio ao afogamento e morte certa, ele encontra uma única esperança de salvação, de onde não pode ser arrancado até mesmo com a maior força.[18] Da mesma forma, é o reconhecimento de sua fraqueza e total incapacidade de salvar a si mesmo que faz com que a pessoa lute contra qualquer um e contra todos que se oponham a ele em sua entrada pela porta estreita.

Segundo, o Espírito de Deus regenera o coração e a mente da pessoa para que ela veja a Cristo como sobremodo precioso, além de todas as demais coisas, criando nele um fortíssimo empenho por ter Cristo acima de tudo mais. Por novos e santos afetos, a pessoa é impelida a desejar aquilo que para ele se tornou a irresistível beleza de Cristo. Ele precisa de Cristo e somente Cristo! Ainda que lhe fosse dada vida sem fim em um estado perfeito, e concedida toda beleza criada

---

18 Pastor Charles Leiter, em conversa com o autor.

para seu eterno prazer, se Cristo estiver ausente, ele verá a si mesmo como condenado à miséria do inferno eterno. Pela obra regeneradora e renovadora do Espírito de Deus, ele foi despertado para a excelência de Cristo, e nada mais, até o mais alto céu, poderá satisfazer. Tudo é torto, sombrio e sujo em comparação com Cristo. Nas palavras de John Flavel:

> Ó lindo sol, e linda lua, e belas estrelas, e flores mais belas, e belas rosas e lindos lírios, todas as mais belas criaturas! Mas, Oh! dez mil vezes dez milhares mais belo és tu, Senhor Jesus! Ai de mim, eu errei em fazer tal comparação: Ó negros sol e lua, mas Ó! Belo Senhor Jesus! Ó! Negras flores, negros lírios e roseiras, mas ó, mais precioso e belo Senhor Jesus! Ó todas as coisas mais belas, escuras, deformadas e sem beleza, quando estais colocados diante do mais belo Senhor Jesus! Ó tenebroso céu, mas ó, mais belo Cristo! Ó negros anjos, mas ó, insuperavelmente belo Senhor Jesus.[19]

Pela obra do Espírito, a pessoa se torna impetuosa, até mesmo temerariamente forte, por motivações gêmeas que não poderiam ser mais completamente opostas: repugnante terror e irresistível beleza. Mas no final, a pessoa prefere os terrores do inferno se apenas pudesse olhar o rosto de Cristo, em vez de ter as glórias do céu sem vislumbre desse rosto.

Antes que Deus tratasse de nós, éramos apáticos quanto às grandes realidades da religião. Então, pelas circunstâncias ou pela pregação ou por ambas as coisas, fomos acordados para ver nosso pecado e o vazio de nossa vida. Vimo-nos incapazes de cumprir as exigências da lei e sem poder para nos libertar do juízo certo. Neste ponto, o Espírito de Deus revelou Cristo a nós, e o vimos como pérola de grande preço, que precisamos possuir a qualquer custo. Não pensamos em negociar para abaixar o preço, mas estávamos dispostos a perder tudo mais, a abandonar tudo, a fim de obtermos Cristo.[20] Agora que somos dele e ele é nosso, que provamos e vimos que o Senhor é bom, não podemos — não queremos — nos soltar dele.[21]

---

19 "The Life of John Flavel," em *The Works of John Flavel* (London: Banner of Truth, 1968), 1: ixx–xx.
20 Mateus 13.45–46.
21 Salmo 34.8.

A total realidade de nossa incapacidade de salvar a nós mesmos, combinado ao conhecimento de que ele somente tem as palavras da vida eterna, nos faz agarrar a ele com força invacilante.[22] Melhor seria soltar a mão e cair despencando até a morte em um abismo rochoso do que abrir mão de Cristo. Preferiríamos vagar sem auxílio no meio do Atlântico Norte do que estar por um só momento sem sua presença. Sabemos que as pedras mais agudas e os mais violentos mares nada são comparados à ira de Deus que aguarda aqueles que estão sem Cristo. Além do mais, agora que provamos e vimos que o Senhor é bom, agora que contemplamos sua beleza, não é mais o medo da ira que faz com que nos agarremos a ele, mas a magnificência e excelência de sua pessoa.[23] Nosso coração regenerado e recém-encontrado afeto santo tem de ter mais de Cristo. Simplesmente não temos como viver sem ele, a não ser na maior miséria. Sendo assim, nossa força vem do desespero, e nosso desespero da necessidade e carência dele.

CORTAR CAMINHO PARA ENTRAR

Até aqui consideramos o que cria essa santa força, sinceridade e urgência no coração daqueles que realmente buscam a salvação. Agora, precisamos considerar por que tais coisas são tão necessárias. A resposta é que existem inimigos formidáveis e obstáculos atemorizantes entre o pecador que foi despertado e a porta estreita pela qual ele terá de passar. Esta verdade é ilustrada de maneira bela e poderosa no livro *Peregrino*. Cristão, personagem principal, foi desperto para a ruína que está por vir sobre a Cidade da Destruição. Em meio a seu desespero, ele é indicado pelo Evangelista até a casa do Intérprete, onde é-lhe mostrado muitas cenas maravilhosas, uma das quais demonstrando importante luz sobre as verdades que estamos considerando agora. Bunyan escreve:

> Então o Intérprete tomou o Cristão e o conduziu até a porta do palácio. À porta estava uma grande companhia de homens que desejavam entrar, mas não ousavam; enquanto à pequena distância, em uma mesa, com um livro e uma pena diante dele, estava um homem anotando o nome de cada um que ali entrava.

---
22 João 6.68
23 Salmo 27.4.

> Viu também que na entrada da porta estavam muitos homens armados para protegê-la, prontos a ferir e machucar os que quisessem entrar. Ora, Cristão estava surpreso. Finalmente, quanto todos os homens ficaram para trás por medo dos homens armados, Cristão viu um homem forte de semblante, determinado a chegar até aquele que escrevia e disse: "Marca aí meu nome, senhor". E quando o fez, o homem desembainhou sua espada e colocou uma couraça em sua cabeça, correndo em direção aos homens armados, que o atacaram com força mortal, mas o homem, em nada desanimado, cortava e entrava ferozmente. Depois que desferiu e recebeu muitas feridas aos que tentavam impedir que ele entrasse, penetrou por todos eles e foi adiante, entrando no palácio, de onde se ouviu agradável voz daqueles que andavam de cima do palácio, dizendo: Entra, entra, terás a glória eterna".[24]

Neste cenário da casa do Intérprete, Bunyan oferece-nos um quadro vivaz da resolução necessária para se entrar no reino. Impelido pela desesperada necessidade de salvação e por um desejo insaciável por Cristo, o pecador que foi despertado tem de lutar contra aquilo que se opõe a ele, tomando Cristo pela fé. É o que Cristo quer dizer ao admoestar as pessoas que querem ser salvas a se esforçarem por entrar, com todo empenho, pela porta estreita.[25]

A ideia de empenhar-se para entrar no reino era fala comum entre os Reformadores, os Puritanos e os primeiros evangélicos. Porém, tal linguagem hoje é estranha ao cristianismo contemporâneo. Salvação e conversão agora são descritos somente em termos das metáforas mais palatáveis à mente carnal, os quais apresentam a salvação como um presente a ser recebido tão facilmente como tomar uma maçã de um galho mais baixo ou abrir um presente no Natal. Embora precisemos defender inflexivelmente e proclamar com ousadia que a salvação é um dom gratuito a ser recebido por todos, tais metáforas são incompletas se ficarem sozinhas. Uma moeda tem de ter dois lados para ter algum valor. Da mesma forma, a livre oferta do evangelho também deverá ser acompanhada de certas admoestações específicas, que conclamem as pessoas a se esforçarem para entrar no reino

---
24 Bunyan, *New Pilgrim's Progress*, 43–44.
25 Mateus 11.12; Lucas 13.24; 16.16.

pela fé, até que saibam com a maior certeza que passaram pela porta e obtiveram o prêmio. Quanto a essa questão, Charles Spurgeon escreve:

> Ora, nosso salvador, quando viu todo esse esforço em redor dele para que as pessoas chegassem mais perto, disse: Isso é exatamente um quadro do que é feito espiritualmente por aqueles que serão salvos. Se esforçar e ficar em volta de mim, cutucando uns aos outros com braço e cotovelo para conseguir chegar ao meu alcance, assim deve ser se desejam ser salvos. Pois o reino do céu sofre força, e os fortes o tomam pela força. [...] Cristo apresentava um retrato de uma multidão de almas desejosas de alcançar o salvador vivo. Ele os viu empurrar, abarrotar, se juntar e pressionar, até mesmo pisoteando uns os outros em seu ansioso desejo de se aproximar dele. Advertiu seus ouvintes que se eles não tivessem tal empenho de alma, nunca o alcançariam de maneira salvadora. [...] Alguém pode me dizer: Quer que entendamos que se uma pessoa quer ser salva terá de usar de violência e veemente força para obter a salvação? Sim, com maior segurança, afirmo isto, porque é a doutrina do texto. Novamente, alguém poderá dizer: Achei que isso fosse tudo obra de Deus". E é, do princípio ao fim. Mas quando Deus começou a obra na alma da pessoa, o efeito constante dessa obra de Deus em nós é fazer com que trabalhemos; onde o Espírito de Deus está realmente lutando conosco, começamos nós também a lutar. Isto é um teste pelo qual podemos destacar os que receberam o Espírito de Deus daqueles que não o receberam. Aqueles que receberam o Espírito, na verdade, são homens veementes. Possuem veemente ansiedade pela salvação, e lutam intensamente para entrar pela porta estreita.[26]

Os que desejam ser salvos serão marcados pelo ardor e resolução que ambos, Bunyan e Spurgeon, descrevem, porque mesmo que a salvação seja de graça, ela não é fácil. Muitos obstáculos de dentro e inimigos de fora querem deter os pecadores de vir a Cristo. Eles têm de ser confrontados e vencidos com santa força. Embora esses obstáculos sejam quase inumeráveis, vamos considerar alguns dos mais comuns.

---

26 C. H. Spurgeon, *The New Park Street Pulpit* (Pasadena, Tex.: Pilgrim Publications, 1981), 1:217–18.

Primeiro, aqueles que querem vir a Cristo têm de lutar contra o grande veneno à salvação: sua autojustiça. A salvação é concedida somente aos que reconhecem sua total destituição de mérito salvador e total incapacidade de obter uma posição de retidão diante de Deus. Obras e graça, autojustiça e humilde fé salvadora, são diametralmente opostos. Os que se aproximam somente até metade do caminho, buscando auxílio de Cristo somente como complemento ao próprio mérito, estão longe da salvação tanto quanto o fariseu que dizia não precisar nenhuma ajuda. Nesta questão não se pode vacilar. Os antigos santos gostavam de dizer que uma pessoa pode entrar no reino apesar de muitas falhas e delitos; porém, ela não entrará com um fiapo de autojustiça em suas costas. Para entrar, uma pessoa tem de se opor a toda tentativa de pintar de cal a sua sepultura. Tem de lutar contra e cortar ao meio o engano do próprio coração, da carne, do Diabo, e até mesmo da comunidade evangélica contemporânea, que lhe diria que as pessoas não são tão más como a antiquada pregação puritana diz.

Segundo, os que vêm a Cristo tem de lutar contra o desejo de autonomia. As Escrituras desconhecem uma salvação que não confesse a Jesus como Senhor[27] nem reconhece uma confissão genuína que não seja provada em nova e progressiva submissão à vontade de Deus.[28] Aqueles que vem a Cristo tem de enfrentar sua reivindicação de senhorio absoluto e as demandas radicais do discipulado. Os que desejam ser salvos têm de atravessar, lutando, algumas escolhas desoladoras. Lucas relata que quando Jesus viu as multidões que seguiam após ele, disse: "Se alguém vem a mim e não aborrece a seu pai, e mãe, e mulher, e filhos, e irmãos, e irmãs e ainda a sua própria vida, não pode ser meu discípulo. E qualquer que não tomar a sua cruz e vier após mim não pode ser meu discípulo".[29] Colocar tais exigências sobre possíveis seguidores era prática comum na metodologia evangelística de Jesus.[30] Era seu método de selecionar a multidão e revelar os que estavam fervorosamente renhidos por recebê-lo a todo custo. Como o evangelismo dos dias modernos parece ignorar tais exigências, os ouvintes não têm razão para enfrentar

---

27 Romanos 10.9.
28 Mateus 7.21.
29 Lucas 14.26–27.
30 Mateus 10.39; 16.24–26; Marcos 8.34–38; Lucas 9.23–26.

tais escolhas tão gigantescas. Assim, as multidões confessam Cristo e reivindicam salvação sem que jamais tenham de avaliar o preço e sem qualquer senso real de entregar a si mesmo ao senhorio absoluto de Deus. Por esta razão, o evangelho dos dias modernos proclama uma salvação que é mais barata do que livre.

Terceiro, os que vem a Cristo têm de lutar contra o desejo de se agarrar a certos pecados mais amados. Mateus conta de um jovem governante rico, sincero em sua religião e de moral até mesmo exagerada. Ele desejava honestamente a vida eterna, mas o Senhor, por causa de seu discernimento infalível, viu que ele desejava uma coisa mais do que a salvação da alma: desejava também as suas riquezas. Um único pecado que não queria reconhecer e denunciar o impedia de entrar no céu, condenando sua alma ao inferno. Como a águia que almeja o grande peixe, embora não consiga erguê-lo, e por não querer larga-lo se afoga nas profundezas do lago, assim é o pecador que se afogará no inferno devido ao pecado que não quer renunciar! É importante observar que Cristo não requeria a perfeição daquele jovem. Não exige que o pecador erradique o pecado antes de ser salvo, mas que reconheça esse pecado, o odeie, lute contra ele, veementemente corte todas as amarras que o prendem e corra para Cristo. Abraão teve o seu Isaque a sacrificar, e o jovem rico tinha sua riqueza a entregar. Todos quantos querem entrar pela porta estreita têm de denunciar até mesmo seu vício mais amado, e, ao fazê-lo, a sua seriedade é revelada.

Quarto, os que vêm a Cristo têm de lutar contra o engodo deste mundo. Na ciência da física, quanto maior a massa do objeto, maior o repuxo gravitacional exercido. Podemos aplicar essa verdade também ao âmbito espiritual. A grande massa da humanidade caída, com suas ideias, atitudes e feitos, exerce enorme influência sobre aquele que procura a salvação. Se ele vier a Cristo, terá de se desvencilhar de tudo no mundo que se oponha a ele. Tem de nadar contra a corrente, enquanto os que vagueiam em direção oposta estendem a mão para puxá-lo de volta. Bunyan ilustra esta verdade de forma maravilhosa em *O Peregrino*. Tão logo Cristão decidiu fugir da Cidade da Destruição, sua família, amigos e concidadãos procuraram detê-lo com longos e sagazes argumentos. Ao viajar em direção à porta estreita, ele encontrou diversas personalidades que procuraram atraí-lo de volta ao mundo e desviá-lo do caminho da cruz. Cristão teria sido completamente vencido, não fosse a providência de Deus na vinda de Evangelista, que o avisou para que não escutasse, e o repreendeu quando ele ouvia os apelos do mundo.

Da mesma forma, os que procuram a salvação pela fé em Cristo têm de cortar o caminho em meio a enganosas tentações e coações da era presente. Têm de quebrar a aliança com o mundo se quiser agarrar a Cristo, pois as duas coisas são mutuamente exclusivas e grandemente opostas. As Escrituras advertem claramente que a amizade com o mundo é inimizade para com Deus, e quem quiser ser amigo do mundo se torna inimigo de Deus.[31] Assim, o ditame repetido para os que desejam a salvação é: "Que aproveita ao homem ganhar o mundo inteiro e perder a sua alma?"[32]

Quinto, os que vem a Cristo precisam lutar contra as mentiras do inimigo, o Diabo. De acordo com as Escrituras, toda pessoa nasce emaranhada por suas ciladas e por ele é presa para fazer a sua vontade.[33] Quando, pela graça de Deus, a pessoa acorda e procura escapar, o Diabo vai atrás como leão que ruge, procurando a quem devorar.[34] Se alguém acha que a corrida do Diabo é apenas uma exibição, deve entender que o covil dele está cheio dos ossos secos e das carcaças mirradas de incontáveis possíveis seguidores que deram ouvidos a suas mentiras e pereceram para sempre.[35] Ele foi assassino desde o princípio, e o número de seus mortos aumenta todo dia. Ele é mentiroso e pai da mentira, e acusador de Deus e de qualquer que queira reconciliação com ele.[36] Nosso inimigo tem um estoque quase ilimitado de veneno, preparado para aqueles que estão dispostos a encontrar a Cristo. As suas setas respingam veneno e são incendiadas pelo fogo do inferno.[37] Como alguém poderia acolher a ideia de que a salvação é coisa fácil com esse inimigo das almas espreitando por aí? Como os líderes religiosos corruptos dos tempos de Jesus, o Diabo trabalha para fechar o reino dos céus na cara das pessoas

---

31 Tiago 4.4.
32 Marcos 8.36.
33 2Timóteo 2.26.
34 2Timóteo 2.25–26; 1Pedro 5.8
35 Mateus 13.19; Marcos 4.15.
36 Genesis 3.1, 4–5; João 8.44; Apocalipse 12.10.
37 Efésios 6.16.

e se opõe a todos que procuram entrar nesse reino.[38] Vencer tal violenta oposição requer a graça de Deus, a Palavra de Deus, e uma santa impetuosidade para forçar entrada e perpassar.[39]

Finalmente, aqueles que vem a Cristo precisam lutar contra a tentação de desistir devido às dificuldades do evangelho. Hoje em dia quase não se ouve dizer essa verdade, e assim, ela tem de ser explicada cuidadosamente. O caminho da providência de Deus na salvação dos pecadores continuará sendo mistério até a eternidade, quando ele escolher revelar isso. Algumas pessoas ouvem o evangelho e o entendem quase que imediatamente. Assumem-no para si com plena segurança desde o primeiro dia que ouviram. Porém, outros encontram caminho mais difícil. Ouvem o evangelho e são atraídos a ele com grande sinceridade. No entanto, lutam para entendê-lo e são desconcertados por suas demandas. Buscam arrependimento e fé autênticos e indagam se os possuem. Estudam as Escrituras, clamam a Deus e examinam a si mesmos para verificar se estão na fé. Desgastam-se a ponto de exaustão, com pouca ou nenhuma trégua. Como o peregrino de Bunyan, muitas vezes podem encontrar-se no pântano do desespero, vencidos por dúvidas e desalento. Neste caso, precisamos ser aconselhados cuidadosamente e com paciência. O evangelista tem de saber quando deve chegar mais perto com a palavra e quando deixar aquele que busca a sós com Deus. O evangelista não ousa aliviar a luta dando-lhe algo para fazer, como orar a oração do pecador, para então declarar que está salvo.[40] Antes, tem de encorajá-lo a estudar com atenção as promessas e buscar a Deus em oração, até que Cristo abra sua mente para entender as Escrituras;[41] até que o Pai tenha derramado amor em seu coração e declarado a sua adoção;[42] até que o Espírito dê testemunho com seu espírito que é um filho de Deus.[43] Assim, o evangelista deve encorajá-lo a se esforçar por entrar somente pela fé pela porta estreita; esforçar-se a entrar no descanso em Cristo, conforme testifica o autor do livro de Hebreus:

---

38 Mateus 23.13.
39 2Timóteo 2.25–26; 1João 2.14.
40 A prática de levar os que procuram a salvação a fazer a oração do pecador e pronunciá-los salvos é baseada em interpretação falha de textos tais como João 1.12, Romanos 10.8–9, e Apocalipse 3.20.
41 Lucas 24.45.
42 Romanos 5.5; 8.15; Gálatas 4.6
43 Romanos 8.16; 1João 5.10.

> E contra quem jurou que não entrariam no seu descanso, senão contra os que foram desobedientes? Vemos, pois, que não puderam entrar por causa da incredulidade.... Porque aquele que entrou no descanso de Deus, também ele mesmo descansou de suas obras, como Deus das suas. Esforcemo-nos, pois, por entrar naquele descanso, a fim de que ninguém caia, segundo o mesmo exemplo de desobediência.[44]

O evangelista tem de manter delicado equilíbrio. Por um lado, algumas pessoas tratam a salvação de modo superficial e vivem a vida inteira com uma falsa segurança, que acabará resultando na sua condenação final. Demonstram pouca evidência de arrependimento autêntico em sua experiência de conversão, e sua fé é rasa e mal colocada. Além do mais, não demonstram evidência contínua de santificação ou qualquer notável crescimento na graça. Simplesmente continuam em sua religião evangélica, com pouca preocupação com a eternidade e a piedade, e são cegos para com sua necessidade de examinar a si mesmos para ver se estão na fé.[45]

Por outro lado, algumas pessoas têm um desequilíbrio igualmente perigoso em sua teologia, e trancam as portas ao céu e se fecham para fora com a sua severidade. Elas têm alta visão da salvação e a consideram como questão de seriedade máxima. Voluntariamente se submetem à admoestação bíblica de examinarem a si mesmos e têm certeza de seu chamado e eleição.[46] Porém, fixaram um padrão que vai além das Escrituras. Acreditam que antes de possuir até mesmo o mínimo grau de segurança, têm de ter as marcas do cristão mais maduro. Comparam seu arrependimento e fé inicial ao retrato que a Escritura faz dessas duas doutrinas em sua forma mais perfeita e madura, e se encontram em falta. Comparam a santificação contínua a aquilo que nem mesmo o cristão mais maduro consegue obter, e novamente se encontram faltosos. Labutam e lutam por alcançar um padrão moral pelo qual possam ter alguma segurança da salvação, e, no processo, transformaram o cristianismo em religião de obras. Não olham mais para Cristo, mas para dentro de si, focando o eu e o próprio desempenho. É um foco mortal!

---

44 Veja também Hebreus 3.18–19; 4.10–11.
45 2Coríntios 13.5.
46 2Coríntios 13.5; 2Pedro 1.10.

Obviamente, diferentes remédios são requeridos para curar esses males. A pessoa presa ao primeiro extremo tem de ser confrontada com a superficialidade de sua religião, mas a pessoa presa pelo segundo tem de ser confrontada com a severidade de suas exigências. Embora a primeira seja mais prevalecente em nossos dias, a segunda, ainda que aparente maior piedade, é tão fatal quanto a primeira. Incontáveis vezes, os evangelistas têm de ser fiéis em proclamar com forte encorajamento que a salvação se obtém quando a pessoa reconhece sua total incapacidade e olha somente para Cristo. Eles têm de explicar claramente que, embora nossa segurança possa ser enfraquecida ou fortalecida por um exame correto de nosso presente estilo de vida, a questão fundamental é: Gloriamo-nos em Cristo Jesus e não confiamos na carne?[47] Perdemos toda esperança em nosso próprio eu? Estamos olhando somente para Cristo? Cristo tem se tornado precioso para nós?

Aqueles que se examinam com severidade não bíblica precisam de mais conselho quanto à natureza da salvação. Embora seja popular dizer que a conversão resulta em vida transformada, talvez seja mais certo dizer que resulta em uma vida que está se transformando. Ainda que a conversão conduza à mudança imediata em nossa posição diante de Deus, a transformação da nossa natureza, e a infusão da vida espiritual, a operação externa dessa transformação como realidade visível, levará tempo e só será alcançada através de muitas lutas.[48] Embora o arrependimento e a fé resultantes da salvação devam ser autênticos, não devemos esperar a mesma profundidade de quebrantamento e fé no novo crente que encontramos num cristão de quarenta anos de caminhada. Arrependimento e fé, como todas as demais virtudes cristãs, são sujeitos à santificação. Além do mais, mesmo que o novo crente testemunhe algumas mudanças radicais em seu estilo de vida desde o início, não devemos esperar a mesma santificação que encontramos em um crente maduro. Nossa segurança da salvação não pode se fundamentar em uma comparação de nossa santificação com a de outros crentes, mas em dependermos dos méritos somente de Cristo e nosso reconhecimento da obra de providência e santificação feita por Deus em nossa vida.[49] Tornamo-nos sua feitura.

---

47 Filipenses 3.3.
48 Romanos 5.1; 2Coríntios 5.17; Efésios 2.4–5.
49 Filipenses 2.12–13; Hebreus 12.5–11.

O evangelismo moderno tem um remédio para as pessoas que lutam para obter segurança. Aqueles que duvidam precisam apenas fazer a oração do pecador e ficar firmes nas promessas. Depois disso, se a dúvida continuar, deverão rejeitá-la como a falsa condenação do Diabo. Porém, isso é um falso bálsamo que não traz cura permanente, e os pastores que o aplicam estão entre os que curam superficialmente a ferida do povo de Deus. A conversão do pecador jamais deve ser tratada de forma tão trivial. Existe muito em jogo, e o ministro precisa trabalhar com empenho no aconselhamento, assim como aquele que está procurando deve mostrar esforço para obtê-lo.

APLICAÇÃO CONTEMPORÂNEA PARA EVANGELISTAS

Depois que o evangelista prega o evangelho, ele tem de fazer uma chamada apaixonada para que os ouvintes venham a Cristo. Porém, deverá fazer esse apelo de acordo com as Escrituras. Não deve fazer concessões ou abrandar as exigências que Cristo faz sobre aqueles que desejam entrar no reino. Não deverá apresentar a seus ouvintes um método de salvação e segurança desconhecido das Escrituras e alheio à história da igreja. Qualquer desses dois representa perigosa falsificação do evangelho e resulta numa "crença fácil", ou o que o mártir alemão Dietrich Bonhoeffer se referia como "graça barata":

> Graça barata significa graça vendida no mercado como as quinquilharias de um desprezível.[50] Os sacramentos, o perdão do pecado, e as consolações da religião são incluídas a preço de liquidação. A graça é representada como inexaurível tesouro da Igreja, de onde jorra chuvas de bênçãos com mãos generosas, sem fazer perguntas ou delinear limites. Graça sem preço; graça sem custo! A essência da graça, supomos nós, é que a conta foi paga com antecedência e, por ter sido paga, tudo se consegue sem o mínimo esforço. Como o preço foi infinito, a possibilidade de usar e gastá-la é também infinita. O que seria a graça, não fosse ela barata? [...] Numa Igreja assim, o mundo encontra uma cobertura barata para seus pecados; nada de contrição é

---

50 Vendedor de bens baratos ou inferiores; mascate em um mercado ou uma feira.

requerido, e nem mesmo qualquer desejo de ser libertado do pecado. [...] Graça barata é justificação do pecado sem a justificação do pecador. A graça sozinha faz tudo, dizem eles, e assim tudo pode permanecer como era antes... a graça barata é a pregação de perdão sem que se requeira arrependimento, batismo sem disciplina da igreja, comunhão sem confissão, absolvição sem confissão pessoal. A graça barata é graça sem discipulado, graça sem a cruz, graça sem Jesus Cristo vivo e encarnado.[51]

À luz das advertências e admoestações de Cristo, temos de perguntar: "Por que a graça do evangelicalismo dos dias atuais cabe tão dolorosamente na descrição que Bonhoeffer faz de graça barata? Por que a ideia de lutar e batalhar para entrar no reino é tão estranha a nós? Como é que tantos parecem entrar no reino com muita facilidade? A resposta tem dois lados. Primeiro, o custo de ser verdadeiramente cristão raramente se menciona na pregação evangélica; assim, o que procura não tem razão para lutar. O ouvinte não possui luta interior quanto ao chamado de Cristo, porque não foi confrontado com as realidades do cristianismo bíblico. As exigências radicais do discipulado cristão são substituídas por "Deus ama você e tem um plano maravilhoso para a sua vida". O cristianismo foi redesenhado como um caminho largo, em que nada é exigido e tudo é lucro; onde a autonomia da pessoa é tenazmente defendida e os mandamentos bíblicos são apenas diretrizes sujeitas à cultura e consciência; onde a amizade com o mundo não somente é permitida como também estimulada; onde o cristão tem cidadania dupla e os piedosos não são mais perseguidos.

Quando o evangelho é realmente apresentado, a pessoa fica face a face diante da luta dos séculos: autonomia *versus* entrega da vontade a outro; autopreservação *versus* o perigo de se opor à maioria; reputação e aprovação dos homens *versus* ser marginalizado no melhor cenário e martirizado no pior cenário; agarrar-se a um mundo visível *versus* andar em busca de uma cidade que tem fundamentos, cujo arquiteto e construtor é Deus;[52] e gozar os prazeres passageiros do pecado *versus* considerar o opróbrio de Cristo maior que todos os tesouros deste mundo.[53]

---

51 Dietrich Bonhoeffer, *The Cost of Discipleship* (New York: Collier Books, 1963), 45–47.
52 Hebreus 11.9-10.
53 Hebreus 11.25-26.

Quando as demandas do evangelho se tornam parte de nossa apresentação do evangelho, ele mais uma vez será um escândalo, e a decisão por Cristo será resultado de grande luta e empenho. Os que se convertem serão como o homem de forte semblante, que abotoa seu capacete, empunha sua espada, corre para a porta estreita e ferozmente atravessa tudo que a carne, o mundo e o Diabo tentam lhe opor. Será como o homem que quer construir uma torre, mas primeiro se assenta e calcula o preço para ver se terá o suficiente para completar a obra.[54] Será como o rei que, antes de ir ao encontro de outro rei em batalha, se assenta e calcula se é forte o suficiente com dez mil homens para encontrar aquele que vem contra ele com vinte mil.[55] Além do mais, será o oposto do convertido superficial da parábola do semeador, o qual primeiro ouve a palavra e imediatamente a recebe com alegria, mas não tem raiz firme em si mesmo. A sua profissão foi apenas temporária, e quando surge a aflição ou perseguição devido à palavra, imediatamente cai fora.[56] O segundo "ouve a palavra, e os cuidados deste mundo e a fascinação das riquezas sufocam a palavra, e fica infrutífera" (Mateus 13.22).

Segundo, tantos parecem entrar facilmente no reino porque substituímos arrependimento e fé produzidos pelo Espírito por crendice vazia e rituais convenientes. Sendo assim, o candidato ao reino não precisa enfrentar as grandes verdades do evangelho nem procurar discernir se essas verdades se tornaram realidade em sua vida. Ele recebe o ritual da oração do pecador e é assegurado de sua salvação porque fez isso. Então, durante toda sua vida, se agarra àquele ritual como a base de sua esperança de vida eterna. Por esta razão, muitas pessoas carnais e mundanas nas ruas e nos bancos de igreja se convencem de estar bem com Deus por algo que fizeram em seu passado e que tem pouco ou nenhum impacto sobre seu presente.

É aqui que encontramos o maior contraste entre as Escrituras e a história da igreja de um lado, e a metodologia evangelística contemporânea do outro. Quando o evangelismo for bíblico, o evangelho será pregado, e as pessoas serão admoestadas ao arrependimento e fé. Os que manifestarem interesse no evangelho serão

---

54 Lucas 14.25–30.
55 Lucas 14.31–33.
56 Mateus 13.20–21.

conduzidos para as Escrituras, buscando maior clareza quanto à natureza do arrependimento e fé autênticos. Serão também encorajados a examinar a si mesmos à luz da Escritura, a fim de ver se essas duas graças evangélicas se tornaram realidade em seu coração. Se não encontrarem segurança mediante a leitura das Escrituras, o evangelista não procurará dar-lhes segurança fazendo com que eles realizem algum ritual evangelístico, para então "fechar o acordo" e pronunciá-los salvos. Pelo contrário, ele continuará a aconselhá-los, orará por eles e — acima de tudo — irá encorajá-los a buscar Deus em oração e mais leitura da Escritura, até que o próprio Deus se revele e dê a força que procuram.

É aqui onde o "inquiridor" muitas vezes encontra as maiores batalhas e sua maior necessidade de força santa. Como no livro de Bunyan, o evangelista dos dias modernos somente aponta o peregrino para a porta estreita; ele não pode carregá-lo para atravessá-la. O peregrino tem de travar essa batalha sozinho. Tem de lutar contra qualquer coisa que impeça sua entrega. Tem de lutar com as Escrituras até que entenda, e se agarrar ao significado do arrependimento e fé até saber que as possui. Deverá mesmo lutar com Deus, até que seja confirmado. Quem busca a salvação deve continuar indo em frente até que a encontre, ou seja encontrado pelo Senhor.

É aqui onde o evangelista será mais tentado a interferir e a oferecer algum método para obter maior segurança àquele que procura. Porém, qualquer segurança dessas será mecânica e natural, um empecilho à verdadeira obra de Deus. Ele precisa ser deixado a sós com Deus. Tem de tratar diretamente com Cristo. Tem de considerar seriamente o arrependimento para a salvação, e ponderar se isso está manifestado em sua própria vida. Tem de considerar as promessas de Deus e lutar por apreendê-las, até que uma obra do Espírito traga segurança bíblica à sua alma, o amor de Deus seja derramando em seu coração e o Espírito de adoção faça com que ele clame: "Abba, Pai".[57]

Depois que professar sua fé, o evangelista bíblico deve encorajá-lo com grande alegria, mas não sem adverti-lo. Aquele que busca deve saber que se sua atual segurança for autêntica, ele perseverará com o Senhor e, por muitas aflições,

---

57 Romanos 5.5; 8.15–16; Gálatas 4.6

crescerá em santificação e conformidade a Cristo. Porém, se voltar para trás e para o mundo, ou continuar em carnalidade sem a divina disciplina, deverá questionar a autenticidade de sua profissão.[58] Deverá ser ainda mais diligente para tornar certo o chamado e a vocação de Deus.[59] Deverá provar ou examinar a si mesmo à luz da Escritura, para verificar se está na fé.[60]

A obra do Espírito na alma do indivíduo é um grande mistério, que demanda nossa completa confiança na providência de Deus. Algumas pessoas ouvem o evangelho, se arrependem e creem, e obtém uma segurança imediata operada pelo Espírito de Deus. Outros lutam por dias, semanas ou até meses antes de obter segurança semelhante. Como aqueles a quem foi confiado o evangelho, precisamos ser cuidadosos em tratar cada caso corretamente e com o maior discernimento e paciência. Uma coisa é conduzir alguém por um sistema evangelístico e pronunciá-lo salvo por causa de sua concordância sincera. É outra bem diferente levar pessoas às promessas da salvação e demorar com elas, até que venham verdadeiramente a entrar pela porta estreita e Deus tenha lhes concedido a maravilhosa dádiva da segurança.

---

58 Hebreus 12.5-8.
59 2Pedro 1.10.
60 2Coríntios 13.5.

CAPÍTULO 17

O CAMINHO ESTREITO

Entrai pela porta estreita (larga é a porta, e espaçoso, o caminho que conduz para a perdição, e são muitos os que entram por ela), porque estreita é a porta, e apertado, o caminho que conduz para a vida, e são poucos os que acertam com ela. — Mateus 7.13–14

Mateus 7.13–14 descreve não somente uma porta como também um caminho, sendo que ambos são pequenos e estreitos. Com isso entendemos que a conversão não é definida meramente por um portão pelo qual a pessoa passa, mas também pelo modo como ela anda. Quando analisamos a pregação evangélica contemporânea, parece que somente metade da história é apresentada.

Pela graça de Deus, a maior parte do mundo evangélico continua se atendo à verdade de que Jesus é o único salvador e mediador entre Deus e os homens.[1] Podemos também louvar a Deus porque a maioria permanece firme nas doutrinas de *sola gratia* e *sola fide*, somente pela graça e somente pela fé.[2] Porém, embora haja muita pregação sobre como entrar no reino, pouco é dito sobre as evidências que provam que a pessoa já tenha entrado. Entramos no reino pela porta estreita, mas a evidência de que tenhamos passado por ela é que agora estamos andando no caminho estreito.[3] Somos justificados somente pela fé na pessoa e obra de Cristo.

---

1 João 14.6; Atos 4.12; 1Timóteo 2.5.
2 Efésios 2.8–9
3 William Hendriksen escreve: "A ordem 'porta' seguida por 'caminho' é, portanto, muito natural, fazendo todo sentido, especialmente tendo em vista o que provavelmente é a intenção do significado de escolha inicial correta (conversão), seguida pela santificação; senão, a escolha inicial errada será seguida por endurecimento gradativo" Matthew, 368-69.

Porém, a evidência de nossa justificação está em nossa contínua santificação. A porta estreita e o caminho estreito são inseparáveis.[4] A pessoa que entra pelo primeiro encontrará sua vida definida pelo segundo.

O CAMINHO ESTREITO DEFINIDO

A palavra "caminho" é traduzida do vocábulo grego *hodós*, que denota, literalmente, uma estrada natural ou bem viajada. Metaforicamente, se refere a um estilo de vida, um curso de conduta, um modo de pensar. A palavra é usada seis vezes no livro de Atos como sinônimo do cristianismo.[5] Assim, descobrimos rapidamente que a fé cristã é mais que uma decisão passada de aceitar Cristo. É uma fé que perdura e altera todo o curso da vida da pessoa.

A palavra "estreito" vem do grego *thlíbo*, que quer dizer pressionar ou esmagar, como um operário numa vinha faz ao aperta as uvas ou uma multidão de pessoas pode apertar umas contra as outras. Na voz passiva, essa palavra significa experimentar problema, dificuldade ou aflição.[6] Combinada com *hodós*, refere-se a um caminho comprimido, estreitado ou constrito. Diversos autores e pregadores ilustram o significado dessa metáfora pintando um estreito desfiladeiro, onde as pessoas só conseguem andar em fileira, uma atrás da outra. Altas paredes de rocha pura estão de cada lado. A natureza confinada do caminho parece indicar duas verdades importantes sobre a natureza da vida cristã: é um caminho definido pela vontade de Deus e é marcado por oposição, dificuldade e grande luta.

Um caminho definido pela vontade de Deus

Os que passaram pela porta estreita andarão no caminho estreito. Não andarão sem rumo, nem serão livres para andar a esmo na *feira das vaidades* e nos campos de matança deste mundo. Seu curso será bem definido pela vontade de Deus, e eles serão guardados por sua implacável providência. Ele os ensinará,

---

4 Hendriksen ainda escreve: "Fica claro pela descrição que estes — porta e caminho — devem andar juntos: porta estreita e caminho apertado, porta larga e caminho largo ou espaçoso" Matthew, 367.
5 Atos 9.2; 19.9, 23; 22.4; 24.14, 22.
6 O substantivo *thlípsis* é traduzido como "tribulação" em Romanos 2.9 e 8.35.

conduzirá, lhes dará poder, e os disciplinará quando se desviarem. Como Jesus ensinou, as suas ovelhas ouvem a sua voz *e o seguirão*.[7]

A noção de um caminho marcado por Deus para a conduta de seu povo é tema comum por todas as Escrituras do Antigo Testamento. É referido como o caminho do Senhor, o caminho dos justos e o caminho da retidão.[8] Este caminho é demarcado pelos mandamentos de Deus, sendo grande prova da fé autêntica. No livro de Salmos, descobrimos que o caminho do Senhor e o caminho da justiça são sinônimos ao caminho dos mandamentos, estatutos, preceitos e testemunhos de Deus.[9] Além do mais, esse caminho é bem batido e cercado de ambos os lados. É cortado na terra pelos incontáveis santos que andaram por ele desde o princípio do trato de Deus com a humanidade. No Salmo 23, Davi se gloriou na verdade de que Deus os dirigia nos caminhos da justiça. A palavra "caminho" é traduzida do hebraico *ma'gal*, que denota uma trincheira ou uma depressão no chão longa, profunda e estreita.

Outra importante verdade sobre o caminho estreito é que seus marcadores se tornam cada vez mais claros à medida que o santo continua sua jornada. O livro de Provérbios nos instrui que o caminho dos justos é como a luz da aurora, que brilha mais e mais até chegar a pleno dia.[10] Quando o novo crente primeiro põe seus pés no caminho, muitas vezes a trilha é difícil de discernir. Porém, ao continuar andando, o caminho se torna mais distinto. Pela renovação da mente, ele começa a entender qual é a vontade Deus, que é "boa, aceitável e perfeita" (Romanos 12.2). O autor de Hebreus nos diz que o crente novo participa somente de leite e não está acostumado à palavra da justiça, pois é somente um infante. Mas, à medida que amadurece, ele passa a alimentos mais sólidos. Pela prática, seus sentidos são treinados a discernir entre o bem e o mal.[11]

O caminho estreito é marcado pela vontade de Deus, conforme revelada em seus mandamentos, estatutos, preceitos e sabedoria. No entanto, temos de cuidar em entender isso tudo dentro do contexto da pessoa de Jesus Cristo. Jesus disse

---

7   João 10.27.
8   Gênesis 18.19; Juízes 2.22; Salmos 1.6; 23.3; Provérbios 8.20; 12.28; 16.31; Isaías 26.7.
9   Salmo 119.14, 27, 32–33.
10 Provérbios 4.18.
11 Hebreus 5.13–14.

a seus discípulos que ele é o caminho, a verdade e a vida, e ninguém vem ao Pai senão por ele.[12] Sendo assim, temos de nos lembrar constantemente de que nesse caminho estreito seguimos uma pessoa e não apenas um código de conduta ou manual de procedimento para a vida. A verdade proposicional é absolutamente essencial ao cristianismo, e foram-nos dadas grandes leis, princípios e sabedoria para obedecer.[13] Contudo, eles não são a soma da fé cristã, e se nós os enxergamos fora do contexto de Cristo, podem conduzir em caminho perigoso de legalismo e autojustiça. Como cristãos, seguimos e procuramos imitar uma pessoa.[14] As verdades proposicionais da Escritura têm grande valor ao nos explanar sobre quem é Cristo e como devemos segui-lo, mas não são fim em si mesmas e jamais deverão ser separadas de Cristo, sem que isso cause maior ultraje ao cristianismo e para o cristão. A essência dessa advertência é resumida poderosamente nas palavras de Cristo àqueles dos seus dias que tinham reduzido a fé de Israel a um código de conduta vazio. Jesus disse: "Examinais as Escrituras, porque julgais ter nelas a vida eterna, e são elas mesmas que testificam de mim. Contudo, não quereis vir a mim para terdes vida" (João 5.39–40). Cristo não pode ser separado da instrução e dos mandamentos da Escritura, nem estes mandamentos poderão ser separados da pessoa de Cristo.

Um caminho marcado pela dificuldade

Aprendemos que o caminho estreito é definido pela vontade de Deus. Agora, voltamos a atenção a uma segunda verdade igualmente importante: é um caminho marcado por dificuldade e lutas. Não é um caminho fácil!

Conforme já declaramos, a palavra "estreita" vem de um verbo no grego que, na voz passiva, significa experimentar problemas, dificuldades ou aflição. Mesmo uma leitura apressada do Novo Testamento revela que a vida cristã é marcada por tais coisas. Se uma luta ou santa violência é requerida para entrar no cristianismo,

---

12 João 14.6.
13 Verdade proposicional se refere à verdade que é revelada ou comunicada por declarações ou afirmativas (por exemplo, "O SENHOR é um" [Deuteronômio 6.4]; "Jesus é Senhor" [1Coríntios 12.3]; "Não tomarás o nome do SENHOR teu Deus em vão" [Êxodo 20.7]).
14 Mateus 4.19; 8.22; 9.9; 10.38; 16.24; 19.21; 1Coríntios 11.1; Efésios 5.1; 1Tessalonicenses 1.6.

só podemos assumir que uma luta igual ou ainda maior é requerida para continuar. Qualquer que pregue algo contrário a isso não é verdadeiro ministro de Cristo, mas charlatão, que está procurando vender alguma coisa.

Uma das maiores marcas da igreja primitiva foi o sofrimento, as dificuldades e as aflições. Cristo e os escritores do Novo Testamento frequentemente avisaram, tanto os que buscam quanto os que já são crentes, que o verdadeiro discipulado acarreta grande aflição. Jesus advertiu seus discípulos que eles seriam odiados pelo mundo e sofreriam grande tribulação por isso;[15] seriam insultados e caluniados;[16] e seriam perseguidos, condenados e mortos perante governadores e reis, por amor dele.[17] O apóstolo Paulo instruiu o jovem Timóteo: "Ora, todos quantos querem viver piedosamente em Cristo Jesus serão perseguidos." (2Timóteo 3.12). Para a igreja em Filipos, ele escreveu que foi-lhe dado o privilégio não somente de crer em Cristo, como também de sofrer por amor de Cristo.[18] Ele encorajou os discípulos de Listra, Icônio e Antioquia: "fortalecendo a alma dos discípulos, exortando-os a permanecer firmes na fé; e mostrando que, através de muitas tribulações, nos importa entrar no reino de Deus" (Atos 14.22). O apóstolo Pedro instruiu os crentes espalhados por toda a Ásia que seu sofrimento era de acordo com a vontade de Deus, e que não deviam ficar surpresos até por provações mais ardentes, como se fosse algo estranho que lhes acontecia.[19] De fato, ele os instruiu que esse sofrimento era a norma para os crentes e as igrejas por todo o mundo.[20]

Das Escrituras, entendemos que o caminho do cristão é estreito e cheio de aflição, mas as provações não são sem propósito. Deus designa nosso sofrimento para nos refinar, transformar e tornar-nos semelhantes a seu Filho. Pelas ardentes provações deste mundo, nossa fé é comprovada como sendo autêntica e refinada para graus cada vez maiores de pureza, até que seja como o ouro depurado.[21] Além do mais, as diversas provações e tribulações do caminho estreito

---

15 Mateus 10.22; João 15.18–20; 16.33.
16 Mateus 5.10–12.
17 Mateus 10.22–28; Lucas 21.12.
18 Filipenses 1.29.
19 1Pedro 3.17; 4.12, 19.
20 1Pedro 5.9.
21 1Pedro 1.6–7.

conduzem a maiores graus de virtude cristã. O apóstolo Paulo escreveu: "E não somente isto, mas também nos gloriamos nas próprias tribulações, sabendo que a tribulação produz perseverança; e a perseverança, experiência; e a experiência, esperança" (Romanos 5.3-4). Tiago mandou que os crentes em sofrimento considerassem tudo como alegria quando se deparassem com diversas provações, sabendo que a provação de sua fé produzia perseverança, que resultava em maior santificação e maturidade.[22]

Em meio ao sofrimento, é assegurado ao crente: "Sabemos que todas as coisas cooperam para o bem daqueles que amam a Deus, daqueles que são chamados segundo o seu propósito" (Romanos 8.28). Por isso, o cristão se alegra muito, embora por um tempo sofra com diversas tribulações.[23] Ele sabe que os sofrimentos deste tempo presente não são dignos de ser comparados à glória a ser revelada nele.[24]

A verdade de que somos feitura de Deus e que aquele que começou boa obra em nós a aperfeiçoará nos consola e perturba. É um consolo saber que não vamos continuar para sempre do jeito que somos, no entanto, às vezes, nos assusta pensar no fogo pelo qual teremos de passar no caminho estreito, a fim de nos livrar daquilo que Deus não tolera em nós. O Messias veio não somente para ser deleite ao seu povo, como também para ser fogo refinador e sabão de pisoador para nos purificar. Ele se assenta como fundidor e purificador de prata, e purificará os filhos de Levi, refinando-os como ouro e prata, para que ofertas de justiça sejam apresentadas ao Senhor.[25] A sua obra de purificação no meio de seu povo é tão intensa, que o profeta que predisse a sua vinda perguntou: "Mas quem poderá suportar o dia da sua vinda? E quem poderá subsistir quando ele aparecer? Porque ele é como o fogo do ourives e como a potassa dos lavandeiros" (Malaquias 3.2). Uma das grandes promessas das profecias do Antigo Testamento é que Messias purificará seu povo de toda sua iniquidade e idolatria.[26] Porém, essa purificação nem sempre vem como uma lavagem carinhosa, mas, muitas vezes, por um esfregão e castigo. Por

---

22 Tiago 1.2-4.
23 Romanos 5.3; 1 Pedro 1.6; 4.12-13.
24 Romanos 8.17-18.
25 Malaquias 3.1-3.
26 Ezequiel 36.25.

esta razão, o autor de Hebreus escreve: "Estais esquecidos da exortação que, como a filhos, discorre convosco: "Filho meu, não menosprezes a correção que vem do Senhor, nem desmaies quando por ele és reprovado; porque o Senhor corrige a quem ama e açoita a todo filho a quem recebe" (Hebreus 12.5–6).

Para entender a intensidade com a qual o Senhor pode tratar seus filhos no caminho estreito, temos de enfocar as seguintes três palavras de Hebreus 12.5–6: "reprovado", "corrige" e "açoita". A palavra "reprovado" é traduzida da palavra grega *elégcho*, que quer dizer sentenciar por culpa ou mau feito por meio de trazer à luz ou expor. Geralmente também sugere trazer vergonha sobre a pessoa sentenciada. A palavra significa também repreender severamente, ralhar, punir ou castigar. O verbo "corrigir" é traduzido da palavra grega *paideúo*, que denota instrução e treinamento de crianças. Com frequência inclui, como neste contexto, a ideia de castigar com reprovações, admoestações e açoites. A palavra "açoita" é traduzida do verbo grego *mastigóo*, que significa bater, açoitar ou fustigar com um chicote. Tal linguagem parece dura demais ou até mesmo imoral para os ouvidos exageradamente sensíveis do evangelicalismo contemporâneo. No entanto, é a linguagem bíblica e uma realidade para qualquer pessoa que tenha andado bastante tempo pelo caminho estreito. De fato, uma das grandes lições que qualquer verdadeiro peregrino do caminho estreito terá aprendido é que Deus vai até às últimas instâncias, e não poupará esforços para tornar santos os seus filhos. Ele ama seus filhos, não os odeia; daí, ele não retém a vara, mas disciplina-os diligentemente, a fim de livrar suas almas do inferno.[27]

Pela fé, o crente se submete à obra divina da disciplina e até mesmo entrega as costas à vara. Embora no momento a disciplina traga grande tristeza e dor, o cristão sabe que depois ela produzirá o fruto pacífico da justiça, a qual o escritor do livro de Hebreus destaca assim: "Toda disciplina, com efeito, no momento não parece ser motivo de alegria, mas de tristeza; ao depois, entretanto, produz fruto pacífico aos que têm sido por ela exercitados, fruto de justiça" (12.11). Além disso, ele sabe que, quer o açoite venha direto da mão de Deus quer por instrumento menor como o Diabo ou o mundo, foi tudo designado por Deus e dirigido por sua

---

27 Provérbios 13.24; 23.14.

vontade sempre sábia e totalmente competente. Samuel Chadwick ilustra isso de modo belo em uma observação sobre o trabalho do ferreiro:

> O ferreiro segura o metal incandescente, virando-o para que o baque não caia tempo demais sobre o mesmo lugar, dirigindo os golpes para que desçam no momento certo; virando, temperando, regulando até que o metal seja moldado no formato desejado. Assim Deus segura a alma e regula a pancada. Por vezes ele faz do Diabo o seu martelador. Satanás bate para esmagar. Mas Deus regula o golpe, e torna a malícia dele em nosso aperfeiçoamento. O Diabo transpira em bicas com a tarefa de moldar os santos à semelhança de Cristo. No final do dia, descobriremos que toda a disciplina da vida operou junto à graça, e que estamos em pé, completos em nossa identificação com o Filho do Pai. O propósito glorioso terá sido cumprido, e seremos como ele — "quando acordar, eu me satisfarei com a tua semelhança" (Salmo 17.15)".[28]

Sendo que o propósito de Deus é para o bem de seu povo, procuramos andar pelo caminho estreito e permanecer na segurança e na bênção de sua vontade, revelada nos seus mandamentos e sabedoria. Além disso, procuramos também trabalhar, desenvolver nossa salvação com temor e tremor, sabendo que é Deus quem opera em nós tanto o querer quanto o realizar, para seu bom prazer.[29] Tendo tais promessas, nós nos disciplinamos com o propósito da piedade, purificamo-nos da corrupção da carne e do espírito; buscamos a santificação, sem a qual ninguém verá o Senhor; e aperfeiçoamos a santidade no temor de Deus.[30] Se Deus se dispõe a tudo e não poupa esforços para nos transformar à imagem de Cristo, então nós temos de nos esforçar com a mesma diligência em busca do mesmo grande prêmio. Neste caminho estreito, temos de esquecer do que fica para trás, alcançar o que está à nossa frente, prosseguir para o alvo do prêmio do chamado de Deus para cima, em Cristo Jesus.[31]

---

28 Samuel Chadwick, *Humanity and God* (London: Hodder and Stoughton, 1904), 90.
29 Filipenses 2.12–13.
30 2Coríntios 7.1; 1Timóteo 4.7; Hebreus 12.14.
31 Filipenses 3.13–14.

O CAMINHO LARGO DEFINIDO

O adjetivo "largo" vem da palavra grega *eurúchoros*, que denota aquilo que é espaçoso, amplo, ancho e aberto. No contexto do ensino de Cristo, o "caminho largo" é o caminho de seres humanos caídos e rebeldes, que denunciam ou ignoram a reivindicação de Deus sobre eles, descartam a sua lei e buscam uma existência independente e autônoma. Várias coisas devem ser observadas a respeito desse caminho largo e do largo portal que leva até ele.

Primeiro, o caminho largo é o caminho do homem por omissão. É um caminho pelo qual todo membro da humanidade caída nasceu. O salmista declarou que os ímpios são inimigos desde o ventre e se desviam desde que nascem.[32] O profeta Isaías disse que "Todos nós andávamos desgarrados como ovelhas; cada um se desviava pelo caminho" (53.6). Nada é exigido e nada é feito para encontrar a porta larga e o caminho largo ou para entrar nele. É a bulevar, em cujo lado Adão construiu a sua casa, e ela se tornou herança também de seus filhos.[33] Acabamos de nascer e encontramos esse caminho por nossos instintos caídos, e uma vez nele, descobrimos que ele agrada nossa natureza. Não é necessário qualquer esforço para entrar ou prosseguir por ele, mas é exigido tudo para que o abandonemos. Por esta razão, Cristo nos admoesta a nos empenharmos com maior esforço para nos desviarmos desse caminho que conduz à destruição e entrarmos pela porta estreita que conduz à vida.

Segundo, o caminho largo é o caminho da autonomia. É o lugar onde os habitantes deste mundo se posicionam contra o Senhor e seu Cristo, dizendo: "Rompamos os seus laços e sacudamos de nós as suas algemas" (Salmo 2.3). É o lugar onde todos procuram fazer o que é bom a seus próprios olhos.[34] Os que escolhem o caminho largo se gabam de terem se libertado do Tirano do céu, mas, ao fazê-lo, se sujeitaram à tirania de seu coração depravado. Trocaram um rei celestial por seis bilhões de indignos usurpadores, cujas opiniões sobre a verdade são tão vagas quanto a neblina da manhã e numerosas quanto as estrelas nos céus. Trocaram a lei divina, para serem governados por suas próprias concupiscências e se

---
32 Salmo 58.3.
33 Romanos 5.12.
34 Juízes 17.6; 21.25.

tornaram pessoas sem rédeas, que correm de cabeça para a destruição. Pois onde não há visão ou revelação da lei, as pessoas não têm restrições, e o caminho que lhes parece direito sempre acabará em morte.[35] Tiraram Deus da equação da vida e tornaram impossível a verdade absoluta. Por esta razão, o caminho dos ímpios tem de ser largo, porque sem uma bússola moral, as pessoas são condenadas a vagar sem rumo, sem rima ou razão. Na linguagem assustadora de Judas,

> são como rochas submersas, em vossas festas de fraternidade, banqueteando-se juntos sem qualquer recato, pastores que a si mesmos se apascentam; nuvens sem água impelidas pelos ventos; árvores em plena estação dos frutos, destes desprovidas, duplamente mortas, desarraigadas; ondas bravias do mar, que espumam as suas próprias sujidades; estrelas errantes, para as quais tem sido guardada a negridão das trevas, para sempre.[36]

Embora essa linguagem seja sombria e agourenta, ela se aplica à pessoa da igreja, tanto quanto ao ateu ou incrédulo. Muitos se assentam nas igrejas como adeptos do cristianismo, mas vivem no caminho largo. Não procuram conhecer a vontade de Deus; não desejam seus mandamentos; não buscam marcadores de sua providência; e não andam prudentemente. Mais perturbador ainda, descansam em inúmeras igrejas evangélicas, sem perturbação, e se assentam despreocupados sob grande parte da pregação evangélica. Afirmam com tudo que existe debaixo do sol que pertencem ao reino, mas sua peregrinação contínua pelo caminho largo desaprova aquilo que afirmam.

Terceiro, o caminho largo é o caminho da autogratificação. É uma vereda para todos os que queiram colocar o eu antes de Deus, este mundo acima do mundo porvir, o imediato acima do eterno, e o carnal em lugar daquilo que é espiritual. É uma larga avenida que provê para todo desejo carnal e para toda aspiração do ser depravado. Como a Escrituras afirmam, as pessoas são, por natureza, amantes de si, amantes de dinheiro, amantes deste mundo, e amantes de prazer em vez de

---

35 Provérbios 14.12; 16.25; 29.18.
36 Judas 12–13.

amantes de Deus.[37] Todas essas coisas se encontram no caminho largo e os que nele andam são dominados pela "concupiscência da carne, a concupiscência dos olhos e a soberba da vida" (1João 2.16). Por esta razão, o caminho largo pode ser descrito como uma contínua Feira das Vaidades, similar à que Bunyan mostrou em *O Peregrino*:

> Então vi no meu sonho que, ao sair do deserto, logo viram à frente uma cidade, e seu nome era Vaidade. Lá acontece uma feira chamada Feira das Vaidades, pois a cidade é mais frívola que a vaidade, e também porque tudo que se vende ali ou que ali chega é Vaidade. Como diz o sábio: "Tudo o que vem é vaidade". Essa feira não era negócio novo, mas muito antigo; vejam só a origem dela. Quase cinco mil anos atrás já havia peregrinos caminhando rumo à Cidade Celestial, como hoje essas duas pessoas honestas. Belzebu, Apoliom e Legião, com seus companheiros, percebendo que o caminho dos peregrinos rumo à cidade sempre passava por este local chamado Vaidade, planejavam então estabelecer ali uma feira em que se vendesse toda sorte de vaidades, e que durasse o ano inteiro. Logo, nessa feira vende-se todo tipo de mercadoria, como casas, terras, negócios, lugares, honrarias, títulos, países, reinos, paixões, prazeres e deleites de toda espécie, bem como também meretrizes, cafetinas, esposas, maridos, filhos, senhores, servos, vidas, sangue, corpos, almas, prata, pérolas, pedras preciosas e tudo o mais. Nesta feira sempre se veem mágicas, engodos, jogos, brincadeiras, palhaços, mímicos, ilusionistas e velhacos de toda sorte.[38]

O caminho largo é cheio de toda sorte de distração superficial, projetada para manter as pessoas longe de se preocuparem com aquilo que realmente tem importância. Oferece tentações que criam e aumentam os anseios do coração das pessoas carnais, enquanto ao mesmo tempo diminuem sua capacidade de satisfação. Apanha as pessoas em armadilhas, por grosseiras imoralidades da pior espécie, e até mesmo coisas boas que se tornam ídolos mortais quando colocadas acima de Deus. Quanto mais as pessoas andam por esta avenida, mais longe vão

---
37 2Timóteo 3.2, 4; 1João 2.15–17.
38 Bunyan, *O Peregrino*, p.123.

ficando de Deus, e ao vaguearem mais, mais vaidosos vão se tornando, e assim, a vida vai ficando mais estéril e infrutífera.

Quando as pessoas enxergam corretamente as coisas, entendem que o alvo principal do homem é glorificar a Deus e gozá-lo para sempre, conforme nos ensina a primeira pergunta do Catecismo Menor de Westminster. Quando desviam o coração deste propósito, elas perdem a dignidade divinamente atribuída. Foram criadas para conhecer a Deus e examinar as maravilhas infinitas de seu ser e obras, mas escolheram chafurdar com os porcos e brincar com bugigangas sem valor. Escolheram a espiral descendente do caminho largo, que o apóstolo Paulo descreve no primeiro capítulo de Romanos:

> porquanto, tendo conhecimento de Deus, não o glorificaram como Deus, nem lhe deram graças; antes, se tornaram nulos em seus próprios raciocínios, obscurecendo-se-lhes o coração insensato. Inculcando-se por sábios, tornaram-se loucos e mudaram a glória do Deus incorruptível em semelhança da imagem de homem corruptível, bem como de aves, quadrúpedes e répteis. (Romanos 1.21–23).

Vivemos em uma cultura de homens que possuem apetite voraz por tudo que é carnal e pela vaidade. São assim descritos na Escritura: "O destino deles é a perdição, o deus deles é o ventre, e a glória deles está na sua infâmia, visto que só se preocupam com as coisas terrenas" (Filipenses 3.19). Trocaram o eterno por aquilo que é temporal, o céu por terra, e Deus por si mesmos. Andam pelo caminho largo e gastam dinheiro naquilo que não é pão, seu salário naquilo que não satisfaz.[39]

A grande massa humana, incluindo muitos que se identificam com Cristo, está no largo caminho que leva à destruição. Para aumentar o problema, poucas igrejas tocam a trombeta para advertir os ímpios de sua iminente ruína. O caminho largo da autogratificação não somente não é denunciado — na verdade, é defendido e promovido. É até usado como meio de atrair as multidões carnais ao culto de domingo. Muitas congregações se tornaram nada mais que uma Feira das Vaidades. Seus pregadores nada mais são que vendedores ambulantes de mercadorias

---

39 Isaías 55.2.

baratas. Usando pequenos sermões como pás e picaretas, eles redirecionaram o caminho largo para que as multidões carnais que assistem suas igrejas possam afluir ao céu com a mesma facilidade que os tipos piedosos que andam pelo caminho mais estreito. A salvação deles é uma salvação sem cruz, sem aflições, perseguições ou negar a si mesmo. Oferecem uma religião de autorrealização e autopromoção, um empreendimento em que fazem acordo com Deus para a pessoa manter sua riqueza, luxo, extravagâncias e vida fácil — desde que dê dez por cento de dízimo. Esta peregrinação ocorre numa avenida ampla e espaçosa, onde os supostos redimidos andam de braços dados com o mundo, a graça de Deus é transformada em licenciosidade e é negado o senhorio de Jesus Cristo.[40] Tais coisas não devem ser assim! Que Deus mais uma vez nos conceda pregadores e pastores com a boca cheia de verdadeira instrução e nenhuma injustiça nos lábios, que andem em paz com Deus, fazendo muitos desviarem-se da iniquidade.[41] Que fiquemos à porta e clamemos a todos: "Ora, o mundo passa, bem como a sua concupiscência; aquele, porém, que faz a vontade de Deus permanece eternamente" (1João 2.17).

Quarto, o caminho largo é o de menor resistência. É o proverbial "correr com a manada". Para começo de conversa, não há oposição da carne nesse caminho largo. Não temos de nos esforçar para entrar. Conforme já dissemos, encontramo-nos nele por inadimplência. Nascemos em pecado, alheios desde o ventre, e nos desviamos desde o nascimento.[42] Por esta razão, nossa carne caída encontra afinidade com todos que são igualmente rebeldes no caminho largo, e aprova de coração toda atitude e atividade errada.[43] Temos de nos lembrar de que a carne caída é inimiga de Deus e não pode agradá-lo.[44] Porém, ela ama o mundo e quer ouvir a sua voz. A carne não precisa de estímulos para dar vazão à sua cobiça e seguir o caminho largo por onde ele levar. Sendo assim, os que buscam entrar nessa estrada não acharão inimigo em sua carne, mas apenas um aliado enganador.

Não existe oposição do mundo quando se anda pelo caminho largo. William Hendriksen escreve: "Os sinais ao longo dessa larga avenida dizem: 'Bem-vindos

---

40 Judas 4.
41 Malaquias 2.6.
42 Salmos 51.5; 58.3.
43 Romanos 1.32
44 Romanos 8.7–8.

a todos e a todos os seus amigos, quanto mais, melhor. Viajem como quiserem e com a velocidade que quiserem. Não existem restrições'".[45] Os que andam pelo caminho largo estão na avenida do mundo. É a rota da humanidade, a estrada da fraternidade, inclusão e tolerância. É um festival infindo, onde se exigem bajulações mútuas, a verdade é jogada pela janela e a ninguém é permitido falar que o imperador está sem roupa ou que todo o desfile está indo rumo à destruição.

As Escrituras ensinam que o mundo ama e escuta os seus.[46] Quando o Filho de Deus veio ao mundo que criou e às pessoas que escolheu, eles não o receberam.[47] Quando chegou o tempo de uma última escolha, o mundo escolheu um dos seus, pedindo o perdão de um ladrão e assassino notório e exigindo a crucificação do que era santo e justo, o Príncipe da Vida.[48] O mundo é amigo de todos que não querem ser amigos de Deus. A sua hostilidade é reservada apenas aos que ousam quebrar a ligação com o mundo, deixar seus caminhos e se aliar a Deus.[49]

Além do mais, não existe oposição do Diabo para quem está andando no caminho largo. De fato, esse caminho foi seu projeto e é dirigido por sua vontade. De acordo com o apóstolo Paulo, andar no caminho largo é andar "conforme o curso deste mundo, de acordo com o príncipe das potestades do ar, o espírito que opera nos filhos da desobediência" (Efésios 2.2). Hendriksen escreve: "O caminho largo foi construído pelo Diabo. Os seus seguidores viajam nele".[50] O santo de Deus, que anda pelo caminho estreito, será constantemente tentado, provado e até mesmo frustrado em sua peregrinação. O Diabo se oporá a ele a cada passo, procurando desfazer toda tentativa de progredir na fé. Não fosse a proteção de Cristo, o Diabo o peneiraria como trigo e o esmagaria a ponto de maldizer a Deus.[51] Mas para os que estão no caminho largo, o Diabo é amigo, pelo menos por algum tempo, pois seus lábios destilam mel, e são mais lisos do que óleo a sua fala, no final ele é amargo como absinto e afiado como uma espada de dois gumes.[52] Com sua muita

---

45 Hendricksen, Matthew, 369.
46 João 15.19; 1João 4.5.
47 João 1.11.
48 Mateus 27.16, 21, 26; Marcos 15.7, 11, 15; Lucas 23.18; João 18.40; Atos 3.14–15.
49 João 15.19.
50 Hendriksen, *Matthew*, 369.
51 Jó 2.9–10; Lucas 22.31.
52 Provérbios 5.3–4.

persuasão ele atrai os homens; com lábios de lisonja, ele os seduz.[53] Mas os seus pés caminham para a morte, e seus passos abraçam o inferno.[54] Aqueles que o seguem no caminho largo são como o boi que vai ao matadouro, o tolo que vai acorrentado ao castigo ou a ave que corre para a cilada. Não sabem que sua escolha lhes custará a vida, porque a casa do Diabo afunda para a morte e suas pegadas conduzem aos mortos.[55] Ninguém que o segue voltará, e nem alcançará os caminhos da vida.[56]

Quinto, o caminho largo é caminho de trevas crescentes. Do livro de Provérbios aprendemos que "a vereda dos justos é como a luz da aurora, que vai brilhando mais e mais até ser dia perfeito" (4.18). Em contraste, "O caminho dos perversos é como a escuridão; nem sabem eles em que tropeçam" (4.19). Andam na vaidade dos seus próprios pensamentos, obscurecidos de entendimento, alheios à vida de Deus por causa da ignorância em que vivem, pela dureza do seu coração.[57] Com o tempo, as suas consciências ficam marcadas como que com ferro, sua bússola moral é deles tirada e eles são entregues à cobiça dos seus corações, à impureza e aviltantes paixões.[58] Um terrível juízo cai sobre os homens e as nações com maior frequência do que podemos discernir ou temos coragem de admitir. Embora nunca possamos desistir da graça de Deus, a qual pode salvar até mesmo o pior dos pecadores, temos de advertir toda pessoa que está no caminho largo, para que saiba que cada passo a levará mais perto da reprovação, até que seja revirada e colocada além de recuperação. Não é lugar onde ela queira ser salva, mas não pode, mas um lugar onde ele não se importará mais. Nessa altura, seu coração estará completamente ressecado e sua alma será tão superficial, que os desvios do caminho largo são tudo que ela quer para preenchê-la.

O CRISTÃO E O FALSO CONVERTIDO

Uma das grandes verdades que obtemos destas metáforas do caminho estreito e do largo é que nossa caminhada é evidência da nossa conversão. Vez após vez,

---

53 Provérbios 7.21
54 Provérbios 5.5.
55 Provérbios 7.22–23.
56 Provérbios 2.18–19.
57 Efésios 4.17–19.
58 Romanos 1.24, 26; 1Timóteo 4.2.

temos de reiterar que a pessoa é salva pela graça tão somente e unicamente pela fé. Nosso posicionamento diante de Deus não resulta de qualquer virtude ou mérito da nossa parte, mas é dom de Deus.[59] No entanto, temos de entender também que aqueles que foram salvos pela graça mediante a fé se tornaram feitura de Deus. Foram recriados em Cristo Jesus para as boas obras que Deus, em sua soberania, preparou de antemão para que andássemos nelas.[60] Salvação é a obra sobrenatural de Deus, pela qual o crente torna-se nova criatura, com novos e santos afetos.[61] Esses novos afetos levam o cristão a andar pelo caminho estreito, não em marcha forçada, mas com espírito disposto.[62] Pela obra regeneradora do Espírito Santo e sua habitação, o crente foi levantado para andar em novidade de vida.[63] Não deseja mais andar como os gentios, na futilidade de sua mente e dureza dos corações, mas procura andar de modo digno do Senhor, agradando-o em tudo, produzindo fruto em toda boa obra, e crescendo no conhecimento de Deus.[64] Embora antes fosse trevas, agora é luz no Senhor, e anseia andar como filho da luz — andar conforme Cristo andou, de acordo com os seus mandamentos.[65]

Esta é a doutrina da regeneração, que foi praticamente esquecida dentro do evangelicalismo contemporâneo. Sua redescoberta é essencial se a igreja quer novamente pregar o evangelho. Temos de clamar contra as crendices vazias de nossos dias e explicar que aqueles que creem para a salvação nasceram de novo; foram regenerados; tornaram-se novas criaturas, que andam em novidade de vida.[66] Temos de recuperar a verdade de que a evidência da justificação está na obra contínua de santificação; que a marca de que alguém passou pela porta estreita é a constância no caminho estreito, de acordo com os mandamentos de Cristo e em conflito direto com a carne, o mundo, e o seu Diabo. A justificação é pela fé, mais as doutrinas igualmente importantes da regeneração e da implacável providência de Deus asseguram que os justificados serão também santificados.

---

59 Efésios 2.8–9.
60 Efésios 2.10
61 2Coríntios 5.17.
62 1João 5.3.
63 Romanos 6.4.
64 Efésios 4.1, 17–19; Colossenses 1.10; 1Tessalonicenses 2.12.
65 Efésios 5.8; 1João 1.7; 2.6; 2João 1.6.
66 1João 5.1.

Aqueles que professam fé em Cristo e andam pelo caminho estreito devem ser encorajados e consolados a despeito de suas muitas fraquezas e tropeços. Porém, aqueles que fazem a mesma confissão, mas andam indiferentes pelo caminho largo, folheando suas novidades e comprando seus artigos, devem ser avisados de sua reprovação e futura condenação. Esta é a grande tarefa do pastor e evangelista. Tem sido concedido ao ministro do povo de Deus, não somente proclamar as boas novas da graça de Deus, como também garantir que ninguém fique destituído dela.[67]

A fim de ilustrar e aplicar essas verdades que acabamos de considerar, olharemos brevemente dois homens: o cristão e o falso convertido. No caso do cristão, encontramos uma pessoa que anda pelo caminho largo, ou porque jogou fora toda fé em Deus ou porque foi anesteciado por alguma forma de religião, e tem pouca preocupação com sua alma. Certo dia ele ouve o pregador chamá-lo com o evangelho de Jesus Cristo. Ainda que tivesse ouvido a mensagem mil vezes antes, agora ele ouve algo como uma voz dentro de uma voz. Acorda para o conhecimento de Deus, percebe sua terrível condição e os merecimentos da obra de Cristo. Essa nova revelação da santidade de Deus expõe o seu pecado. Ele é quebrantado por aquilo que fez e se tornou. O seu arrependimento, porém, não é para a morte, é uma revelação maior da santidade de Deus e de seu próprio pecado; ele enxerga pela primeira vez em sua vida a maravilhosa graça de Deus na face de Cristo. Portanto, ele corre para Cristo pela fé e é salvo.

Depois, a realidade da sua conversão se torna evidente. Ele enxerga as coisas de maneira diferente de antes. Perde também muitos de seus antigos afetos, que são substituídos por novo desejo de agradar a Deus e viver em conformidade aos seus mandamentos. Ao mesmo tempo, torna-se dolorosamente consciente de que nele ainda há alguma coisa que guerreia contra Deus e todo desejo por justiça. Ainda existe um aspecto não redimido de sua pessoa, que as Escrituras referem simplesmente como sendo "a carne". A carne posiciona seu desejo contra o espírito e eles guerreiam entre si, de maneira que o novo crente logo descobre que a vida cristã é uma luta.[68] Ao começar a jornada pelo caminho

---

67 Hebreus 12.15
68 Gálatas 5.17.

estreito, as batalhas rugem ao redor e dentro dele. Às vezes a graça torna seus pés velozes, e ele parece progredir muito. Outras vezes, parece que a cada três passos para a frente ele dá dois passos para trás. Às vezes, ele é tentado a abandonar o caminho estreito, mas a providência de Deus marcou tão profundamente o caminho,[69] que ele não consegue sair dele. Embora seja difícil lutar contra a carne, o mundo e o Diabo, o cristão descobre ser impossível lutar contra Deus. Pela fé em Cristo, ele é agora possessão e feitura de Deus. A qualquer momento de sua vida, pode parecer que ele está indo para trás e para baixo, mas a providência de Deus assegura que ao longo da jornada, com certeza, avançará. Lutará contra o pecado, e, às vezes, pode até cair em graves pecados, mas não permanecerá neles. Com ciúmes, deseja o Espírito de Deus que fez habitação nele.[70] O Grande Pastor o buscará, porque não vai perder ninguém que o Pai lhe deu.[71] O Pai tratará dele como filho e o disciplinará com grandes reprovações e até mesmo açoites severos, que deixarão cicatrizes para toda a vida.[72] No final, Deus aperfeiçoará a obra começada, até que o crente um dia seja glorificado:

> Porquanto aos que de antemão conheceu, também os predestinou para serem conformes à imagem de seu Filho, a fim de que ele seja o primogênito entre muitos irmãos. E aos que predestinou, a esses também chamou; e aos que chamou, a esses também justificou; e aos que justificou, a esses também glorificou. Que diremos, pois, à vista destas coisas? Se Deus é por nós, quem será contra nós? (Romanos 8.29–31).

A evidência de conversão na vida do crente autêntico é que ele continua no caminho estreito dos mandamentos de Deus. Com toda crescente revelação da santidade de Deus e de seu pecado, ele experimenta maior quebrantamento. Contudo, essa crescente revelação de sua carência e fraqueza não o leva ao desespero, porque com ela vem uma revelação cada vez maior da graça de Deus em Cristo.

---

69 No Salmo 23.3, a palavra "veredas" é traduzida da palavra hebraica *ma'gal*, que denota uma trincheira ou uma depressão no chão longa, profunda e estreita. É um caminho bem batido e delimitado em ambos os lados.
70 Tiago 4.5.
71 João 6.39.
72 Hebreus 12.5–11.

No final do dia, o crente se encontra no caminho estreito, mais santo, mais quebrantado, com maior apreço por Cristo e menor confiança em si mesmo do que quando começou.

No caso do falso convertido, encontramos a pessoa andando ao longo do mesmo caminho largo, sem a mínima preocupação por sua alma. Um dia ele ouve um pregador chamando-o com o evangelho de Jesus Cristo. Por alguma razão, a mensagem atrai seu interesse. Com o tempo, ele faz uma profissão de fé em Cristo. Neste ponto, existem duas possibilidades. Pelo menos em algumas igrejas evangélicas, ele conseguiria continuar no caminho largo e ainda ser assegurado de que tivesse experimentado a conversão e pudesse ter a esperança da vida eterna. O seu estado não mudado, de pouco interesse nas coisas de Deus, seria simplesmente atribuído à falta de discipulado. Como muitos dos outros membros que estão igualmente enganados e a quem ele se compara, continuaria no caminho largo da destruição eterna, sem que os pastores responsáveis por sua alma o advertissem do perigo.

Porém, se sua profissão de fé foi feita numa igreja sadia, com um evangelho bíblico e entendimento da conversão autêntica, a questão teria outra virada. As marcas do caminho estreito seriam ensinadas ao indivíduo e ele seria exortado a andar por este caminho. Neste ponto, talvez ele rejeite prontamente as exigências do discipulado e revele seu estado de não convertido. Porém, como muitas vezes é o caso, pode ser que mudanças externas apareçam em sua vida. Pode ser que exiba nova alegria e mostre até sinais de verdadeiro discipulado. Poderá lutar contra a carne e carregar todas as marcas de verdadeira peregrinação pelo caminho estreito. No entanto, a verdadeira natureza de seu caso se tornará evidente com o tempo. Ele começará a vaguear do caminho estreito e acabará se desviando dele totalmente. Pode ser que passe a crer em erros doutrinários e negue os fundamentos da fé. Poderá deixar de lutar contra o pecado e voltar a seus vícios, como um cão que volta a seu vômito ou a porca que volte à lama depois que foi lavada, chafurdando em sua verdadeira natureza.[73] Como Demas, o seu amor contínuo pela época presente pode ser novamente aceso, fazendo com que abandone a fé e volte para o mundo.[74] Poderá simplesmente cair em apatia, um profundo estado de letargia do qual

---
73 2Pedro 2.22.
74 2Timóteo 4.10.

não consegue ser despertado. Finalmente, ele poderá vagar para outra congregação evangélica, onde pessoas carnais conseguem prosperar em conforto.

Embora todas essas tragédias possam ocorrer até certo grau na vida de um cristão autêntico, a diferença marcante é que, no caso do falso convertido, existe uma ausência da implacável providência de Deus. Não existe manifestação bíblica da disciplina divina. Essa pessoa simplesmente tem permissão para fazer a sua própria vontade. Abandona o caminho e foge do aprisco, sem que Deus intervenha e o impeça. Por sua apostasia, ele fica exposto como falso convertido ou filho ilegítimo. Esta terrível verdade é apresentada claramente pelo escritor de Hebreus: "É para disciplina que perseverais (Deus vos trata como filhos); pois que filho há que o pai não corrige? Mas, se estais sem correção, de que todos se têm tornado participantes, logo, sois bastardos e não filhos" (Hebreus 12.7-8).

Na parábola do semeador, Jesus descreve a pessoa não convertida com grande precisão. Primeiro, o seu coração é um lugar pedregoso, sobre o qual cai a semente do evangelho. Ele ouve a palavra e imediatamente a recebe com alegria, mas não tem em si raiz firme — o que significa que ele não nasceu de novo — e sua recepção é apenas temporária. Quando surge a aflição ou perseguição por causa da palavra, imediatamente ele cai fora.[75] Segundo, seu coração é como um lugar espinhoso onde a semente do evangelho cai. Ele ouve a palavra, mas os cuidados do mundo e o engano das riquezas sufocam a palavra, que se torna infrutífera.[76] Em ambos os casos o falso convertido é diferente do cristão. Nunca chega à maturidade nem produz fruto que permaneça.[77] É como a planta descrita pelo escritor de Hebreus, que bebe a chuva que cai, mas produz apenas espinhos e abrolhos, sendo queimada pelo fogo.[78] Ele é como a árvore que não dá bons frutos e é cortada e lançada no fogo.[79] Uma das verdades mais surpreendentes e perturbadoras sobre essa parábola do semeador é que das quatro pessoas descritas, somente a primeira rejeita o evangelho de cara. As outras três fazem profissão de fé, mas somente uma é verdadeiramente convertida.

---

[75] Mateus 13.20-21.
[76] Mateus 13.22.
[77] Mateus 13.23; João 15.16.
[78] Hebreus 6.7-8.
[79] Mateus 7.19.

OS MUITOS E OS POUCOS

Chegando ao final de nossa observação sobre a porta estreita e o caminho largo, encontramos o que pode ser a verdade mais chocante de todas: muitos estão no caminho da destruição, mas apenas poucos encontram a porta e o caminho que leva à vida.[80] Esta verdade torna-se ainda mais severa quando vemos o contexto correto das palavras de Cristo.

À primeira vista, somos tendentes a pensar que Cristo está fazendo uma distinção entre os que não se identificam publicamente com ele e os que fazem essa identificação. Nesse cenário, os ateus, agnósticos, pagãos e propagadores de seitas heréticas estão no caminho largo que leva à destruição, e aqueles que confessam a Cristo se encontram no caminho estreito que conduz à vida. Se fosse esse o caso, ainda assim seria verdade que grande maioria da humanidade está no caminho para a destruição. Porém, o círculo traçado por Cristo é ainda mais confinante que isso. No contexto, ele não faz contraste entre os não religiosos e os religiosos, nem mesmo entre os que professam estar fora do cristianismo e aqueles que dizem serem seguidores de Cristo. Em vez disso, ele está falando apenas dos que afirmam serem seus seguidores. Está advertindo que entre os que se identificam com ele e até o confessam publicamente como Senhor, somente poucos serão salvos.

Esta perturbadora verdade é provada pelos textos que seguem, onde Jesus dá uma severa advertência aos que supõem ser seus seguidores.[81]

Primeiro, nem todo profeta que parece ser cristão é realmente um cristão. A validade de seu ministério e sua confissão é provada por seus frutos, pela condução de sua vida.[82] Segundo, nem todo que declara enfaticamente ser Jesus o Senhor ou mesmo ministra em seu nome entrará no reino do céu.[83] A marca da fé autêntica e verdadeira conversão é a submissão à vontade do Pai. Finalmente, nem todo que escuta os ensinamentos de Cristo será salvo do juízo vindouro sobre o mundo, mas somente os que não apenas ouvem suas palavras como também as pratica.[84]

---

80 Mateus 7.13–14.
81 Mateus 7.15–27.
82 Mateus 7.15–20.
83 Mateus 7.21–23.
84 Mateus 7.24–27.

Destas advertências fica claro que Cristo não está tratando da grande massa da humanidade que o ignora ou o denuncia publicamente; pelo contrário, ele trata somente daquelas pessoas que dizem conhecê-lo e fazem alguma identificação pública com ele. É entre esses que somente alguns serão salvos. O restante é como o homem despreparado da parábola das bodas.[85] Ele deu uma resposta a esmo ao contive, mas não se preparou para obter roupas apropriados para participar da festa de casamento. Assim, o rei mandou amarrar suas mãos e pés e lançá-lo nas trevas. Da mesma forma, Jesus adverte que haverá inúmeros indivíduos que fizeram alguma afirmativa em resposta ao chamado do evangelho, contudo, nunca realmente se converteram, e as verdadeiras evidências da conversão nunca foram características de suas vidas. Embora tivesse dado certo grau de resposta, ainda que o chamassem de Senhor e até mesmo ministrassem em seu nome, serão lançados "para fora, nas trevas; ali haverá choro e ranger de dentes". Por esta razão, Jesus advertiu que "muitos são chamados, mas poucos, escolhidos" (Mateus 22.13-14).

É uma advertência que temos de escutar. Não podemos enterrar a cabeça na areia e fingir que ela não existe. Não podemos ignorar a realidade da comunidade evangélica ocidental. Inúmeras pessoas confessam ser Cristo o Senhor e participam de toda espécie de atividade evangélica semana após semana, contudo, suas vidas estão demarcadas pelo caminho largo. Elas têm pouco ou nenhum senso de chamado, esforço, sacrifício, renúncia do pecado, desprezo pelo mundo ou busca pela justiça. Temos desenvolvido uma forma grotesca e vazia daquilo que deveria ser, e, no entanto, tudo se tornou tão comum, que poucos parecem notar. O evangelicalismo não adverte mais contra a Feira das Vaidades deste mundo; ela tem se tornado uma de suas principais atrações. Talvez o maior de todos os pecados seja que isso aconteceu, não apesar do púlpito, mas devido ao púlpito. O ministro contemporâneo não é mais impedimento a tais coisas, mas muitas vezes o catalisador das mesmas. A pregação é agora desempenhada por treinadores para a vida, que ensinam às pessoas princípios para que tenham a melhor vida possível agora. Especialistas em

---

85 Mateus 22.11-14.

crescimento de igrejas instruem na questão de como utilizar métodos carnais para atrair gente carnal e mantê-las na congregação mediante uma carnalidade sempre crescente. Especialistas em evangelismo e missões tanto contextualizaram o evangelho a fim de torná-lo acessível e inofensivo à cultura, que não há mais muita diferença entre os dois. Enquanto isso, multidões de pessoas que confessam o senhorio de Jesus estão chegando cada vez mais próximas àquele dia em se estarão diante dele e ouvirão: "nunca vos conheci. Apartai-vos de mim, os que praticais a iniquidade".

Em meio a todo nosso barulho, confusão evangélica, e nossa grande ostentação quanto às multidões que fluem aos nossos cultos, faríamos bem em ponderar sobre essas verdades com a afirmação do estudioso do Novo Testamento, Craig Blomberg: "A percentagem de verdadeiros crentes nos lugares e tempos em que é popular ser 'cristão' talvez não seja tão diferente da porcentagem de cristãos em tempos de perseguição, quando poucos têm coragem de professar, a não ser que tenham profundo compromisso com ele".[86]

VIDA E MORTE

O verdadeiro cristianismo não trata de coisas triviais. Trata de vida e morte, céu e inferno, felicidade eterna na presença de Deus ou uma existência eterna horrenda além de toda descrição. O cristianismo é uma religião em que os destinos irrevogáveis dos seres humanos estão sobre a balança. É, portanto, uma questão de máxima seriedade.

Em Mateus 7.13–14, Jesus contrasta "vida" a "destruição". A palavra "vida" é traduzida do grego *zoe*. No contexto de todo o ensino de Cristo e dos escritores do Novo Testamento, concluímos que ela não fala apenas de uma existência física ou de infinda duração. Em vez disso, se refere à vida eterna, essa qualidade de vida que vem de um relacionamento íntimo e pessoal com Deus.[87] É um relacionamento livre, pleno, desimpedido pela separação e morte que são causadas pelo pecado.[88] É um relacionamento filial, em que é concedido ao crente o privilégio e a bênção da

---

86 Craig Blomberg, *The New American Commentary: Matthew* (Nashville, Tenn.: Broadman, 1992), 132.
87 João 17.3.
88 Romanos 5.1; 8.1.

filiação.[89] Em suma, é uma vida de duração sem fim na presença favorável de Deus, e é concedida em e por meio da pessoa e obra de Jesus Cristo.[90]

Em contraste a "vida" encontramos a palavra "destruição". Essa é derivada do vocábulo grego *apóleia*, que também pode ser traduzida como "ruína" ou "perdição". Tomada no contexto do ensino de Cristo e do Novo Testamento, concluímos que não se refere ao término da existência pessoal, mas ao castigo eterno e sem fim no inferno. Embora a pessoa tenha objeções à doutrina de castigo eterno e queira desprezar o Novo Testamento como sendo documento defeituoso, ela não pode negar o fato de que esse ensino está claro nele. A vida e a destruição eterna andam de mãos dadas. Esta verdade é vista claramente na descrição que Cristo faz do juízo final, onde declara: "Irão estes para o castigo eterno, porém os justos, para a vida eterna" (Mateus 25.46). Se o "castigo eterno" dos ímpios no inferno não for de duração infinita, também não poderemos presumir que a felicidade dos redimidos no céu seja sem fim.[91]

O inferno é a final e plena manifestação da justa indignação de Deus contra os ímpios. É o fim de uma grande descida que começou no caminho largo. No inferno, toda a misericórdia é removida do pecador, e ele é exposto à perfeita justiça que lhe era devida. Também é finalmente e irrevogavelmente entregue à cobiça de seu coração e suas paixões degradantes o regem sem restrições.[92] É para sempre excluído das bênçãos do povo de Deus; está sem Deus e sem esperança.[93] Ao refletir essa verdade da Escritura, o poeta Dante Allegieri escreve em sua épica *Divina Comédia* que acima dos portões do inferno estão os dizeres: "Abandonai a esperança, todos vós que aqui entrais". O renomado pastor puritano Richard Baxter declarou: "Preguei como que nunca tivesse certeza de pregar novamente e como homem à morte falando a homens que estão morrendo".[94]

Temos de entender que existe uma porta pela qual temos de passar se quisermos ser salvos. Essa porta é Cristo e somente Cristo, e é a fé, somente a fé, que a

---

89 João 1.12–13; Romanos 8.15; Gálatas 4.6.
90 João 14.6; Atos 4.12; 1Timóteo 2.5–6; Apocalipse 21.3–5, 22–27.
91 Daniel 12.2; Mateus 18.8; 25.41; Apocalipse 20.10.
92 Romanos 1.24, 26
93 Efésios 2.12.
94 Richard Baxter, *Poetical Fragments: Heart Imployment with God and It Self* (London: J. Dunton, 1689), 30.

abre a nós. No entanto, as Escrituras são firmes, até mesmo implacáveis, na tentativa de nos convencer de que a evidência de ter entrado pela porta é que temos nos tornado peregrinos no caminho estreito.

É-nos dito que desde o momento em que nascemos começamos a morrer. Igualmente é verdade que desde o momento que entramos neste mundo embarcamos em uma jornada para deixá-lo. Por esta razão, Cristo nos adverte que existe um caminho estreito, que "conduz" à vida eterna, e um caminho largo, que "leva" à eterna destruição.[95] Essa é uma grande e terrível verdade que tem de ser pressionada sobre nossa consciência. O profeta Jeremias nos diz que o Senhor coloca diante de nós "Eis que ponho diante de vós o caminho da vida e o caminho da morte" (Jeremias 21.8). Ele clama: "Ponde-vos à margem no caminho e vede, perguntai pelas veredas antigas, qual é o bom caminho; andai por ele e achareis descanso para a vossa alma; mas eles dizem: Não andaremos" (Jeremias 6.16). Como implora o profeta Isaías (55.7): "Deixe o perverso o seu caminho, o iníquo, os seus pensamentos; converta-se ao SENHOR, que se compadecerá dele, e volte-se para o nosso Deus, porque é rico em perdoar".

---

95 A frase "conduz a" que ocorre em Mateus 7.13–14 é traduzida do grego *apágo*. Significa desviar, como quando uma pessoa é conduzida ao castigo ou à honra.

CAPÍTULO 18

EVIDÊNCIA EXTERNA DE UMA REALIDADE INTERNA

Acautelai-vos dos falsos profetas, que se vos apresentam disfarçados em ovelhas, mas por dentro são lobos roubadores. Pelos seus frutos os conhecereis. Colhem-se, porventura, uvas dos espinheiros ou figos dos abrolhos? Assim, toda árvore boa produz bons frutos, porém a árvore má produz frutos maus. Não pode a árvore boa produzir frutos maus, nem a árvore má produzir frutos bons. Toda árvore que não produz bom fruto é cortada e lançada ao fogo. Assim, pois, pelos seus frutos os conhecereis. — Mateus 7.15–20

Nestes versículos, o Senhor adverte seu povo sobre a vinda certa dos falsos profetas e os instrui sobre como discerni-los. O apóstolo Paulo faz advertência similar à igreja de Éfeso: "Eu sei que, depois da minha partida, entre vós penetrarão lobos vorazes, que não pouparão o rebanho e que, dentre vós mesmos, se levantarão homens falando coisas pervertidas para arrastar os discípulos atrás deles" (Atos 20.29–30).

De acordo com Cristo, à primeira vista esses cães espirituais parecerão como ovelhas e andarão dentro do aprisco como se pertencessem ali. No entanto, não são o que parecem. De fato, são o oposto. Embora por fora tenham aparência de cordeiro, por dentro são lobos vorazes. São copos limpos por fora, mas cheios de sujeira por dentro.[1] São túmulos cuidadosamente pintados, cheios dos "ossos dos mortos e toda imundície" (Mateus 23.27). Judas, versículo 12, os descreve como perigosas rochas submersas, escondidas sob águas convidativas, nuvens espetaculares que não têm chuva doadora de vida, árvores aparentemente robustas que estão apodrecidas no cerne e não dão frutos. Nas palavras do apóstolo Paulo, são homens perversos e impostores que procedem de mal a pior, "enganando e sendo enganados" (2Timóteo 3.13).

O ponto de todas essas trágicas descrições é que a realidade interna desses homens é contrária àquilo que eles professam crer. Vestiram-se com ralo verniz de cristianismo e enganam a si mesmos e a outros com suas confissões vazias quanto ao senhorio de Cristo.[2] Honram-no com os lábios, mas seu coração está longe de Deus; professam conhecê-lo mas o negam por suas obras.[3]

Embora Cristo esteja falando primariamente quanto ao caráter escondido dos falsos profetas e o perigo de sermos desviados por eles e por suas palavras, não devemos nos confinar apenas a esta questão. Faremos bem em reconhecer que elas têm implicações de longo alcance para todos nós que confessamos a Cristo e nos identificamos com ele. De fato, as palavras de Cristo chegam ao coração da religião cristã e tratam de uma das suas questões mais essenciais: Como saber que sou verdadeiramente cristão?

A resposta a essa pergunta é simples, mas também profunda. Nossa realidade interior é revelada pelas evidências externas; nossa verdadeira identidade é exposta por atos observáveis; nossa conversão ou sua falta é conhecida pelos frutos em nossas vidas.

UMA VERDADE INALTERÁVEL

Em Mateus 7.16, Cristo nos apresenta uma máxima fixa que não permite exceção: "Pelos frutos os conhecereis". Noutras palavras, saberemos da autenticidade da profissão de fé de uma pessoa pela conduta de sua vida. A palavra

---

1 Mateus 23.25-26; Lucas 11.39-40.
2 Lucas 6.46.
3 Isaías 29.13; Mateus 15.8; Marcos 7.6; Tito 1.16.

"conhecer" é traduzida do grego *epiginósko*. Em geral, esse verbo denota conhecimento de um assunto mais específico ou acurado do que o termo mais comum para conhecimento, *ginósko*. Quer dizer conhecer exatamente, completamente, detalhadamente.[4] A palavra "fruto" é traduzida do grego *karpos,* que se refere literalmente ao fruto de árvores ou vinhedos. Figurativamente, é empregada para denotar aquilo que tem sua origem ou provem de algo como produto, efeito ou resultado. W. E. Vines descreve fruto como "uma expressão visível de poder que opera no interior e invisivelmente, o caráter do fruto sendo a evidência do caráter do poder que o produz".[5]

No presente contexto, o termo *karpos é* usado para descrever o comportamento, a conduta, as obras ou os feitos que emanam do caráter da pessoa e manifestam sua verdadeira qualidade. É também importante notar que Jesus fala de "frutos" no plural em vez de singular, denotando que é não somente um aspecto da vida da pessoa, mas toda ela. A verdade transmitida é que uma realidade interna da pessoa será provada por suas ações em tudo que ela é e faz, em todas as circunstâncias. Nem virtude nem vício podem ser facilmente escondidos, mas ambos se manifestarão com o tempo.[6]

A certeza desta verdade se demonstra na sua repetição neste texto. É significativo que Cristo comece e termine seu discurso sobre os frutos com a mesma advertência: "Pelos seus frutos os conhecereis" e novamente, "Assim, pois, pelos seus frutos os conhecereis" (Mateus 7.16, 20; cf. 12.33). Os justos terão lutas com o pecado e até mesmo quedas periódicas. Às vezes, os ímpios farão obras boas e até refletirão uma semelhança de justiça. Porém, com o tempo, tanto o justo quanto o ímpio serão revelados por seu comportamento contínuo.

Temos de reconhecer a princípio que essa verdade é contrária ao ensino popular de grande parte do evangelicalismo contemporâneo. Não somente está ausente da maioria da pregação e aconselhamento evangélicos, como também é, muitas vezes, negado abertamente. Primeiro, boa parte da comunidade evangélica tem adotado a

---

4 William F. Arndt e F. Wilbur Gingrich, *A Greek-English Lexicon of the New Testament and Other Early Christian Literature* (Chicago: University of Chicago Press, 2000), 369.
5 W. E. Vines, *An Expository Dictionary of New Testament Words: With Their Precise Meanings for English Leitors* (Nashville, Tenn.: Thomas Nelson, 1985), 133.
6 Em seu comentário de Mateus 7.16, João Calvino escreve: "Nada é mais difícil do que falsificar a virtude".

opinião falaz da cultura contemporânea, a qual nega qualquer relacionamento entre o caráter interior e o comportamento exterior. Essa opinião dá maior crédito ao que a pessoa diz ou sente do que aos fatos que provam ou desaprovam o que ela diz. Além do mais, compramos a mentira de que é imoral ou violação da dignidade humana questionar qualquer reivindicação que uma pessoa possa fazer quanto a si mesma, não obstante o quanto ela seja contrária aos fatos. Temos aceito como lei canônica o ditado que não se pode julgar um livro por sua capa. Porém, ao fazê-lo, também negamos o ensino claro de Cristo de que nós os conheceremos pelos frutos que produzem.

É importante notar que, quando as pessoas dizem que não se pode julgar um livro por sua capa, não estão conclamando um moratório sobre o discernimento, mas advertindo contra julgamentos baseados apenas em observações superficiais. Por exemplo, não devemos duvidar do intelecto ou da proficiência de uma pessoa simplesmente porque ela não é formada por uma universidade de renome. Mas isso não quer dizer que não devamos questionar ou até mesmo desafiar a profissão de Cristo de uma pessoa carnal e ímpia, simplesmente porque não podemos conhecer seu coração. De acordo com Cristo, o coração pode ser conhecido pelos feitos exteriores que sempre fluem dele: "Porque do coração procedem maus desígnios, homicídios, adultérios, prostituição, furtos, falsos testemunhos, blasfêmias. São estas as coisas que contaminam o homem; mas o comer sem lavar as mãos não o contamina" (Mateus 15.19–20).

Esse desvio comum das Escrituras não deve nos surpreender. Uma das características mais comuns dos que desobedecem a fé que fingem confessar é argumentar que a religião é uma questão do coração e não pode ser julgada por qualquer manifestação exterior. Baseada nesse pressuposto conveniente, mas falso, a pessoa pode dizer que tem maior devoção a Deus no coração, enquanto comete as maiores atrocidades contra seus mandamentos. Por esta razão, as Escrituras estão repletas de advertências quanto a qualquer forma de profissão insustentável. Junto à advertência de Jesus em Mateus 7 e através de todo seu ministério, o apóstolo Paulo avisa contra aqueles que professam conhecer a Deus, mas o negam com seus atos. Ele se refere a tais pessoas como detestáveis e desobedientes.[7] Tiago argumenta que a fé que não

---

7 Tito 1.16.

resulta em obras é morta e não tem valor para a salvação. Os que possuem fé assim não têm esperança de salvação.[8] Finalmente, vimos na primeira parte deste livro que o apóstolo João escreveu uma epístola inteira a fim de que aqueles que confessam a Cristo provam a autenticidade de sua confissão, comparando a sua pessoa e modo de vida com as características do verdadeiro cristão.[9]

Em suma, o crente genuíno produzirá frutos que permanecem. Para isso ele foi escolhido e designado, e através disso ele prova ser verdadeiro discípulo de Cristo.[10] Ainda que passe por tempos de aparente esterilidade devido a algum pecado insistente e a poda feita pelo Pai, a obra da disciplina divina servirá para torná-lo mais frutífero.[11] Na parábola do semeador, Jesus nos dá alguma ideia da abundante frutescência que marca a vida de todo cristão, declarando que entre seus verdadeiros discípulos alguns produzirão cem vezes, outros sessenta, e outros trinta" (Mateus 13.23; cf. João 15.5). Tal frutificação é surpreendente demonstração do poder de Deus na salvação, porque até o menor no reino produzirá fruto a trinta por um![12] Conforme nos diz o profeta Isaías, a salvação do Senhor produz fruto, e a justiça brotará junto a ele.[13]

ARGUMENTUM AD ABSURDUM

Argumentum ad absurdum ou *reductio ad absurdum* (argumento ou redução ao absurdo) é um método empregado na lógica para demonstrar que o argumento do oponente que leva a uma irreconciliável contradição ou a mais absurda conclusão. Em Mateus 7.16, Jesus emprega tática similar para refutar aqueles que negam que sua realidade interna (ou seja, aquilo que são) poderá ser conhecido por seus atos externos (ou seja, aquilo que fazem): "Pelos seus frutos os conhecereis. Colhem-se, porventura, uvas dos espinheiros ou figos dos abrolhos?"

Jesus foi mestre por excelência, e o Sermão do Monte é uma das maiores demonstrações dessa verdade. Era a sabedoria personificada, um mestre de retórica,

---

8   Tiago 2.14–23.
9   1 João 5.13.
10 João 15.8.
11 João 15.2; Hebreus 12.11.
12 Mateus 11.11; Lucas 7.28. Pastor Charles Leiter, em conversa com o autor.
13 Isaías 45.8.

um debatedor incontestável. O escritor do evangelho nos assegura que em qualquer confronto, "ninguém lhe podia responder palavra, nem ousou alguém, a partir daquele dia, fazer-lhe perguntas" (Mateus 22.46). Quando tudo foi dito e feito, seus opositores foram embora, maravilhados, e "dali por diante, não ousaram mais interrogá-lo" (Lucas 20.40).

Jesus emprega uma ilustração que seria compreendida por qualquer pessoa familiarizada com a agricultura da época, mesmo que remotamente. Ele pergunta à multidão: "Colhem-se, porventura, uvas dos espinheiros ou figos dos abrolhos? Os figos não são produzidos por abrolhos? Podemos imaginar a resposta das pessoas, que finalmente receberam uma pergunta que conseguiam responder. Possivelmente com ar de condescendência replicaram: "Claro que não! Seria absurdo sugerir uma coisa dessas. É contra a natureza".

Então Jesus apresenta pergunta semelhante: "figos não são produzidos por abrolhos?" Novamente a turba responde com nova ousadia e possivelmente um ar de superioridade: "É ridículo. Há certas coisas além do âmbito do possível. Uma planta não produz fruto contrário à sua natureza. Quem diz que pega uva dos espinheiros e figos dos abrolhos ou é louco ou mentiroso". As pessoas sentiam-se triunfantes. Tinham respondido corretamente ao grande inquisidor. Instruíram ao instrutor. Porém, a sua ilusão de vitória é de curta duração. As perguntas de Cristo eram de natureza retórica. Não eram em benefício próprio, mas para eles. Ele preparou a armadilha e expôs a verdadeira intenção da pergunta. Ele apresentou a inescapável conclusão:

> Se é absurdo crer que espinheiros podem produzir uvas e os abrolhos, figos, então é igualmente absurdo acreditar que uma pessoa é verdadeiramente meu discípulo se ela não produz os frutos do discípulo. E se alguém diz colher uvas de espinheiros ou figos de abrolho, ou ele é doido ou mentiroso, como é igualmente insano ou imoral se alguém diz ser meu discípulo sem produzir os frutos dignos do discipulado.

Imagine que uma pessoa chegue com uma hora de atraso para um compromisso importante, talvez um pregador que deveria falar a uma grande reunião, planejada com muita antecedência. Quando finalmente chega, ele é duramente questionado sobre seu atraso. O pregador responde com a seguinte explicação:

> Senhores, saí do hotel com tempo, mas tive um pneu furado no caminho. Enquanto eu trocava o pneu, um rebite do parafuso caiu da minha mão e rolou para o meio da estrada cheia de trânsito. Sem pensar, dei um passo para lá e o peguei. Quando me levantei, percebi que um caminhão de trinta toneladas de toras de madeira estava quase em cima de mim, correndo a cento e vinte por hora. Ele me atropelou de frente. Por esta razão é que me atrasei. Peço desculpas por qualquer incômodo que eu tenha causado.

Aqueles que ouvem essa explicação observam que o cabelo do pregador está bem arrumado e suas roupas bem passadas. Além do mais, não parece ter qualquer ferimento. Por esta razão, só podem concluir que o pregador está louco, ou é um mentiroso extraordinário. A base da sua conclusão está no simples fato de que é absolutamente impossível um homem desprotegido ser atropelado de frente por um caminhão de trinta toneladas de toras de madeira sem deixar alguma notável evidência de tal encontro.

À luz dessa ilustração, a comunidade evangélica enfrenta algumas perguntas um tanto extraordinárias: O que é maior, um caminhão de madeira ou Deus? Como é impossível uma pessoa ter encontro até mesmo com o menor veículo sem ser mudado de modo dramático e ainda ser possível um encontro com o Deus vivo sem o mínimo amassado ou arranhão sobre o caráter dessa pessoa? Como é que tantas pessoas dizem ter um encontro com Deus, mas mostram tão pouca evidência para suportar essa afirmativa?

Há duas razões principais, uma teológica e a outra de cunho prático. A razão teológica é que a magnífica doutrina da regeneração foi reduzida a nada mais que uma decisão humana. Poucos entendem o conceito do novo nascimento como obra sobrenatural de Deus, que transforma a natureza da pessoa de tal maneira, que ele pode ser descrita, como dizem as Escrituras, como uma nova criatura. A razão prática é que muitos têm recebido algo menos do que um evangelho bíblico, e foram convidados a voltar a Deus com nada mais senão a repetição de uma oração. São ignorantes da verdadeira natureza do arrependimento e fé, e não têm consciência das exigências do discipulado ou da natureza restrita da vida cristã. Ainda não passaram pela porta estreita, e continuam a andar alegremente pelo caminho largo. Receberam religião o bastante para aquietar sua consciência e suficiente segurança das suas autoridades religiosas [14] para insulá-los de quaisquer verdadeiras advertências do evangelho.

ARGUMENTUM AD HOMINEM

Uma tendência comum entre os que professam qualquer forma de moralidade ou religião é negar ou ignorar a verdade que Cristo afirma com tanta veemência: o interior de uma pessoa se conhece por seus frutos, não importa qual a frequência ou força da sua confissão. O apóstolo Paulo tratou desse problema em sua carta à igreja de Roma, onde argumentou contra os judeus religiosos que se gabavam na lei e denunciavam a imoralidade dos gentios, mas eram culpados de semelhantes atrocidades. Eles conseguiam citar o *Shemáh* de cor e faziam grandes confissões de lealdade a Deus e a sua lei, mas suas obras provavam que eles não eram quem diziam ser. Paulo escreve em Romanos 2.17–23:

> Se, porém, tu, que tens por sobrenome judeu, e repousas na lei, e te glorias em Deus; que conheces a sua vontade e aprovas as coisas excelentes, sendo instruído na lei; que estás persuadido de que és guia dos cegos, luz dos que se encontram em trevas, instrutor de ignorantes, mestre de crianças, tendo na lei a forma da sabedoria e da verdade; tu, pois, que ensinas a outrem, não te ensinas a ti mesmo? Tu, que pregas que não se deve furtar, furtas? Dizes que não se deve cometer adultério e o cometes? Abominas os ídolos e lhes roubas os templos? Tu, que te glorias na lei, desonras a Deus pela transgressão da lei?

---

14 As autoridades religiosas de hoje são pastores evangélicos, pastores de jovens e evangelistas, cujos pontos de vista não bíblicos do evangelho e da conversão conduzem seus ouvintes a uma falsa segurança de salvação e os impede de qualquer verdadeira instrução.

Esta falácia entre os judeus a quem Paulo se dirigia é exuberante no evangelicalismo moderno. Muitos dizem ter nascido de novo e ter recebido a vida eterna, contudo, vivem em extraordinária contradição à essa confissão. Não somente ignoram os ensinos de Cristo sobre a questão, como também frequentemente negam ou ensinam o oposto. O falso convertido insistirá que ninguém jamais duvidaria dele se visse o fundo de seu coração, onde esconde a verdadeira fé e amor por Deus. Acrescentando insulto a injúria, muitas vezes ele apela aos ensinamentos de Cristo para castigar qualquer que ouse confrontá-lo. Sua refutação favorita geralmente vem de Mateus 7.1: "Não julgueis, para que não sejais julgados". Ele está inconsciente de que, no seu fervor em defender a validade de sua conversão, distorce as Escrituras para sua própria destruição.[15]

É digno de nota e também perturbador que a resposta mais comum do falso convertido a qualquer que o questione é um exemplo quase perfeito da falácia clássica que filósofos e pensadores da lógica referem como *argumentum ad hominem* (argumento para ou contra o homem). Esta falácia ocorre quando uma pessoa ataca o caráter de seu oponente, em vez de tentar desaprovar a veracidade ou sanidade de seu argumento. Neste caso, o pensamento é que aquilo que o oponente diz tem de ser descartado por ser este resultado de alguma falha em seu caráter ou motivação. O alvo dessa estratégia é atacar o caráter do oponente, pondo-o em tribunal, de forma que o seu argumento seja ignorado.

O falso convertido muitas vezes usa esse tipo de razão para responder qualquer pergunta sobre a validade de sua fé. Imagine o seguinte cenário: Um presbítero nota crescente desvio de um membro da congregação e resolve confrontá-lo. Com amor, ele expõe diversas evidências concretas que o levaram a questionar a conversão desse membro da congregação. Porém, em vez de considerar a validade dos argumentos contra ele ou providenciar uma explicação que solucione o desentendimento, esse membro da igreja dispara a atacar o presbítero. Ele o acusa de farisaísmo e espírito condenatório. Avisa "não julgueis para que não sejais julgados", e o admoesta a tirar a trave do próprio olho antes de tentar falar dos pecados de outra pessoa.[16] Finalmente, ele ralha com o presbítero por ele

---

15 2Pedro 3.16.
16 Mateus 7.3–5.

imaginar que pudesse dizer o que está no coração de outra pessoa ou sugerir que alguém não seja cristão. O falso convertido conseguiu tirar o foco e os argumentos da questão para longe dele mesmo e colocá-lo sobre o presbítero, que, na sua opinião, o atacou com arrogância e falta de amor.

No final, o falso convertido não somente negou vários dos mais importantes ensinamentos de Cristo quanto à conversão e sua evidência, como também os torceu a fim de virá-los contra aqueles que com amor e abnegação procuraram ajudá-lo. O mais trágico em todo esse cenário é que a proteção, aparentemente impenetrável, contra a verdade que cerca o falso convertido foi criada e é fortificada por boa parte da pregação que emana do púlpito evangélico contemporâneo.

EVIDÊNCIA EXTERNA DE UMA REALIDADE INTERNA

O que a princípio poderá parecer um ditame estranho, usando metáforas que as crianças entendem, é, na verdade, um dos mais profundos ensinamentos a respeito da obra de conversão e o relacionamento entre a natureza e a vontade do homem. Jesus declara: "Assim, toda árvore boa produz bons frutos, porém a árvore má produz frutos maus. Não pode a árvore boa produzir frutos maus, nem a árvore má produzir frutos bons" (Mateus 7.17-18).

Conforme já afirmei, o homem contemporâneo, dentro e fora da comunidade evangélica, criou uma separação artificial entre a natureza e a vontade. É um erro que está na base do evangelicalismo contemporâneo e cria grande fraqueza em todo o edifício. Requer que divorciemos o que a pessoa é daquilo que ela na verdade faz.

Quando Jesus declarou que toda boa árvore produz bons frutos e que toda árvore má produz maus frutos, estava simplesmente afirmando o relacionamento inseparável que existe entre a natureza de uma árvore e o fruto que dela emana. Embora uma boa árvore possa produzir frutos defeituosos e uma árvore má possa ter algum fruto que seja bom, a maior parte de sua colheita será consistente com a sua natureza. Haverá bons frutos suficientes na boa árvore para identificá-la e destacá-la da árvore má. Como no dia da criação, toda árvore produzirá frutos conforme sua espécie.[17]

---
17 Gênesis 1.12.

Esse relacionamento inseparável que existe entre o fruto e a sua natureza, entre as características e a espécie, e o que se faz e o que se é, parece ser entendida em toda disciplina do conhecimento, exceto ao que pertence à religião e à moralidade. Questionaríamos as capacidades de uma pessoa que não soubesse discernir a diferença entre espécies básicas de árvores pela observação dos frutos, ou que, após cuidadoso exame, fosse incapaz de distinguir uma espécie animal de outra pelas suas características e hábitos. Quando nos deparamos com um animal no campo que não parece cavalo porque tem duas pernas pequenas, pés palmados e penas, concluímos que não é um cavalo. Nosso julgamento é ainda verificado quando observamos que também não age como cavalo porque anda bamboleando com dificuldade, nada sem o mínimo esforço e voa de norte a sul e de volta outra vez. Não parece cavalo, não age como cavalo; portanto, concluímos que não é um cavalo.

Porém, quando se fala da confissão cristã, perdemos o rumo e trocamos os ensinamentos de Cristo por chavões populares. Parece que a comunidade evangélica não vê mais a conversão primariamente como obra sobrenatural de Deus, realizada pelo milagre do novo nascimento. Sendo assim, os cristãos são vistos como aqueles que apenas mudaram de opinião, em vez de serem aqueles que foram transformados pelo poder de Deus em novas criaturas, com nova natureza, resultando em afetos novos e retos. Devido a isso, a santificação e produção de frutos são vistas como algo que pode ou não acontecer na vida do cristão. Afirmamos que o Deus que começou boa obra em nós a completará, mas somente se nós o permitirmos.[18] Somos feitura dele, criados para boas obras que foram preparadas de antemão, mas todo o esquema divino pode ser reduzido a nada se não escolhermos andar nelas.[19] Alguns acreditam que a pessoa pode escolher a Cristo e ser totalmente justificada, mas não escolher continuar prosseguindo com Cristo na santificação.

Embora seja popular, essa opinião simplesmente não é verdadeira, nem é verdadeira a visão fatalista que apresenta Deus como uma divindade manipuladora e coerciva, que atropela rudemente a vontade de seu povo. Nosso crescimento em Cristo e nossa produção de frutos dependem de nossa volição; porém, não

---

18 Filipenses 1.6.
19 Efésios 2.10.

podemos deixar de ver que nossa volição depende de nossa natureza, que foi radicalmente mudada pela obra regeneradora do Espírito Santo. Decidimos produzir frutos porque desejamos frutificar, e esses desejos fluem de nossa nova natureza. Deus não nos torna dispostos por manipulação ou coação, mas pelo ato da recriação. Com certeza produziremos bons frutos porque ele nos transformou para sermos espécie de árvore que faz exatamente isso.

O cristianismo não é tentarmos ser aquilo que não somos. Ainda que fazer justiça seja contrária à nossa carne caída, não é contrária à nossa nova natureza, nem adversa aos nossos afetos.[20] Somos novas criaturas, criados de novo à imagem de Deus em verdadeira justiça e santidade.[21] Praticamos a justiça porque amamos a justiça e desprezamo-nos quando dela nos desviamos. Embora nossa completa transformação seja consumada somente na ressurreição, ela teve o seu início no dia de nossa conversão.

Por meio do novo nascimento, tornamo-nos novas criaturas no sentido mais completo do termo. Estas verdades não devem ser tratadas como apenas poéticas ou linguagem romântica vazia de qualquer significado real, mas como apresentação certa da realidade atual do cristão. "E, assim, se alguém está em Cristo, é nova criatura; as coisas antigas já passaram; eis que se fizeram novas" (2Coríntios 5.17).

A realidade do novo nascimento é fundamento doutrinário subjacente à declaração de Jesus de que uma boa árvore não poderá produzir maus frutos e uma árvore má não produzirá bons frutos. A verdade que ele transmite é simples e também profunda: uma árvore não dá frutos contrários à sua natureza; um Filho de Adão, radicalmente depravado, não consegue viver uma vida que agrada a Deus; e um filho de Deus, regenerado, não pode continuar em estilo de vida de constante rebeldia contra ele. A obra de poda feita por Deus na vida do cristão, a santificação, terá resultado em uma colheita de justiça, que vem por meio de Jesus Cristo para a glória e o louvor de Deus Pai.[22] Ele aprenderá a andar como filho da luz, e a produzir o fruto da luz que consiste em toda bondade, justiça e verdade.[23]

---

20 Gálatas 5.17. Pastor Charles Leiter, conversa com o autor.
21 2Coríntios 5.17; Gálatas 6.15.
22 Filipenses 1.11.
23 Efésios 5.8–9.

Parece que somos propensos a ensinar apenas um lado da notável verdade de Jesus sobre as árvores e seus frutos. Dizemos consistentemente aos não convertidos que não confiem na carne, que abandonem toda esperança de salvar a si mesmos pelas próprias obras.[24] Informamo-los corretamente que "o pendor da carne é inimizade contra Deus" (Romanos 8.7). Inflexivelmente asseveramos que é impossível e não existe exceção a isso. Uma árvore má não produz bons frutos, e um coração não regenerado não pode cumprir as exigências de justiça da lei.

Nossa defesa e proclamação dessa notável verdade é recomendável. Porém, temos de nos perguntar por que é raro mencionarmos a verdade correlata de que uma árvore boa não consegue produzir maus frutos. Como é impossível ao não convertido viver uma vida que agrada a Deus, é igualmente impossível que o cristão viva uma vida de rebeldia implacável e falta de frutos diante de Deus. Deus investiu demais em sua vinha para permitir que um só galho falhe. Simplesmente não o permitirá! Sua providência prevalecerá sobre toda fraqueza de seu povo, e toda circunstância que os assedie. Embora a passos diferentes e em graus diferentes, todo filho de Deus produzirá frutos

Somos galhos que nada podem fazer por nós mesmos, mas ele nos enxertou em Cristo.[25] Estamos sujeitos a cair debaixo de nosso próprio peso, mas ele é o fiel vinicultor, que poda a fim de assegurar nossa maior frutificação.[26] Desenvolvemos a nossa salvação com temor e tremor, mas ele é o soberano que trabalha dentro de nós tanto o querer como também o realizar, conforme sua boa vontade.[27] Somos crianças propensas à negligência e desobediência, mas ele é o Senhor que disciplina, para que participemos de sua santidade.[28] Somos sempre uma obra que está sendo feita, mas somos obra dele, sua feitura, e aquele que começou em nós boa obra a aperfeiçoará.[29] Porém, se sempre formos estéreis, é porque não fomos enxertados. Se nunca sofremos podas, é porque Deus não é nosso vinicultor. Se não houver progresso na santificação, é porque não somos sua feitura. E se não houver

---

24 Romanos 3.20; Gálatas 2.16; Efésios 2.8–9; Filipenses 3.3.
25 João 15.4–5.
26 João 15.2.
27 Filipenses 2.12–13.
28 Hebreus 12.9–10.
29 Efésios 2.10; Filipenses 1.6.

disciplina que impeça nossa desobediência, então Deus não é nosso Pai. "Porque o Senhor corrige a quem ama e açoita a todo filho a quem recebe... Toda disciplina, com efeito, no momento não parece ser motivo de alegria, mas de tristeza; ao depois, entretanto, produz fruto pacífico aos que têm sido por ela exercitados, fruto de justiça" (Hebreus 12.5-11).

Essas verdades têm de ser proclamadas a todos que confessam o nome de Cristo e reivindicam possuir vida eterna. Conquanto muitas vezes escolhamos um lema mais magnânimo — não se julga o livro por sua capa — temos de entender que uma boa árvore não pode produzir maus frutos. A qualquer hora, o cristão pode estar correndo, andando, rastejando escorregando ou até mesmo caindo. No entanto, em todo o decurso de sua vida, ele crescerá e produzirá bons frutos: "Mas o que foi semeado em boa terra é o que ouve a palavra e a compreende; este frutifica e produz a cem, a sessenta e a trinta por um" (Mateus 13.23).

CAPÍTULO 19

OS PERIGOS DE UMA CONFISSÃO VAZIA

> *Nem todo o que me diz: "Senhor, Senhor!" entrará no reino dos céus, mas aquele que faz a vontade de meu Pai, que está nos céus. Muitos, naquele dia, hão de dizer-me: Senhor, Senhor! Porventura, não temos nós profetizado em teu nome, e em teu nome não expelimos demônios, e em teu nome não fizemos muitos milagres? Então, lhes direi explicitamente: nunca vos conheci. Apartai-vos de mim, os que praticais a iniquidade. Todo aquele, pois, que ouve estas minhas palavras e as pratica será comparado a um homem prudente que edificou a sua casa sobre a rocha; e caiu a chuva, transbordaram os rios, sopraram os ventos e deram com ímpeto contra aquela casa, que não caiu, porque fora edificada sobre a rocha. E todo aquele que ouve estas minhas palavras e não as pratica será comparado a um homem insensato que edificou a sua casa sobre a areia; e caiu a chuva, transbordaram os rios, sopraram os ventos e deram com ímpeto contra aquela casa, e ela desabou, sendo grande a sua ruína.* — Mateus 7.21–23, 24–27

Diante de nós está um dos mais solenes textos das Escrituras. É uma conclusão adequada à série *Recuperando o Evangelho*, porque comunica-nos a seriedade do verdadeiro ministério evangélico. Ao lermos, somos imediatamente cônscios de que Cristo não está tratando de trivialidades temporais, mas do destino eterno. De fato, parece que um vento estranho, quase assustador, sopra por suas palavras, dispensando as nuvens que limitam nossa visão somente a este mundo. O esclarecimento nos oferece uma breve, mas surpreendente vista do que nos aguarda no grande dia final, quando nós, juntamente com toda a humanidade, compareceremos diante de Cristo e ouviremos a declaração de nosso destino.

Do nosso ponto de vista, enxergamos que haverá grande coleta e separação de toda a raça humana. De um lado estará a grande multidão, que ninguém pode contar, de toda nação, tribo, povo e língua. Ficarão diante do trono e do Cordeiro, vestidos de vestiduras brancas, e clamarão em alta voz, dizendo: "Ao nosso Deus, que se assenta no trono, e ao Cordeiro, pertence a salvação" (Apocalipse 7.9-10). São estas as pessoas que se encontraram aprovadas por Deus, e foram convidadas a entrar no gozo de seu Mestre.[1] São recebidas na cidade do Deus vivo pelos anjos e santos aperfeiçoados, e habitarão para sempre na presença de Deus e do Cordeiro.[2] Toda lágrima será limpa de seus olhos, e a longa batalha contra o sofrimento, a morte, o luto e dor terá fim. Todas as coisas terríveis desta era decaída terão passado.[3] Na nova habitação, descobrirão para sempre que um dia nos átrios de Deus é melhor do que mil em outro lugar; que na presença de Cristo há plenitude de alegria, e à sua destra, delícias perpetuamente.[4] Todo deleite e satisfação do mundo que deixaram para trás não poderá ser comparado nem por um momento sequer com a mínima alegria que possuirão. Na terra, eles creram em Cristo e o amaram, até mesmo quando estava escondido de suas vistas, mas agora o contemplam e se regozijam com alegria indizível e cheia de glória.[5]

No lado oposto, vemos outra grande multidão incontável, de toda nação, tribo, povo e língua. Seu número é tão grande que faz o primeiro grupo parecer pequeno, como se fosse nada mais que um remanescente. Foram chamados contra a vontade diante do trono do céu, para reconhecer o senhorio daquele que está sentando sobre o trono.[6] Seu rosto, outrora ousados, será substituído por terror. Estarão curvados de medo, despedaçados como artefatos de barro,[7] desprovidos da graça, e vis. Se derreterão diante do trono de Deus, como se fossem pequenos

---

1 Mateus 25.21, 23.
2 Hebreus 12.22-24; Apocalipse 21.23.
3 Apocalipse 21.4.
4 Salmos 16.11; 84.10.
5 1Pedro 1.8.
6 Filipenses 2.10-11
7 Salmo 2.9; Apocalipse 2.27.

objetos de cera diante de uma fornalha ardente.[8] Clamarão pelos montes e rochedos, para que caiam sobre eles para escondê-los da luz inacessível de Deus e do Cordeiro.[9] De repente, serão silenciados, e o próprio Cristo declarará a sentença final: "Apartai-vos de mim, os que praticais a iniquidade!" (Mateus 7.23).

Então, por mão divina, serão lançados no inferno, e suas temerosas expectativas de juízo finalmente serão cumpridas.[10] Em sua nova habitação, descobrirão que "horrível coisa é cair nas mãos do Deus vivo" (Hebreus 10.31). Passarão toda a eternidade nas trevas, onde há choro e ranger de dentes.[11] Beberão o vinho da ira de Deus, misturado com toda força no cálice de sua ira. A fumaça de seu tormento subirá para sempre, e eles não terão repouso, noite e dia.[12] Eles habitarão junto a demônios, em lugar preparado para o Diabo, onde não lhes morre o verme, nem o fogo se apaga.[13] Teria sido melhor que nunca tivessem nascido ou que tivessem entrado na vida aleijados, mancos e cegos, do que ter sido lançado com o corpo todo no inferno.[14]

Talvez desejemos de todo coração que tais palavras fossem apenas exageros, figuras e hipérboles de um poeta. Se viessem da pena de Dante, Goethe ou Marlowe,[15] poderiam ser descartadas, mas como são palavras de Cristo, nem um i ou um til deve ser ignorado.[16] De fato, se o seu conhecimento do juízo final, céu e inferno são acreditáveis, temos a certeza de que metade ainda não nos foi dito. O fim do mundo virá certamente, e, com ele, juízo de tal magnitude que os ouvidos de todos tinirão.[17]

Estas verdades são a razão pela qual a pregação leviana e divertida do púlpito evangélico moderno é tão desprezível. Como o povo de Deus e seus pastores podem estar tão preocupados com o que é temporal quando tanto está em jogo naquilo que é eterno?

---

8 Pastor Charles Leiter, conversa com o autor.
9 1Timóteo 6.16; Apocalipse 6.16.
10 Mateus 5.29–30; 18.9; Marcos 9.45, 47; Lucas 12.5; Hebreus 10.27; 2 Pedro 2.4.
11 Mateus 8.12; 22.13; 25:30; Judas 13.
12 Apocalipse 14.9–11.
13 Mateus 25.41; Marcos 9.44–48; 2Pedro 2.4; Judas 6.
14 Mateus 26.24; Marcos 9.43–47; 14.2.
15 Dante era poeta italiano e autor da *Divina Comédia*, poema que descreve os terrores do inferno. Johann Wolfgang von Goethe e Christopher Marlowe escreveram versões separadas da lenda popular alemã, *Faust*, história de um estudioso que faz um trato com o Diabo, trocando sua alma por conhecimento e prazer.
16 Mateus 5.18.
17 1Samuel 3.11; 2Reis 21.12; Jeremias 19.3.

"Tocai a trombeta em Sião", "e dai voz de rebate *na minha igreja*; perturbem-se todos os moradores da terra, porque o Dia do SENHOR vem, já está próximo" (Joel 2.1). Oremos para que Deus nos dê homens que estão de pé na beira da eternidade e contemplem sua severa realidade, homens sem medo de proclamar ao mundo: "prepara-te, ó Israel, para te encontrares com o teu Deus" (Amós 4.12).

O VALOR DE UMA CONFISSÃO

Mateus 7.21 começa com uma das mais graves advertências que Cristo fez: "Nem todo o que me diz: Senhor, Senhor! entrará no reino dos céus." Temos de nos lembrar de que o aviso de Cristo não é dirigido ao ateu "que se fez por si mesmo", nem ao infiel. Também não está se dirigindo a pessoas de outras religiões ou aquelas que são abertamente hostis ao seu nome. Pelo contrário, suas palavras são dirigidas a todos que dizem conhecê-lo e o chamam de Senhor; os que levam o título de "cristão" e são contados entre os seus discípulos, aqueles cujos credo e confissão concordam com as Escrituras.

As palavras de Cristo são para nós, e têm a intenção de penetrar nosso coração como lança e nos acordar do perigoso sono em que estamos. Elas exigem que questionemos nossas suposições e nos examinemos com o máximo cuidado. Nós o conhecemos? Somos por ele conhecidos? Está tudo bem com nossa alma? Nosso destino eterno está em jogo, e a possibilidade do autoengano é bem grande, pois muitos virão diante dele naquele dia, dizendo: "Senhor, Senhor", mas ele recusará seus elogios e declarará: "nunca vos conheci. Apartai-vos de mim". Se antes pensávamos que as advertências anteriores de Cristo quanto aos poucos e aos muitos fossem exageradas, não poderemos mais abrigar tais pensamentos.

Aqui somos avisados de antemão pela maior de todas as autoridades. Será que vamos atender sua advertência? Estamos entre uma grande multidão dos que chamam a Jesus Senhor, mas estamos abertos à possibilidade de que Cristo esteja falando diretamente a nós? Ele avisou que nem todos no acampamento são verdadeiros. Seremos como Acã, que achava ser possível se esconder no meio da multidão?[18] Pensamos poder entrar no banquete de bodas sem sermos notados,

---
18 Josué 7.18–20.

ainda que não vestidos de forma apropriada?[19] Estamos abertos à possibilidade de que estejamos enganados e ainda não tenhamos sido convertidos ou de que endureceremos o coração como Judas, que, mesmo já tendo traído o Senhor, perguntou: "Porventura sou eu?"[20]

Neste texto, Jesus não está falando a discípulos secretos ou aqueles que têm vergonha de confessá-lo publicamente. Ele dirige sua advertência aos que parecem declarar seu senhorio de maneira ousada e enfática. Na literatura hebraica, essa repetição é usada tanto para esclarecer como também para dar ênfase. Na visão de Isaías da sala do trono de Deus, os serafins se dirigem a *Iavéh* como "Santo, santo, santo".[21] A intenção da repetição tríplice é dar a maior ênfase possível à santidade de Deus. Semelhantemente, a repetição neste texto tem o propósito de mostrar que mesmo entre aqueles que enfaticamente declaram Jesus como Senhor, muitos serão rejeitados e condenados no dia do juízo. Esta é uma terrível verdade, que nos leva a concluir que uma mera confissão de fé em Jesus Cristo não vale nada se não for acompanhada pelo fruto essencial que prova sua autenticidade.

A EVIDÊNCIA DA CONVERSÃO

Se até mesmo a mais frequente e enfática confissão do senhorio de Jesus Cristo não é evidência da verdadeira conversão, então, o que seria uma evidência? Já examinamos a resposta em duas passagens da Escritura. Em Mateus 7.16 e 20, Jesus diz que conheceremos os verdadeiros convertidos por seus frutos. Novamente, em Mateus 7.21, ele declara que nem todo que o chama Senhor entrará em seu reino — somente "aquele que fizer a vontade de meu Pai que está no céu".

A validade de nossa confissão do senhorio de Jesus Cristo e da nossa conversão é evidenciada por nossa obediência à vontade do Pai. Noutras palavras, é duvidosa a profissão de fé em Jesus Cristo, bem como a sua reivindicação do céu, se não for acompanhada pelo fruto de um caráter como o de Cristo e por obras de

---

19 Mateus 22.11-13.
20 Mateus 26.25 (tradução do autor).
21 Isaías 6.3.

justiça. Mesmo a mais importante atividade do ministério cristão, junto com seu aparente sucesso, não é evidência da conversão.[22]

Esta verdade não deve ser surpresa para nós, pois é tema comum em todo o capítulo 7 de Mateus. A evidência que uma pessoa passou pela porta estreita é que ela agora anda pelo caminho estreito que é delineado pelos mandamentos de Cristo.[23] A evidência de que a pessoa foi convertida e se tornou boa árvore é que agora produz bons frutos, pois cada árvore é conhecida por seus frutos.[24] A evidência de que a confissão do senhorio de Jesus Cristo é autêntica é que a pessoa que faz tal profissão cumpre a vontade do Pai e do Filho.[25] Finalmente, a evidência de que a pessoa construiu sua vida sobre a Rocha e está segura do juízo vindouro é que ela não somente ouve as palavras de Cristo, como também as pratica.[26]

Quando vamos além de Mateus 7 e procuramos outras passagens da Escritura que afirmem a mesma verdade, as encontramos em abundância. O apóstolo Paulo exorta a examinar-nos inteiramente a fim de determinar se estamos na fé.[27] Adverte também quanto àquele que confessa crer em Deus, porém o nega por suas obras.[28] O apóstolo Pedro nos exorta a ser diligentes e termos certeza de nosso chamado e eleição.[29] Junto à exortação, ele também nos oferece uma lista de virtudes que se tornam realidades crescentes em nossa vida se formos realmente convertidos e enumerados entre o povo de Deus: fé, excelência moral, conhecimento, autocontrole, perseverança, piedade, gentileza fraternal e amor.[30] No grau em que tais virtudes existem e crescem em nossas vidas, temos a segurança de sermos verdadeiramente nascidos de novo e de que nos tornamos participantes da natureza divina.[31] Porém, no grau em que nos faltam tais virtudes, devemos nos preocupar quanto à nossa verdadeira condição espiritual. Conforme adverte Pedro: "Pois aquele a quem estas coisas não estão presentes é cego, vendo só o

---

22 Mateus 7.22.
23 Mateus 7.13–14.
24 Mateus 7.16–20; Lucas 6.44.
25 Mateus 7.21; Lucas 6.44.
26 Mateus 7.24–27.
27 2Coríntios 13.5.
28 Tito 1.16.
29 2 Pedro 1.10.
30 2 Pedro 1.5–7.
31 2 Pedro 1.4, 8.

que está perto, esquecido da purificação dos seus pecados de outrora" (2Pedro 1.9). O apóstolo João escreveu toda a sua primeira epístola baseado na premissa de que as obras são evidência da autêntica fé e conversão salvadora. A sua epístola contém grande número de qualidades que serão manifestadas em diversos graus na vida de todo verdadeiro filho de Deus. Na medida em que essas qualidades estão crescendo como realidades observáveis, somos assegurados de que possuímos vida eterna.[32] Na medida em que faltam essas qualidades, devemos questionar se somos ou não verdadeiramente cristãos. Finalmente, Tiago afirma que as obras são produto e evidência da autêntica fé salvadora.[33] Embora muitas vezes suas palavras tenham sido mal-entendidas e mal interpretadas, Tiago não nega a doutrina da justificação somente pela fé apresentada pelo apóstolo Paulo. Ambos escrevem sobre lados diferentes da mesma moeda. Paulo está tratando da causa da justificação, e Tiago trata do resultado dessa justificação. Somos salvos somente pela fé. Mas aqueles que creem foram regenerados pelo Espírito Santo e trazidos sob o providencial cuidado de Deus. Por esta razão, podemos estar confiantes de que todo verdadeiro crente produzirá fruto e demonstrará sua fé pelas obras que faz. Tiago avisa que "fé sem obras é morta" (2.26), e desafia os que diriam o contrário com esse adágio: "Mostra-me essa tua fé sem as obras, e eu, com as obras, te mostrarei a minha fé" (2.18). Para Tiago, os que professam a fé, mas não produzem frutos, são piores que os demônios. Pelo menos os demônios têm o bom senso de tremer.[34]

Conforme eu já afirmei, estes ensinamentos de Cristo e dos apóstolos não negam a doutrina essencial cristã da justificação somente pela fé. Elas simplesmente afirmam a verdade universal de que a realidade interior de algo é demonstrada pelo caráter e pelas obras que a acompanham. É também importante entender que nem Cristo nem os apóstolos estão ensinando que somente os crentes mais maduros, com frutos quase perfeitos, poderão ter certeza de sua salvação. O melhor cristão entre nós será afetado por seus defeitos e inúmeras falhas. Somos total e completamente dependentes da graça e da misericórdia de Deus para com seu povo. No entanto, o progresso na fé do verdadeiro crente será evidência que

---
32 1João 5.13.
33 Mateus 13.55; Atos 12.17; 15.13; 21:18; 1Coríntios 15.7; Gálatas 1.19; 2.9.
34 Tiago 2.19.

coroará o fato de que ele foi regenerado pelo Espírito Santo e é verdadeiramente um filho de Deus.

À luz dessas verdades, é dolorosamente óbvio que grande parte da pregação evangelística moderna é, na melhor das hipóteses, superficial, e, na pior, desprezível. Seu tratamento raso das Escrituras faz com que grande parte da pregação dos dias modernos prometa a salvação a todos quantos confessarem com a boca que Jesus é Senhor e crerem no coração que Deus o ressuscitou da morte.[35] Porém, muitos pregadores não clarificam mais esta verdade com a advertência de que muitos — até mesmo a maioria — que fazem essa confissão, a farão com falta de arrependimento e fé. Piorando ainda mais a questão, os pregadores não ensinam àqueles que confessaram a Cristo como verificar se sua confissão é verdadeira. Em vez disso, encorajam-nos a ter segurança da salvação baseada na avaliação pessoal da sinceridade com a qual clamaram a Cristo e o confessaram como Senhor. Muitos ignoram o claro ensinamento da Escritura que conclama as pessoas a tornarem evidente sua chamada e vocação por meio de um exame profundo ou provando a si mesmos à luz da Escritura,[36] determinando a validade de sua confissão pela qualidade de seus frutos.

Temos de reconhecer que a pregação das promessas do evangelho tem de ser acompanhada pelas advertências do evangelho. A negligência de qualquer desses dois resultará em "outro evangelho", o qual, na verdade, não é de modo nenhum o evangelho (Gálatas 1.6-7). Através da história do Cristianismo, os mais piedosos ministros eram marcados por admoestações equilibradas e consistentes aos convertidos e congregados, mas em nossos dias tais advertências são raras, e, em muitos casos, nem existem. No momento de nossa maior necessidade, a espada de iminente juízo paira sobre a cabeça de tantos que confessam a Cristo; poucas sentinelas estão dispostas a soar a trombeta. Não alertam os ímpios, e seu púlpito está salpicado pelo sangue daqueles que eles se recusam a advertir.[37]

A necessidade de advertências claras e precisas se torna ainda mais evidente à luz do evangelho superficial, conveniente e centrado no homem que se alastra na

---

35 Romanos 10.9-10.
36 2Coríntios 13.5; 2Pedro 1.10; 1João 5.13.
37 Ezequiel 33.6.

maioria das igrejas evangélicas. Fomos inundados por um evangelho sem exigências ou custos, que não opõe à carne, mas muitas vezes cede e cuida dela. Ministros que deveriam ser fieis pregam uma mensagem que tira Deus do trono e exalta o homem, e que pode ser recebida apenas com a repetição de uma oração. Então, depois de uns poucos ajustes menores, é permitido ao "convertido" continuar na mesma estrada larga de antes, andando de mãos dadas com a multidão de outros que se encontraram na mesma fé conveniente, afirmada e defendida pela autoridade religiosa que os dirige e anestesia a consciência o bastante para torná-la impermeável à verdade.

A maior parte da cultura evangélica está sob o controle de sua contrapartida secular, a qual exalta tolerância, mente aberta, inclusão e indulgência como sendo as mais altas e excelentes virtudes. Os membros e pregadores da igreja evangélica hoje em dia se orgulham de sua aceitação dos desvios doutrinários e escapadas da ética das Escrituras, sem a mínima ideia de que tais variedades sejam evidência do seu estado não regenerado. Será que o nosso amor nos faz ficar quietos no meio de tantas contradições doutrinárias e éticas, ou fazemos isso por nossa ignorância das Escrituras? É nosso amor o que nos restringe de advertir os que confessam Cristo, mas o negam por suas obras, ou nossa autopreservação e um desejo por aprovação de homens?

A confissão de fé em Cristo não é evidência conclusiva de salvação. Qual, então, é o sinal? Quais as evidências de que a pessoa tenha verdadeiro conhecimento de Cristo? Jesus foi claro ao dizer: "Pelos seus frutos os conhecereis" (Mateus 7.16, 20); "Nem todo o que me diz: Senhor, Senhor! entrará no reino dos céus, mas aquele que faz a vontade de meu Pai, que está nos céus" (Mateus 7.21); "Todo aquele, pois, que ouve estas minhas palavras e as pratica será comparado a um homem prudente que edificou a sua casa sobre a rocha" (Mateus 7.24).

AS MARCAS DE UMA CONFISSÃO FALSA

Em Mateus 7.21, Cristo está no trono, e uma multidão está diante dele. Porém, o cenário não é de felicidade. Na verdade, é um dos mais aterradores da Escritura. Sobre a terra, essa imensa multidão o chamava de Senhor, e muitos deles até mesmo ministravam em seu nome, mas foram traídos pela infertilidade e desobediência. Tudo que estava escondido agora ficou claro diante do trono de Cristo.[38] A sua confissão era vazia, sua fé dos demônios, e suas obras retas eram como trapos imundos, cheios de sangue pela corrupção do próprio coração.[39] A esperança que tinham de uma recepção calorosa e entrada ampla no reino desapareceu.[40] Cristo os olha com um justo desprezo e grita: "Nunca vos conheci. Apartai-vos de mim, os que praticais a iniquidade" (Mateus 7.23).

Com essa terrível declaração, descobrimos duas importantes características daqueles que confessavam ser Cristo seu Senhor, mas foram rejeitados e condenados no dia do juízo. A primeira é que Cristo nunca os conheceu. A palavra "conhecer" é traduzida da palavra grega *ginósko*, explicada no capítulo catorze. Neste contexto, o verbo comunica a ideia de união e comunhão íntima. Embora esses falsos convertidos clamassem crer no senhorio de Cristo, *ele diz que nunca os conheceu*. Tal declaração tem muitas possíveis implicações. Primeiro, pode se referir ao conhecimento prévio e eleição de Cristo de seu povo. As Escrituras ensinam que o nome de todo filho de Deus foi escrito no Livro da Vida do Cordeiro desde a fundação do mundo.[41] Porém, o nome daqueles aqui que estão perante Cristo não foram achados no livro.[42] Não foram "eleitos segundo a presciência de Deus Pai, em santificação do Espírito, para obediência e aspergir do sangue de Jesus Cristo" (1Pedro 1.1–2).

Segundo, pode significar que eles estavam fora do cuidado providencial de Cristo. As Escrituras ensinam que "o SENHOR *conhece* o caminho dos justos, mas o caminho dos ímpios perecerá" (Salmo 1.6, ênfase acrescida). Cristo ensinou que suas ovelhas ouvem a sua voz, ele *as conhece*, e elas o seguem.[43] Porém, estas não eram suas ovelhas e ele não era seu pastor. Ele não as conhecia e elas não ouviam a sua voz nem o seguiam em obediência quando chamadas.

Terceiro, e mais importante, pode significar que não houve comunhão ou intimidade entre ele e eles, como se Cristo lhes dissesse: "Vocês não me procuraram

---

38 Mateus 10.26; Marcos 4.22; Lucas 12.2.
39 Lucas 6.24; Tito 1.16; Tiago 2.19.
40 2Pedro 1.11.
41 Apocalipse 13.8.
42 Apocalipse 20.15.
43 João 10.26–27.

durante sua peregrinação sobre a terra. Na verdade, era raro eu entrar em seus pensamentos. Não andávamos juntos nem nos deleitávamos na comunhão um com o outro. Vocês não pediram meu conselho, não atenderam meu ensino, nem obedeceram meus mandamentos. Eu não os conheci naquela hora e não os conheço agora!"

É comum entre evangélicos dizer que a coisa mais importante na vida de uma pessoa é conhecer a Jesus. Embora haja grande verdade em tal afirmativa, seria mais correto reverter a ordem e afirmar que conhecer a Jesus não é tão importante quanto saber que Jesus nos conhece. Imagine que um homem chegue ao portão da Casa Branca exigindo entrada. Podemos ter certeza que não poderá fazer isso apenas por afirmar que conhece o presidente que ali reside. Porém, se o presidente confessa que conhece essa pessoa, a ela será concedida entrada imediatamente, sem perguntas. Já aprendemos que a nossa confissão de fé em Cristo não tem valor sem o fruto ou obras que a evidenciam. Em contraste, a confissão de Cristo quanto a nós é de valor infinito, pois abre uma porta que ninguém poderá fechar.[44]

A segunda característica dos que confessam Cristo como Senhor e ainda assim foram condenados é que viviam fora da lei. Jesus diz aos que praticam a iniquidade que se afastem em Mateus 7.23. A palavra "iniquidade" é traduzida do vocábulo grego *anomía*, que denota a condição de viver sem lei. Se refere a alguém cuja vida é uma violação da vontade de Deus por ignorância, negligência ou rebeldia voluntária. O significado do termo é extremamente importante porque explica a natureza de uma falsa confissão, revelando a razão para a severidade de Cristo. É como se ele olhasse com desdém aos falsos convertidos e declarasse: "Afastem-se de mim, vocês que diziam ser meus discípulos e confessavam ser eu o Senhor, mas viviam como se eu jamais tivesse lhes dado um mandamento a ser obedecido".

Nenhuma outra declaração que temos considerado é mais aplicável a muitos que usam o título de "evangélico". Grande parte da comunidade evangélica tem aos poucos se conformado com a cultura e se reinventado como uma religião de conveniência, sem demandas, leis ou quaisquer parâmetros que possam restringir a carne. Como o ímpio de descrito por Judas, alguns evangélicos "transformam

---

44 Apocalipse 3.8.

em libertinagem a graça de nosso Deus e negam o nosso único Soberano e Senhor, Jesus Cristo" (v. 4). Não podemos negar que multidões de evangélicos dizem conhecer Cristo, contudo, a vontade soberana é virtualmente desconhecida entre eles e a aplicação de tal vontade é totalmente ausente do seu dia a dia. Parece haver grande afastamento do pensamento evangélico quanto ao relacionamento entre a confissão que a pessoa faz de Cristo como Senhor e sua verdadeira submissão à vontade por ele revelada. Será que alguém pode ser súdito realmente leal no reino de qualquer rei, se não somente ignora seus mandamentos como também vive de maneira totalmente contrária a eles? Parece que muitos evangélicos contemporâneos acham que conseguem.

Embora seja verdade que fomos libertos da lei para seguirmos a Cristo e sermos dirigidos pelo Espírito,[45] temos de entender que nem Cristo nem o Espírito Santo são contrários à lei ou se opõem a ela. De fato, o modo de discernir a verdadeira conformidade com Cristo e validarmos a direção do Espírito em nossa vida é por meio do que está escrito nas Escrituras. Se amamos a Cristo, guardamos os seus mandamentos,[46] e se andamos no Espírito, vivemos uma vida de mais alta virtude: "Contra estas coisas não há lei" (Gálatas 5.22-23).

A graça de Deus em Cristo não nos lança ao mundo para vivermos sem instrução ou para continuarmos a andar de acordo com o curso deste mundo (Romanos 7.1-6).[47] Em vez disso, somos conclamados a "não mais andeis como também andam os gentios, na vaidade dos seus próprios pensamentos" (Efésios 4.17-18), mas a sermos conformes à imagem de Cristo em todas as coisas e a levarmos todo pensamento cativo à obediência.[48] Isto se faz em parte por nosso estudo diligente e também pela aplicação dos mandamentos, instruções e sabedoria que estão em todas as Escrituras.[49] Moisés escreveu que os mandamentos de Deus não eram palavras ineficientes, mas a vida do crente e da igreja.[50] Davi cantou que eram lâmpadas para os pés, e o meio pelo qual o jovem pode guardar

---

45 Romanos 7.1-6
46 João 14.15
47 Efésios 2.2.
48 Romanos 8.29; 2 Coríntios 10.5.
49 Salmo 19.10-11.
50 Deuteronômio 32.47.

puro seu caminho.[51] Jesus confirmou a centralidade dos mandamentos na vida do seu povo ao declarar: "Está escrito: Não só de pão viverá o homem, mas de toda palavra que procede da boca de Deus."[52] O apóstolo Paulo instruiu a Timóteo sobre as Escrituras, as quais não somente nos dão sabedoria que conduz à salvação, como também são proveitosas para o ensino, reprovação, correção, e treinamento em justiça.[53] O apóstolo João nos ensina que uma das maiores evidências da conversão é que guardamos os mandamentos de Deus.[54] Ele conclui: "Porque este é o amor de Deus: que guardemos os seus mandamentos; ora, os seus mandamentos não são penosos" (1João 5.3).

À luz do grande consenso dos piedosos a respeito da centralidade da Escritura e da importância dos seus mandamentos, temos de nos perguntar por que tantos evangélicos gemem com a mera menção dos mandamentos e lutam contra eles como se fossem restritivos e contrários a uma vida de alegria. Por que qualquer pregação que sugira um padrão absoluto ou delineie claramente o certo e o errado é considerada legalista, rígida, cheia de autojustiça e falta de amor? A resposta é clara, como também difícil de aceitar, porque muitos dentro da comunidade evangélica não são convertidos. Embora estejam vestidos com roupas do cristianismo contemporâneo, seu coração não regenerado permanece hostil a Deus e à sua vontade.[55] A palavra de Deus é um peso para eles porque exige que façam a justiça que odeiam, e é opressiva porque os proíbe fazer a maldade que amam.[56] A apatia, negligência, e até mesmo aversão de muitos evangélicos para com os absolutos morais e espirituais da Palavra de Deus é evidência de que eles têm forma de piedade, e nada mais que a forma.[57] Tornaram-se participantes em uma caricatura torta do cristianismo autêntico, marcado por um caminho largo que conduz à destruição. Fizeram uma oração e foram convidados a entrar em uma atraente comunidade de rostos sorridentes. Toda semana escutam atentamente os princípios espirituais que lhes garantem uma vida melhor. Estão envolvidos em

---

51 Salmo 119.9, 105.
52 Mateus 4.4.
53 2Timóteo 3.15–17.
54 1 João 3.4.
55 Romanos 1.30; 8.7.
56 Pastor Charles Leiter, em conversa com o autor.
57 2Timóteo 3.5.

atividades suficientemente ligadas à família para dar um senso de propósito e mantê-los entretidos. No entanto, estão enganados. No coração e em seus atos, são iníquos. Vivem alheios aos mandamentos de Deus e fazem o que é reto aos próprios olhos. Acharam um jeito de agarrar suficientemente o mundo para satisfazer a sua carne e ainda assim abraçarem o cristianismo para aplacar a consciência. Porém, naquele dia final, ouvirão: "Apartai-vos de mim, os que praticais a iniquidade" (Mateus 7.23).

A GRANDE REJEIÇÃO

No grande dia do juízo, Cristo nos adverte que pronunciará o veredicto mais aterrador possível sobre os ouvidos humanos, mandará se apartar dele todos os que praticam a iniquidade. Toda essa declaração oficial é tirada quase palavra por palavra de uma afirmação feita por Davi no Salmo 6.7–10:

> Meus olhos, de mágoa, se acham amortecidos, envelhecem por causa de todos os meus adversários. Apartai-vos de mim, todos os que praticais a iniquidade, porque o SENHOR ouviu a voz do meu lamento; o SENHOR ouviu a minha súplica; o SENHOR acolhe a minha oração. Envergonhem-se e sejam sobremodo perturbados todos os meus inimigos; retirem-se, de súbito, cobertos de vexame.

Quatro verdades deste texto são relevantes para nossa consideração sobre o juízo final. Primeiro, Davi considera como inimigos aqueles a quem está mandando embora. De modo semelhante, os que Cristo manda embora no dia do juízo serão os seus inimigos. As Escrituras ensinam que todas as pessoas são, por natureza, "inimigos de Deus" e a mente deles é adversa a ele.[58]

Porém, temos de entender também que essa inimizade entre Deus e o pecador não é só por um lado, mas mútua. Em sua santidade e justiça, Deus se opõe ao pecador e declara guerra contra ele: "Porque, se nós, quando inimigos, fomos reconciliados com Deus mediante a morte do seu Filho, muito mais, estando já reconciliados, seremos salvos pela sua vida."[59] A única esperança do pecador está

---

58 Romanos 1.30; 8.7; Colossenses 1.21.
59 Ver também Naum 1.2; Isaías 63.10. Para uma explicação mais detalhada desta verdade, veja *Romans*, por Thomas

em abandonar sua arma e erguer a bandeira branca de rendição antes de ser eternamente tarde demais. Uma vez que chegue ao tribunal de Cristo, o ramo de oliveira da paz terá sido retirado, e a hora de reconciliação e paz terá passado. O escritor de Hebreus nos diz que naquele momento, tudo que restará é a "certa expectação horrível de juízo e fogo vingador prestes a consumir os adversários" (Hebreus 10.27). Embora professassem a Cristo como Senhor e tivessem forma de piedade,[60] ele vê através do ralo verniz de piedade. Por sua confissão vazia e tratamento negligente do evangelho, pisotearam o Filho de Deus, considerando como sujo o sangue da aliança, e insultando o Espírito de graça.[61] Por esta razão, serão ajuntados como feixes para o debulhador e galhos secos para serem queimados.[62] É o dia da vingança do Senhor contra seus adversários.[63] Beberão o vinho da cólera de Deus, que será mistura forte no cálice de sua ira.[64]

Segundo, os que mandar embora sairão com grande vergonha e desalento. A palavra "envergonhado" é traduzida do hebraico *buwsh*, que denota vergonha, frustração e confusão. As palavras "sobremodo perturbados" são traduzidas da palavra hebraica *bahal*, que denota alarme, ansiedade e terror. Os inimigos de Davi serão lançados para fora, levando sobre si sua vergonha, abarrotados de ansiedade e totalmente aterrorizados.

É um quadro extremamente sombrio, no entanto, o juízo antevisto nas palavras de Davi nem começa a descrever a vergonha e o terror incríveis que aguardam aqueles que serão declarados como réprobos e lançados para fora da presença de Cristo. Chegarão diante do trono com grande confiança, achando que não precisam de nada, porém, imediatamente verão que "tu és infeliz, sim, miserável, pobre, cego e nu" (Apocalipse 3.17). Como a terra de Canaã vomitou os cananitas devido a seu aviltamento, e depois fez o mesmo à desobediente Israel, assim também Cristo os vomitará de sua boca e os expulsará

R. Schreiner (Grand Rapids: Baker, 1998), 264; e *The Epistle to the Romans* por Douglas Moo (Grand Rapids: Eerdmans, 1996), 311–12. Este ponto de vista é defendido também em outras obras respeitáveis sobre Romanos por Robert Haldane, John Murray, Charles Hodge, e C.E.B. Cranfield.
60 2Timóteo 3.5.
61 Hebreus 10.29.
62 Miqueias 4.12; João 15.6.
63 Naum 1.2; Hebreus 10.30.
64 Apocalipse 14.10.

com maior desdém e asco.⁶⁵ Como aqueles cujo rosto é coberto de excremento, serão levados embora.⁶⁶ Serão cobertos de opróbrio e vexame, envergonhados e consumidos.⁶⁷ Como profetizou Daniel quanto a eles, acordarão "para vergonha e horror eterno" (Daniel 12.2).

Terceiro, aqueles que Davi está expulsando não são cônscios de sua iminente ruína até que seja tarde demais. Virá sobre eles com a velocidade da espada. No momento de sua maior confiança, serão rejeitados. Igualmente, aqueles que professaram falsamente que pertenciam a Cristo não estarão prontos, mas sim despreparados para o juízo que sobre eles cairá naquele dia final. Será uma virada dramática e inesperada de acontecimentos, que colocará toda sua visão da realidade de cabeça para baixo. Se aproximarão do trono achando que pertencem a Cristo, que serão bem recebidos e até mesmo honrados por seus ministérios.⁶⁸ Porém, uma olhada para o rosto de Cristo os deixará aterrorizados pelo que enxergarão. Num instante eles descobrirão seu erro e cairão diante de Cristo, como Hamã caiu diante de Ester. E como Hamã, pela palavra do Rei, terão a face descoberta e serão arrastados da sua presença para iminente destruição.⁶⁹ Serão como o homem que chegou na festa de casamento sem estar devidamente vestido ou preparado.⁷⁰ Ele tinha confiança de ser aceito e antegozava o prazer do banquete. Porém, quando chegou à presença do Rei, sua loucura foi exposta. Ficou boquiaberto diante da sentença: "Então, ordenou o rei aos serventes: Amarrai-o de pés e mãos e lançai-o para fora, nas trevas; ali haverá choro e ranger de dentes" (Mateus 22.13).

Aqui é lugar próprio para perguntar: Quantos milhões de pessoas os ministros e ministérios evangélicos mandarão despreparados para se colocarem diante do tribunal de Cristo? Quantos estarão diante do trono com a confiança fundamentada sobre uma vaga afirmação de seu pastor, e terão de enfrentar a desaprovação de Cristo? Como então sentirão quanto aos homens que tinham responsabilidade por suas almas? Ele foi bondoso e cortês com as faltas. Era simpático, jovial

---

65 Levíticos 18.25, 28; 20.22; Apocalipse 3.16.
66 Malaquias 2.3.
67 Salmos 71.13; 83.17; 109.28–29.
68 Mateus 7.22; 25.21, 23; Lucas 12.37; João 12.26; 2Pedro 1.10–11.
69 Ester 7.8.
70 Mateus 22.10–14.

e positivo. Porém, tratou levianamente as suas feridas e pôs ataduras sobre seus machucados pustulentos, apenas com uma oração do pecador, e os ensinava a sentirem-se bem quanto a si mesmos em meio a uma comunidade espiritual afirmadora. Ele os alimentou com migalhas de moralidade e os encheu de princípios práticos para que manobrassem pelos caminhos da vida e colhessem os seus benefícios. Mas não os preparou para se encontrarem com seu Deus! Nunca lhes falou das questões de mais peso da religião que supostamente representava. Eles nada sabiam sobre o caráter de Deus e a depravação do ser humano. Desconheceram a verdadeira natureza da morte de Cristo. Jamais ouviram um chamado ao arrependimento e fé.[71] Nunca foram admoestados a confirmar o seu chamado e eleição ou desenvolver sua salvação com temor e tremor.[72] Ele permitiu que fossem lançados para a eternidade numa teia de aranha de superficialidade religiosa.[73] Por toda a eternidade, ele ouvirá seus lamentos e saberá que foi pelo menos em parte responsável por sua perdição. Curava superficialmente a ferida do povo "dizendo: Paz, paz! quando não há paz" (Jeremias 6.14). Ele foi sentinela inútil, e o sangue deles está em suas mãos.[74]

Quarto, aqueles que Davi expulsou tinham causado insuportável mágoa com seus ataques contra sua pessoa e chamada. Sendo assim, a sua queda repentina seria reivindicação de Davi pela mão de Deus. De modo similar, no dia do juízo, Cristo será exonerado das más obras daqueles que o chamavam de Senhor e diziam pertencer a seu povo, mas não faziam o que ele mandou.[75] Transformaram a graça de Deus em licenciosidade.[76] Cometeram imoralidades tais que não existiam nem entre os gentios.[77] Viviam de acordo com a crença: "Pratiquemos males para que venham bens? [...] Permaneceremos no pecado, para que seja a graça mais abundante?" (Romanos 3.8; 6.1). Por causa deles, o nome de Cristo era blasfemado entre os gentios.[78] Culparam Jesus pelos maus feitos que fizeram, e zombaram

---

71 Marcos 1.15.
72 Filipenses 2.12; 2Pedro 1.10.
73 Jó 8.14.
74 Ezequiel 3.17–18.
75 Lucas 6,44.
76 Judas 4.
77 1Coríntios 5.1
78 Romanos 22.4.

como sendo um salvador incapaz de salvar; libertador que tirou seu povo do Egito mas não foi capaz de conduzi-los à sua terra;[79] um justificador dos ímpios que não tinha poder de santificá-los; um construtor que começou uma boa obra que não conseguiu terminar;[80] um Deus fraco, como uma mulher prestes a dar à luz que não tem força para fazer nascer.[81] Todas essas acusações foram lançadas contra ele devido aos impiedosos que o confessavam com a boca mas o negavam por suas obras.[82] Porém, naquele dia final, todas essas acusações caluniadoras terão fim. A verdade será conhecida, de que nem todo que lhe disse "Senhor, Senhor" é por ele conhecido ou contado junto a seus irmãos. Naquele dia, Cristo será vindicado, e eles serão expostos como filhos bastardos, que agiram por conta própria. Isto foi previsto na declaração de Moisés da vindicação de Deus e sua denúncia do desobediente Israel: "Eis a Rocha! Suas obras são perfeitas, porque todos os seus caminhos são juízo; Deus é fidelidade, e não há nele injustiça; é justo e reto. Procederam corruptamente contra ele, já não são seus filhos, e sim suas manchas; é geração perversa e deformada" (Deuteronômio 32.4–5).

As verdades que acabamos de considerar são extremamente difíceis de serem recebidas pela mente evangélica moderna, contudo, são verdadeiras. É assunto tenebroso, mas que não pode ficar escondido ou ignorado. Conforme declarou o profeta Amós: "Rugiu o leão, quem não temerá? Falou o SENHOR Deus, quem não profetizará?" (3.8).

Esconderemos de nossos ouvintes essas coisas? Eles nos amaldiçoarão no final! Será que lhes falaremos, ainda que pensem que estamos loucos? Eles nos abençoarão naquele dia! Temos de jogar fora todo desejo de elogios e aprovação dos homens e buscar a aprovação de Cristo. Temos de pregar os dizeres mais duros de Cristo, ainda que sejamos acusados de falta de amor, excesso de ira, morbidez e morosidade. Temos de estar dispostos a sofrer a ira temporária dos homens, pois isso os salvará da ira eterna de Deus. Temos de prepará-los para se encontrarem com o seu Deus![83]

---

79 Números 14.13–16; Ezequiel 36.20.
80 Lucas 14.28–30; Filipenses 1.6; Efésios 2.10.
81 Isaías 66.9.
82 Tito 1.16.
83 Amós 4.12.

A REALIDADE DO INFERNO

Aprendemos de Mateus 7 que muitas pessoas que hoje confessam Cristo como Senhor um dia serão expostos por sua falsa confissão e mandados para fora da sua presença. É esta a advertência culminante de tudo que foi dito, e a notícia final que temos de ouvir e atender. Existem diversas verdades que deveremos entender disso.

Primeiro, temos de entender que é a vontade de Cristo que o falso convertido se afaste de sua presença. Não existe romantismo evangélico neste texto que apresente Cristo como triste, chorando ao ver as pessoas se jogando no inferno apesar de todos os seus esforços por impedi-los. O próprio Cristo os manda embora sem misericórdia em sua ira. Durante toda sua vida, Cristo derramou sobre eles a sua bondade, tolerância e paciência, com abundância tal que eles deveriam ter sido levados ao arrependimento, mas endureceram seu coração teimoso contra ele e acumularam para si medida de ira cada vez maior a ser revelada no dia do juízo.[84] Cristo os teria ajuntado, como a galinha junta debaixo de suas asas os seus pintinhos, mas eles não o quiseram.[85] Ele estendeu sua mão e condescendeu a oferecer-lhes a si mesmo, mas eles recusaram. Conforme declarou o profeta Isaías:

> Fui buscado pelos que não perguntavam por mim; fui achado por aqueles que não me buscavam; a um povo que não se chamava do meu nome, eu disse: Eis-me aqui, eis-me aqui. Estendi as mãos todo dia a um povo rebelde, que anda por caminho que não é bom, seguindo os seus próprios pensamentos; povo que de contínuo me irrita abertamente, sacrificando em jardins e queimando incenso sobre altares de tijolos. (65.1–3)

Tudo isso Cristo fez por eles, mas eles responderam com provocação contínua e rebeldia cada vez maior. Ele chamou, mas eles recusaram; Cristo estendeu a mão, mas eles não lhe deram atenção. Eles negligenciaram todo seu conselho e não quiseram sua repreensão. Portanto, agora, quando clamam, ele

---
84 Romanos 2.4–5.
85 Mateus 23.37; Lucas 13.34.

não responde, quando o buscam diligentemente, não o encontram. Detestavam o conhecimento e não escolheram o temor do Senhor. Não aceitaram seu conselho e desprezaram sua repreensão. Portanto, "comerão do fruto do seu procedimento e dos seus próprios conselhos se fartarão" (Provérbios 1.24–31). No dia do juízo, a oferta que Cristo faz de salvação será retirada, e por sua ordem os seus inimigos serão lançados no inferno. É por isso que ele adverte: "Digo-vos, pois, amigos meus: não temais os que matam o corpo e, depois disso, nada mais podem fazer. Eu, porém, vos mostrarei a quem deveis temer: temei aquele que depois de matar, tem poder para lançar no inferno. Sim, digo-vos, a esse deveis temer" (Lucas 12.4–5). "Beijai o Filho para que se não irrite, e não pereçais no caminho; porque dentro em pouco se lhe inflamará a ira. Bem-aventurados todos os que nele se refugiam" (Salmo 2.12).

Segundo, temos de notar que os falsos convertidos são ordenados a *apartar-se de Cristo*. Se isso não nos parece o aspecto mais terrível do inferno, devemos questionar nossa própria salvação. Ao crente, cujo coração foi regenerado pelo Espírito Santo, a ideia de estar sem Cristo é totalmente insuportável.[86] Tendo provado e visto que o Senhor é bom, e experimentado de primeira mão que em sua presença há plenitude de alegria, o crente não tolera nem mesmo a ideia de uma existência sem Cristo.[87] Temos de entender que o coração regenerado não pensa na vida eterna primariamente como uma utopia sem fim, mas como comunhão com Cristo ininterrupta e não mitigada. De fato, o crente preferiria estar no inferno com Cristo do que no céu sem ele. Aqueles que pregam sobre o céu primariamente como uma utopia pessoal desonram a Cristo e levam pessoas carnais a achar que esse é o seu lugar. A despeito de todas as suas perfeições e belezas físicas, o céu para eles estaria estragado porque Cristo ali estaria. A sua santa e justa presença tornariam o céu intolerável para o perverso. Poderíamos encher o céu amanhã se apenas convencêssemos gente pecadora que Cristo é exatamente como elas ou que ele não estará ali.[88] Todo mundo quer ir ao céu, mas a maioria não deseja a Cristo.

---

86 Pastor Charles Leiter, em conversa com o autor.
87 Salmos 16.11; 34.8.
88 Salmo 50.21.

Por esta razão, temos de advertir as pessoas carnais de que essa falta de desejo por comunhão com Cristo, e sua apatia para com a justiça, é grande evidência de que seus corações ainda não foram transformados e sua cidadania não está no céu. Além do mais, temos de admoestar os que confessam a Cristo, mas se animam mais com a esperança de uma utopia futura do que a esperança da plenitude de Cristo.

Terceiro, precisamos notar que os falsos convertidos serão ordenados a sair da presença de Cristo e ir para o inferno. Algumas pessoas da comunidade evangélica defendem a ausência do inferno da sua pregação, dizendo que preferem enfocar os ensinos de Jesus e as boas novas do evangelho. Porém, os que fazem essas afirmativas estão enganando de propósito, ou são ignorantes tanto do evangelho quanto dos ensinos de Cristo. Na realidade, não saberíamos quase nada sobre a natureza e os terrores do inferno não fossem os ensinamentos de Jesus. Embora a verdade do castigo eterno se encontre no Antigo Testamento,[89] existem poucas referências claras sobre essa questão. O mesmo pode ser dito quanto às epístolas.[90] De fato, quase tudo que sabemos sobre a doutrina do inferno vem do ensino de Cristo nos evangelhos e da revelação de Jesus dada a João na ilha de Patmos. Muitas vezes tem sido dito que os homens que pregam sobre o inferno são de índole maldosa, críticos e faltos de amor, contudo, refutamos isso porque a pessoa mais amável que andou sobre a face da terra deu-nos os ensinos mais extensos e descritivos sobre a realidade do inferno. E se temos de crer nele, o inferno é lugar de tormento indescritível,[91] onde a justiça perfeita é realizada e os ímpios recebem a medida exata de castigo que lhes é devido.[92] Frequentemente, perguntam-me por que a grande maioria dos ensinos das Escrituras sobre o inferno vem de Cristo. O confiável teólogo W. G. T. Shedd parece nos dar a resposta mais plausível:

> O mais forte apoio à doutrina do Castigo Eterno está no ensinamento de Cristo, o Redentor do homem. Ainda que esta doutrina seja ensinada claramente nas epístolas paulinas, bem como em outras partes da Escritura, sem as declarações

---

89 Daniel 12.2.
90 2Tessalonicenses 1.8–9; Hebreus 10.26–27; Judas 7.
91 Mateus 13.42, 50; 22.13; 24.51; 25.30; Lucas 13.28; 16.28.
92 Mateus 11.21–24; 16.27; 23:14; Lucas 12.47–48; Romanos 2.6; 2Coríntios 5.10; 11.15; 2Timóteo 4.14; Apocalipse 18.6; 20.12–13.

explícitas e reiteradas do Deus encarnado, seria duvidoso se a terrível verdade teria lugar de tanto destaque quanto tem nos credos da cristandade. Os Apóstolos entram em muito menos descrições detalhadas, e são muito menos enfáticos quanto a este tema solene... E com isso fazem bem, pois como ninguém, senão Deus, possui o direito, e teria a ousadia, de sentenciar uma alma ao sofrimento eterno pelo pecado; e ninguém senão Deus tem o direito de presumir e delinear a natureza e as consequências dessa sentença. Esta é a razão pela qual as figuras mais terríveis sobre os sofrimentos dos que são perdidos são descritos nos discursos de nosso Senhor e Salvador. Ele tomou sobre si a responsabilidade de emitir o som de advertência.[93]

As Escrituras dão muitas descrições gráficas e surpreendentes do inferno. Quer devam ser tomadas literalmente ou não tem sido debate de muito tempo, mesmo entre acadêmicos conservadores. Será o inferno lugar literal de fogo e trevas, enxofre e fumaça?[94] Se alguém nega uma interpretação literal dessas descrições para diminuir os sofrimentos dos ímpios no inferno, sua ideia pode ser descartada. Porém, será aceitável manter essas descrições como figurativas, no sentido de que são uma tentativa de descrever algo tão aterrador que vai além da capacidade da mente humana concebê-la e além do poder de comunicação de nossa linguagem humana. Para descrever os horrores do inferno, os escritores bíblicos usaram os maiores terrores conhecidos pelo homem na terra, mas nós podemos ter certeza de que o inferno é pior que qualquer coisa aqui encontrada. Fogo e trevas, enxofre e fumaça são apenas uma forma de descrever a realidade muito mais aterradora do que essas palavras conseguem transmitir: os ímpios terão de suportar a presença de Deus em retidão e perfeita justiça por toda a eternidade.

Aprendemos que aqueles que confessam a Cristo falsamente são ordenados a se retirarem da sua presença, indo ao inferno. Porém, temos de ter cuidado com nossa linguagem. Ao descrever o inferno como uma existência eterna sem Cristo, não estamos dizendo totalmente sem Cristo. Existe um ditame comum entre evangélicos de que o céu é céu porque Deus está ali e o inferno é inferno

---

93 W. G. T. Shedd, *Dogmatic Theology* (Phillipsburg, N.J.: P&R, 2003), 2:675.
94 Mateus 3.10, 12; 7.19; 8.12; 13.42; 18.8; 22.13; 25.30, 41; Judas 13; Apocalipse 20.10, 14; 21.8.

porque ele não está lá. Mas isso é um engano. É mais certo dizer que o inferno é inferno porque Deus está ali na plenitude de sua justiça e ira contra o pecador. No dia do juízo, quando as pessoas forem expulsas da presença de Cristo, estarão afastados de sua presença favorável. Porém, a sua censura os seguirá por toda a eternidade. O apóstolo João afirma esta verdade: "Também esse [o incrédulo] beberá do vinho da cólera de Deus, preparado, sem mistura, do cálice da sua ira, e será atormentado com fogo e enxofre, diante dos santos anjos e na presença do Cordeiro" (Apocalipse 14.10).

OS QUE SÃO DESTINADOS AO INFERNO

Das Escrituras, aprendemos que existe um juízo irrevogável e inevitável que virá sobre este mundo. Será a grande e final separação da humanidade. A aplicação prática desta verdade é que cada pessoa deste planeta está destinada ou para a glória eterna ou para o castigo eterno no inferno. Embora essa ideia seja odiosa e repugnante para a grande maioria dos seres humanos, não pode ser negado que esse é o claro ensinamento das Escrituras.[95]

Na rua e nos bancos da igreja, o povo reage à doutrina do inferno em uma variedade de formas. Alguns o negam abertamente, mesmo quando possuem uma corrosiva suspeita de que estejam errados. Outros são convencidos de que o inferno é feito apenas para as pessoas mais abomináveis. Acreditam que até mesmo o ateu vai escapar de seu alcance se passar a se comportar bem, fizer o melhor possível e ajudar ao próximo. Outros ainda acreditam que o inferno é destinado apenas aos que inflexivelmente rejeitam a Cristo, enquanto os que concordam com o que ele diz e o confessam como Senhor têm passagem segura, garantida por suas portas. Todas essas variadas opiniões nos conduzem à importantíssima pergunta: Quem é que está destinado ao inferno? Os antigos pregadores gostavam de afirmar: "O problema não é que as pessoas não acreditem no inferno. Elas acreditam! O problema é que ninguém acha que vai para lá".

Em Mateus capítulo sete, Jesus claramente identifica quatro grupos de pessoas que passarão a eternidade no inferno. Faríamos bem em considerar com

---
95 Mateus 5.22, 29-30; 10.28; 18.9; 23.33; 25.41, 46; Marcos 9.43, 45, 47; Lucas 12.5; 2 Pedro 2.4; Apocalipse 20.15.

cuidado cada grupo e examinar nossa vida à luz das características que os identificam. Não há nada na terra de maior importância. As pessoas podem estar erradas quanto a muitas coisas sem prejudicar muito a si mesmas. Porém, estar errado quanto a esta questão tem consequências eternas e irrevogáveis.

O primeiro grupo dos que estão destinados ao inferno consiste dos que vivem no caminho largo.[96] Seu pensamento, sua conduta e direção não são definidos pela vontade de Cristo, mas formadas pelas opiniões e cobiças desta era decaída, e eles andam de acordo com o mundo. Embora usem fina camada de verniz do cristianismo, seu modo de pensar e viver é contrário à religião que professam. Eles amam o mundo, parecem com o mundo, compartilham dos mesmos afetos. Nossas igrejas evangélicas estão cheias de pessoas assim. Creem sinceramente que entraram pela porta estreita que é Cristo e que sua salvação está assegurada. Porém, não estão conscientes de que sua jornada ininterrupta pelo caminho largo demonstra que creram em vão.

O segundo grupo dos que estão destinados ao inferno consiste em todos que viveram de maneira a não produzir frutos e nem sofrer as podas do Pai.[97] Eles confessam ter fé em Cristo, mas o seu caráter e obras não são manifestos, nem há evidência da obra santificadora do Pai mediante a disciplina. Os que não produzem frutos simplesmente não são cristãos. Não podemos minimizar ou descartar esta verdade. Nas primeiras advertências do evangelho, João Batista declarou: "Já está posto o machado à raiz das árvores; toda árvore, pois, que não produz bom fruto é cortada e lançada ao fogo (Mateus 3.10; Lucas 3.9). Jesus concorda com João ao repetir a mesma advertência quase palavra for palavra: "Toda árvore que não produz bom fruto é cortada e lançada ao fogo" (Mateus 7.19). Temos de reconhecer que nossas igrejas evangélicas estão cheias de pessoas assim. Não produzem fruto nem demonstram evidência da poda pelo Pai. Continuam ano após ano, tendo forma de piedade e negando o seu poder pela infrutuosidade de suas vidas.[98]

O terceiro grupo dos que estão destinados ao inferno consiste em todo aquele cuja vida não é marcada pela obediência prática à vontade do Pai. Outra vez, este

---

96 Mateus 7.13.
97 Mateus 7.16–20; João 15.2.
98 2Timóteo 3.5.

é o ensino claro de Jesus, que avisou: "Nem todo o que me diz: Senhor, Senhor! entrará no reino dos céus, mas aquele que faz a vontade de meu Pai, que está nos céus" (Mateus 7.21). A obediência não resulta em salvação; porém, é evidência da mesma. Da mesma forma, a vida de desobediência evidencia a condição de réprobo. Por esta razão, Jesus declarará naquele dia aos que praticam a iniquidade que se afastem dele. Aqui ele se refere aos que confessaram ser ele Senhor, mas viveram como se ele nunca lhes tivesse dado qualquer lei a ser observada. Temos de entender que simplesmente não existe cristão cuja vida seja apatia sem trégua ou desprezo pela vontade de Deus. Dizer o contrário seria negar os ensinamentos de Jesus. No entanto, nossas igrejas evangélicas estão cheias de pessoas que professam a Cristo, mas na prática, vivem como ateus, fazendo o que está certo aos próprios olhos, sendo destruídos por falta de conhecimento.[99] Se toda porção da Escritura no mundo fosse confiscada, não afetaria as suas vidas. São sem lei. Vivem sob fome imposta por eles mesmos quanto à Palavra de Deus.[100]

O quarto grupo que se destina ao inferno consiste em todo aquele que ouve as palavras de Cristo e não as pratica.[101] Outra vez, afirmamos que a conversão é evidenciada e provada pela obediência prática. Aqueles que nasceram de novo são marcados por novo e crescente afeto pela pessoa de Cristo. Por esta razão, também anseiam por fazer a sua vontade e agradá-lo mediante a obediência. São maravilhados pela bênção da Palavra de Cristo e humilhados pelo privilégio que têm de estudá-la e aplicá-la a sua vida. Consequentemente, são também envergonhados quando se encontram apáticos, indiferentes e desobedientes. Em suma, o verdadeiro convertido chegou a compreender algo do que Jesus queria dizer quando falou aos discípulos: "Bem-aventurados, porém, os vossos olhos, porque veem; e os vossos ouvidos, porque ouvem. Pois em verdade vos digo que muitos profetas e justos desejaram ver o que vedes e não viram; e ouvir o que ouvis e não ouviram" (Mateus 13.16–17).

Em contraste, o falso convertido não é comovido pelo ensino de Cristo, porque não é movido pela pessoa de Cristo. A Palavra não o inspira a perguntar, e o

---

99 Oseias 4.6.
100 Amós 8.11.
101 Mateus 7.26.

coração não arde em seu interior quando ela é exposta.[102] Ele tem pouco apreço pela palavra de Cristo e não é perturbado por sua apatia e desobediência para com ela. Todo domingo ele ouve os ensinamentos de Cristo e até mesmo diz concordar com sua verdade, mas joga a Palavra pelas costas quando sai pela porta.[103] No seu caso, a profecia de Isaías está sendo cumprida:

> Por isso, lhes falo por parábolas; porque, vendo, não veem; e, ouvindo, não ouvem, nem entendem. De sorte que neles se cumpre a profecia de Isaías: Ouvireis com os ouvidos e de nenhum modo entendereis; vereis com os olhos e de nenhum modo percebereis. Porque o coração deste povo está endurecido, de mau grado ouviram com os ouvidos e fecharam os olhos; para não suceder que vejam com os olhos, ouçam com os ouvidos, entendam com o coração, se convertam e sejam por mim curados. (Mateus 13.13-15)

Nossas igrejas evangélicas estão repletas de pessoas que confessam a Cristo, no entanto, não ouvem a sua Palavra para obedecê-la. Seu cristianismo pode ser resumido em uma transação passada que fizeram com Cristo ao fazer uma oração, mas eles não continuam com ele em qualquer profundidade de dedicação e obediência. Fizeram apenas o que foi mandado que fizessem para entrar no céu. Permanecem sentados nos bancos das igrejas, com consciências anestesiadas, sem ouvir a mínima advertência, sem ver nenhuma contradição entre o que fazem e aquilo que dizem ser — entre quem são e aquela a quem confessam crer.

Por amor a Cristo e pelas incontáveis multidões que permanecem assentados tranquilas em Sião, sem saber que o juízo está próximo, temos de nos arrepender do que fizemos com o evangelho e com a igreja. Temos de jogar fora as distorções contemporâneas que fizeram naufragar grande parte de uma geração e voltar ao evangelho de Jesus Cristo. Temos de pregar com tamanha clareza e honestidade, que nós que estamos no púlpito sejamos exonerados no dia do juízo, e aqueles que nos ouvem sejam indesculpáveis. Que atendamos às palavras de Charles Spurgeon, quando disse:

---
102 Lucas 24.32.
103 Salmo 50.16-17.

Se os pecadores serão condenados, pelo menos que pulem por cima dos nossos corpos para o Inferno. E se eles perecerem, que o façam tendo os nossos braços agarrando os seus joelhos, implorando-os a permanecer. Se o Inferno tem de se encher, pelo menos que seja diante de nossos maiores esforços para que ninguém vá para lá sem ter sido advertido ou sem ter sido motivo de nossas orações em seu favor.[104]

---

104   C. H. Spurgeon, *The New Park Street and Metropolitan Tabernacle Pulpit* (Pasadena, Tex.: Pilgrim Publications, 1969–), 7:11.

LEIA TAMBÉM

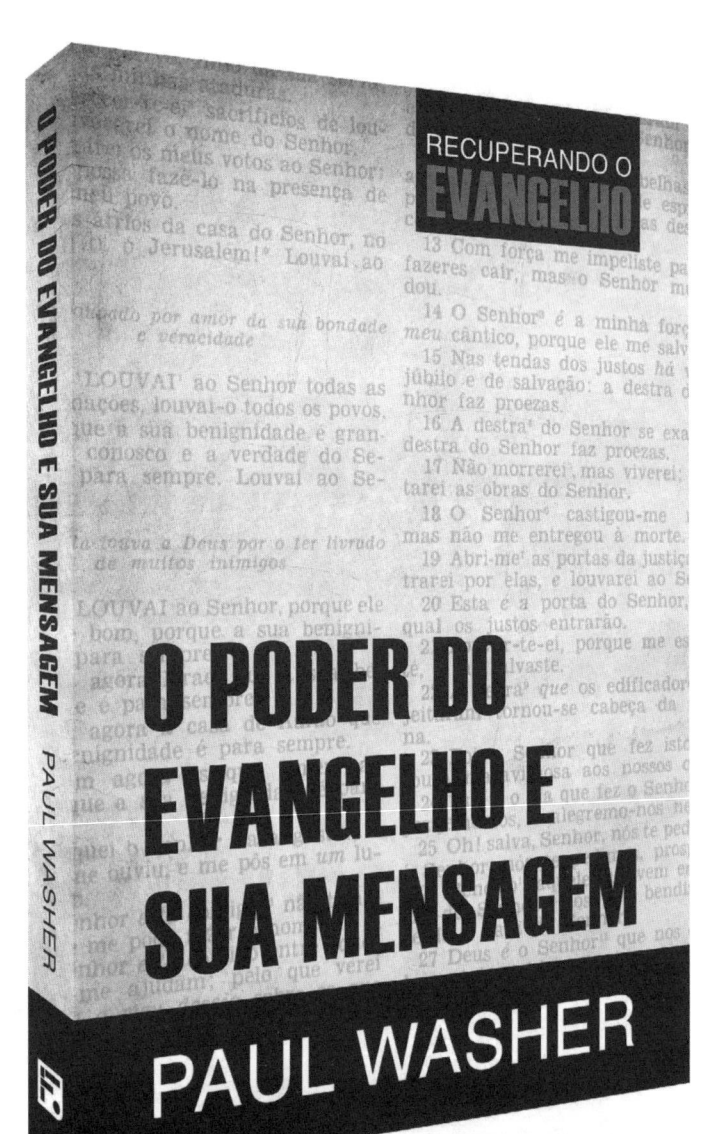

O PODER DO EVANGELHO E SUA MENSAGEM

PAUL WASHER

LEIA TAMBÉM

O CHAMADO AO EVANGELHO E A VERDADEIRA CONVERSÃO

PAUL WASHER

FIEL
MINISTÉRIO

O Ministério Fiel visa apoiar a igreja de Deus, fornecendo conteúdo fiel às Escrituras através de conferências, cursos teológicos, literatura, ministério Adote um Pastor e conteúdo online gratuito.

Disponibilizamos em nosso site centenas de recursos, como vídeos de pregações e conferências, artigos, e-books, audiolivros, blog e muito mais. Lá também é possível assinar nosso informativo e se tornar parte da comunidade Fiel, recebendo acesso a esses e outros mate- riais, além de promoções exclusivas.

Visite nosso site

www.ministeriofiel.com.br